职业教育机械类专业系列教材

机械加工技术

主　编　赵焰平
副主编　郭艳辉
参　编　冯　兵　张网宝　陈正新
　　　　丁　俊　周卫东

机械工业出版社

本书是根据现阶段人才培养的指导思想和教育部"机械加工技术"课程标准，以项目为载体，采用理实一体形式编写的。本书共分为5个模块，共10个项目，以车削加工、铣削加工及磨削加工为典型项目，以加工工艺为主线，对传统教学内容和课程体系进行了重组和调整，将"金属切削原理与刀具""机床夹具设计""金属切削机床概论""机械制造工艺学"等课程进行有机组合，形成了新的知识构架和内容体系，内容包括机械加工概述、车削加工技术、铣削加工技术、磨削加工技术和现代加工技术。

本书适合中等职业学校机械制造技术专业、机械加工技术专业、机电一体化专业、模具设计与制造专业等机械类专业使用，也可供职业培训或相关技术人员参考使用。为了方便教学，本书配有相关教学资源，可登录机械工业出版社教材服务网（www.cmpedu.com），注册后免费下载。

图书在版编目（CIP）数据

机械加工技术／赵焰平主编．—北京：机械工业出版社，2017.7
（2025.8 重印）
　　职业教育机械类专业系列教材
　　ISBN 978-7-111-57364-7

Ⅰ.①机… Ⅱ.①赵… Ⅲ.①金属切削-职业教育-教材
Ⅳ.①TG506

中国版本图书馆 CIP 数据核字（2017）第 165317 号

机械工业出版社（北京市百万庄大街22号　邮政编码100037）
策划编辑：汪光灿　责任编辑：汪光灿　武　晋
责任校对：王　延　封面设计：张　静
责任印制：单爱军
保定市中画美凯印刷有限公司印刷
2025年8月第1版第6次印刷
184mm×260mm · 12印张 · 289千字
标准书号：ISBN 978-7-111-57364-7
定价：36.00元

电话服务　　　　　　　网络服务
客服电话：010-88361066　机　工　官　网：www.cmpbook.com
　　　　　010-88379833　机　工　官　博：weibo.com/cmp1952
　　　　　010-68326294　金　书　网：www.golden-book.com
封底无防伪标均为盗版　机工教育服务网：www.cmpedu.com

职业教育机械类专业系列教材编委会

主　任：于万成
副主任：于光明　孙明红　刘其伟　王桂莲　汪光灿　张添孝
委　员（排名不分先后）：

姚建平　柴　华　李志江　苗长兵　李银生　孙秀梅
信玉芬　葛宪金　樊明涛　李　昊　张建起　赵焰平
段接会　陈锡宗　何钻敏　苏　伟　朱红梅　于　水
冯　斌　薛　峰　王　贤　罗建新　高洪辉　安　珂
王寒里　朱来发　王　姬　李宝玲　李　召　余娅梅
张尔薇　朱学明　荆荣霞　许鹏飞　张英臣　张　静
马　超　马永清　张　闯　卓良福

秘　书：齐志刚　王佳玮

前言

本书是在职业教育课程与教学改革形势下，结合人才市场和企业需求以及中等职业教育机械类专业相关课程标准，针对职业院校机械加工技术、数控技术应用、数控设备应用与维护、模具制造技术等专业教学思路和方法的改革创新要求编写的。

本书依据职业院校学生的认知与心理特点，综合考虑学生发展需要，采用项目开展教学，贯彻"做中学、学中做"的职教理念，采取图文并茂的表现形式展示各个知识点与小任务，提高教材的可读性和可操作性，追求理论与实践的有机统一，培养学生良好的职业能力与职业素养。

本书分为5个模块，共10个项目，以车削加工、铣削加工及磨削加工为典型项目，以加工工艺为主线，对传统教学内容和课程体系进行了重组和调整，将"金属切削原理与刀具""机床夹具设计""金属切削机床概论""机械制造工艺学"等课程进行机组合，形成了新的知识构架和内容体系。本书建议教学课时如下：

教 学 内 容		建 议 课 时
模块一　机械加工概述	项目一　认识机械加工	2
	项目二　识读工艺规程	4
模块二　车削加工技术	项目三　认识车床	8
	项目四　刃磨车刀	8
	项目五　用卧式车床加工零件	6
模块三　铣削加工技术	项目六　认识铣床	6
	项目七　选择铣刀	6
	项目八　用普通铣床加工零件	6
模块四　磨削加工技术	项目九　认识磨削加工	12
模块五　现代加工技术	项目十　走近先进制造技术	4
合　　计		64（含机动2）

本书由江苏省靖江中等专业学校赵焰平任主编，广东省佛山市顺德区容桂职业技术学校郭艳辉任副主编。参加编写的有江苏省靖江中等专业学校的冯兵、张网宝、陈正新，江苏省姜堰中等专业学校的丁俊，江苏联合职业技术学院如东分院的周卫东。本书的编写得到了相关企业的支持与配合，在此致以最诚挚的感谢！同时，在本书的编写过程中还得到江苏省靖江中等专业学校领导以及相关企业技术人员的大力支持与帮助，在此一并表示感谢！

本书是各相关学校倾力合作与集体智慧的结晶，尽管在教材特色建设方面，我们做出了许多努力，但不足之处仍在所难免，恳请广大教师和读者在使用本书过程中给予关注，并将意见和建议及时反馈给我们，以便修订时完善。

编　者

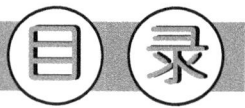

contents 目录

前　言
模块一　机械加工概述 ··· 1
　项目一　认识机械加工 ··· 2
　项目二　识读工艺规程 ··· 10
模块二　车削加工技术 ··· 29
　项目三　认识车床 ··· 30
　项目四　刃磨车刀 ··· 44
　项目五　用卧式车床加工零件 ··································· 59
模块三　铣削加工技术 ··· 79
　项目六　认识铣床 ··· 80
　项目七　选择铣刀 ··· 100
　项目八　用普通铣床加工零件 ··································· 116
模块四　磨削加工技术 ··· 139
　项目九　认识磨削加工 ··· 140
模块五　现代加工技术 ··· 161
　项目十　走近先进制造技术 ······································· 162
参考文献 ··· 185

模块一 机械加工概述

项目一 认识机械加工

 学习目标

初步了解机械加工的基本知识,区分机械产品加工过程中的岗位、工种及通用机械加工设备。

 项目描述

机械制造业是国家的基础行业,它决定了一个国家制造业的整体水平;机械制造包括机械产品的开发、设计、制造、流通和售后服务全过程。国民经济的发展速度,在很大程度上取决于机械制造业技术水平的高低和发展速度。让学生参观机械制造企业或校内实习工厂,查阅资料,了解机械制造的基本知识,能说出常用的机械加工设备及对应的岗位和工种,激发他们的学习兴趣。

 知识链接

1. 机械制造

机械制造是指从事各种动力机械、起重运输机械、农业机械、冶金矿山机械、化工机械、纺织机械、机床、工具、仪器、仪表及其他机械设备等生产的行业。机械制造业为整个国民经济提供技术装备,其发展水平是国家工业化程度的主要标志之一。图1-1给出了一些常见的机械产品。

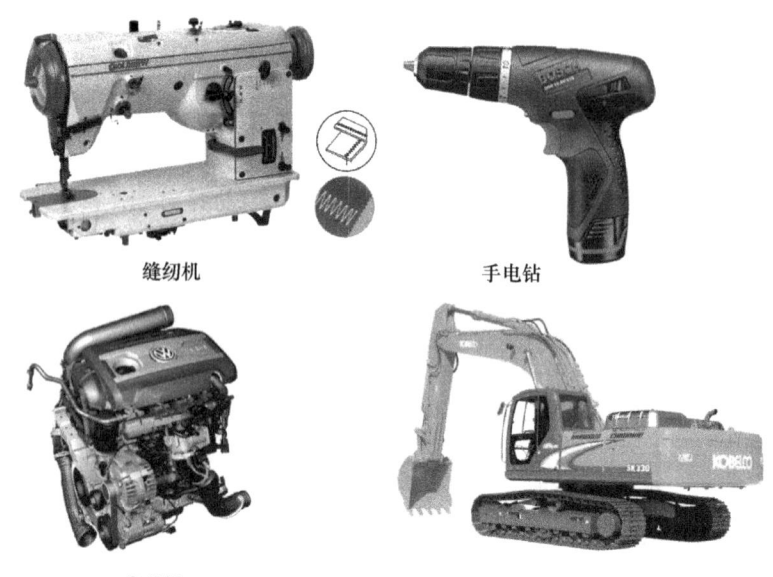

图1-1 常见的机械产品

2. 机械加工

机械加工是一种用加工机械对工件的外形尺寸或性能进行改变的过程，按被加工的工件所处的温度状态分为冷加工和热加工。一般在常温下进行，并且不引起工件的化学或物相变化的机械加工称为冷加工。一般在高于或低于常温状态进行，会引起工件的化学或物相变化的机械加工称为热加工。冷加工按加工方式的差别可分为切削加工和压力加工，图1-2给出了一些常见的冷加工。常见的热加工有热处理、锻造、铸造和焊接，如图1-3所示的感应淬火、锻造、机器人焊接。

齿轮轴承配合表面加工　　　箱体冲压　　　滚齿加工

图1-2　常见的冷加工

感应淬火　　　锻造　　　机器人焊接

图1-3　常见的热加工

本书所讲授的机械加工为冷加工，主要是利用车床、铣床、钻床、磨床等通用机械设备制造零件的过程。

3. 机械加工工艺规程

在机械制造业中，机械加工工艺过程是最主要的工艺过程。工艺规程是具体指导工人进行加工制造的操作文件，它是最重要的一种工艺文件（包括机械加工工艺规程、工艺装备图、工时定额、原材料消耗定额等）。机械加工工艺规程是安排生产作业计划、生产调度、质量控制、原材料与工具供应、生产组织和劳动组织的基础资料，因此是十分重要的生产指导文件。机械加工工艺规程的主要内容包括产品及其各部分的制造方法和顺序、设备的选择、切削规范的选择、工艺装备的确定、劳动量及工作物等级的确定、设备调整方法、产品装配与零件加工的技术条件等。机械加工工艺规程主要有4种形式：工艺过程卡片（工艺路线卡）、工艺卡片、工序卡片和工艺守则。此外，还有调整卡片和检查卡片等辅助文件。

4. 常用机械加工设备及工量具

图1-4所示为常用的机械加工设备和工量具。

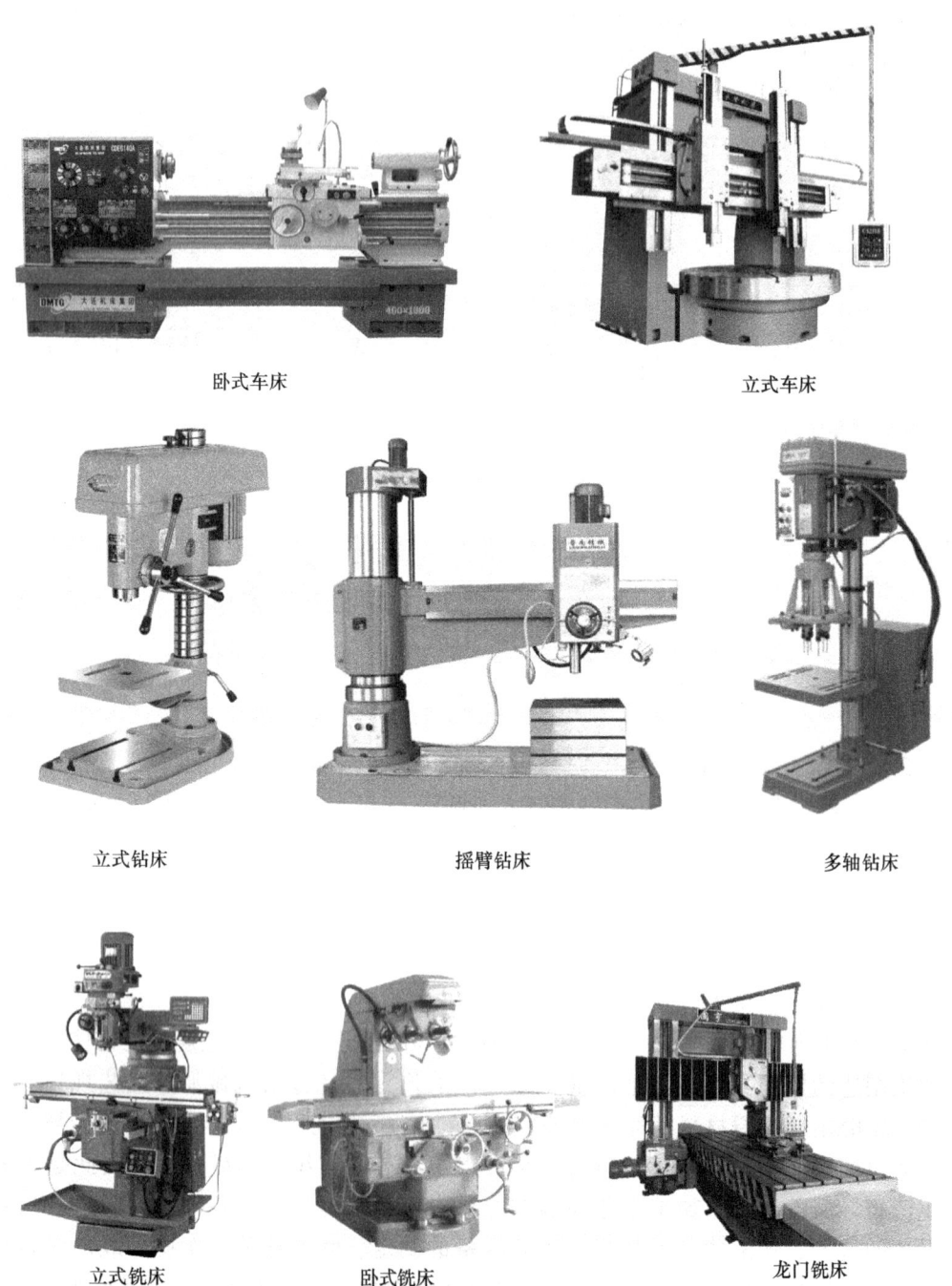

卧式车床　　　　　　　立式车床

立式钻床　　　摇臂钻床　　　多轴钻床

立式铣床　　　卧式铣床　　　龙门铣床

图1-4　常用的机械

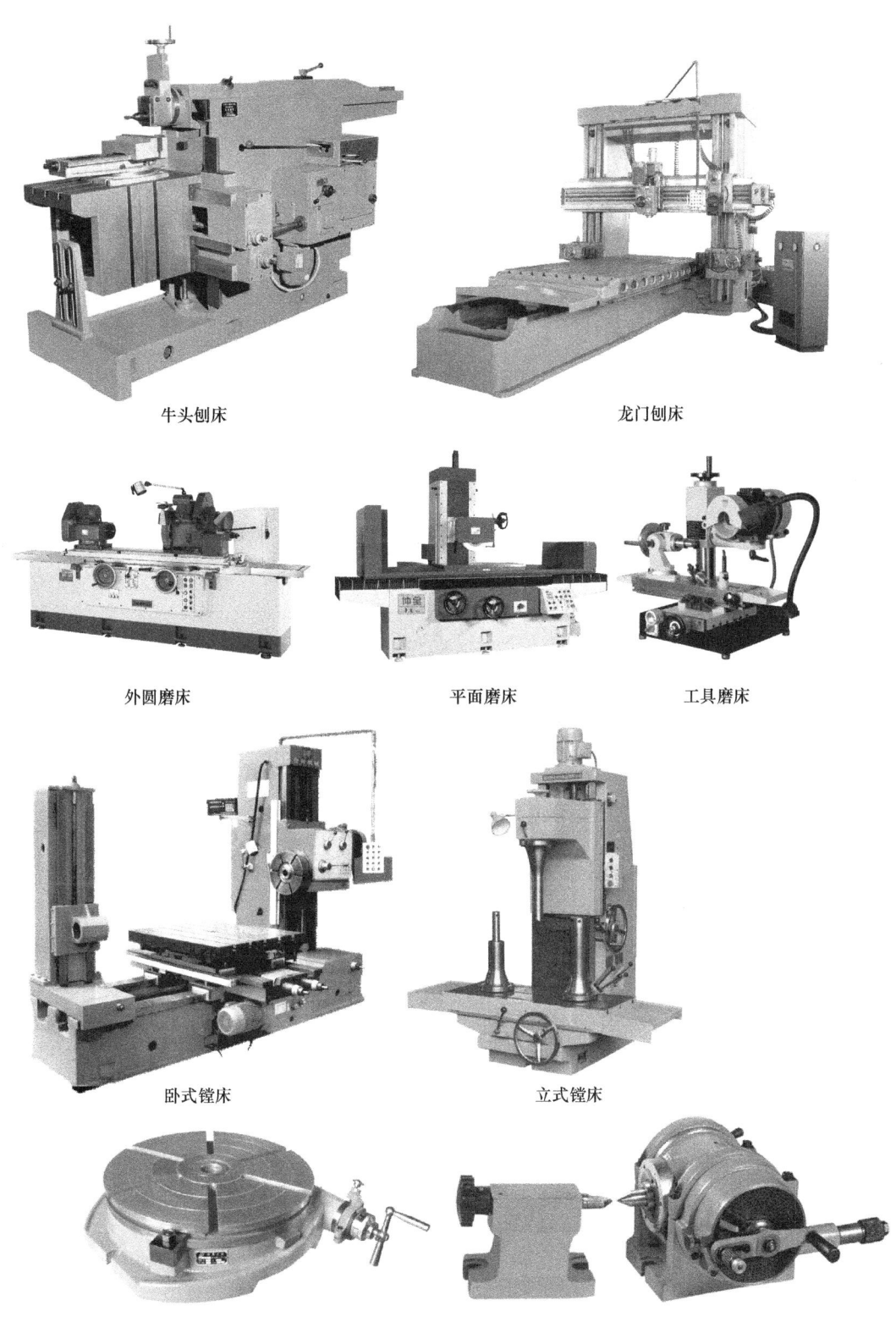

加工设备和工量具

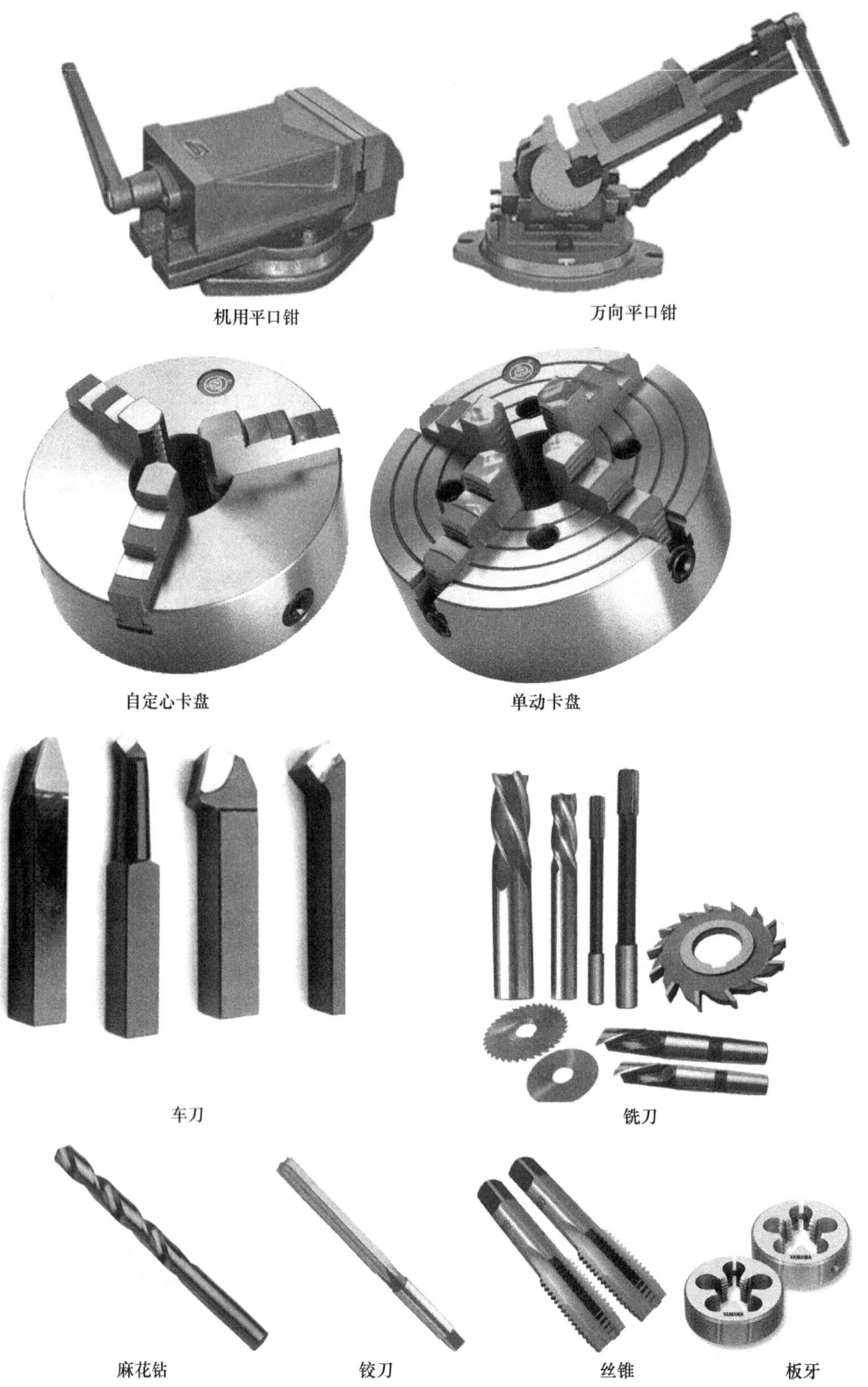

图1-4 常用的机械加工设备和工量具（续）

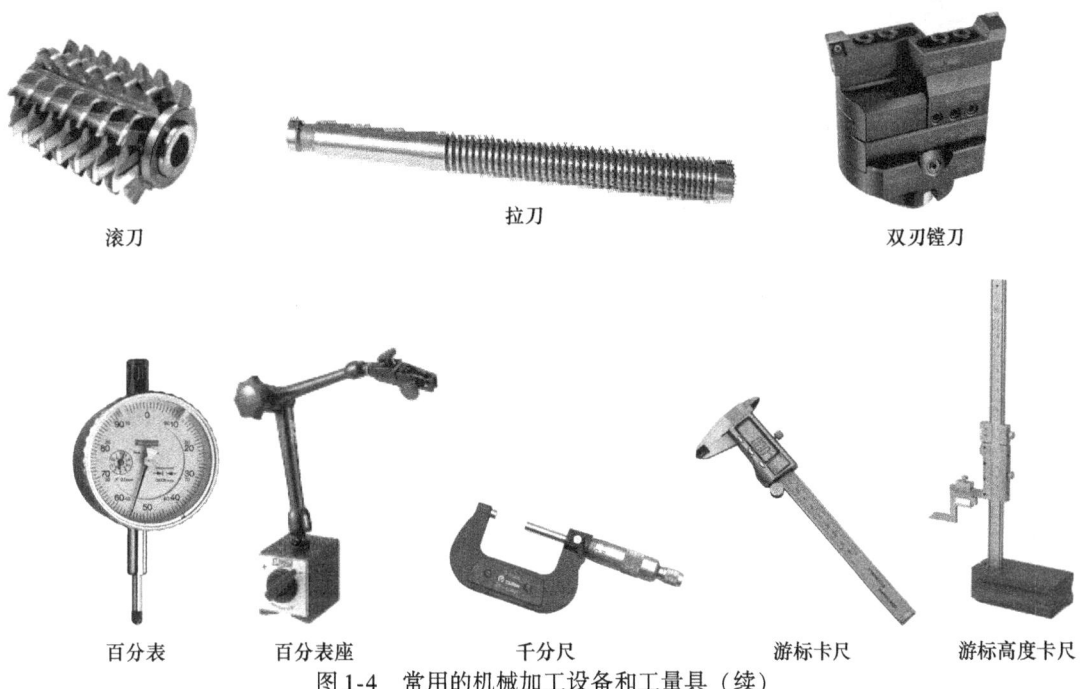

图 1-4 常用的机械加工设备和工量具（续）

任务实施

1. 通过企业参观及查阅资料，调研企业常见的机械加工工种和加工内容，分析各工种对应的设备、工量具。填写表 1-1。

表 1-1 机械加工工种及其对应的设备和工量具

机械加工工种	加 工 内 容	常用的加工设备	常用的工量具

2. 根据图 1-5 所示内容，说明分别是什么加工设备。

a)

b)

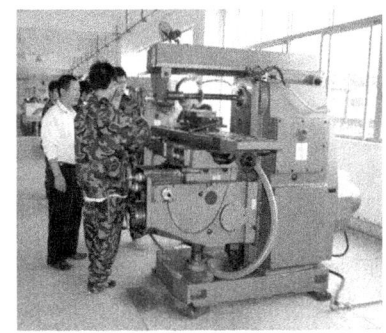

c)

图 1-5 看图识别设备

d) e)

图1-5 看图识别设备（续）

 任务小结

机械加工工艺内容如图1-6所示。

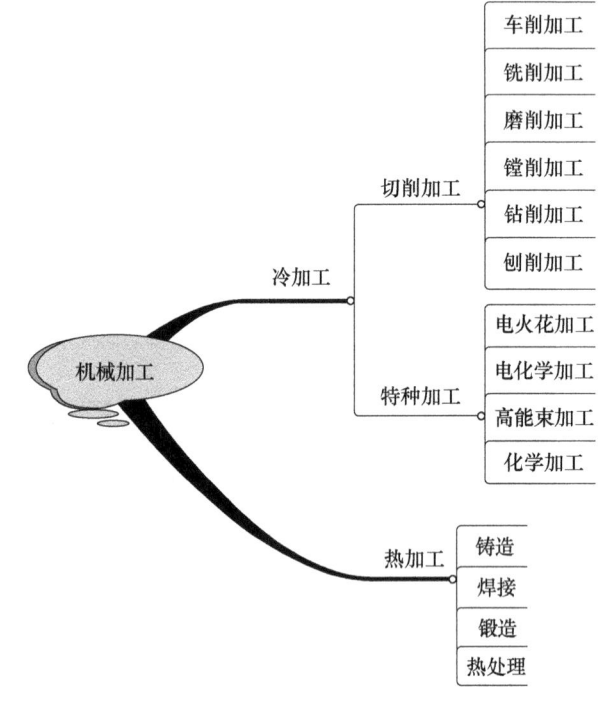

图1-6 机械加工工艺内容

 拓展提高

6S 现场管理

"6S 管理"是现代工厂行之有效的现场管理理念和方法，其作用是：提高效率，保证质量，使工作环境整洁有序，预防为主，保证安全。6S 的本质是一种执行力的企业文化，它强调纪律性的文化，不怕困难，想到做到，做到做好。作为基础性的 6S 工作落实，能为其他管理活动提供优质的管理平台。

1. 6S 现场管理的内容

整理（SEIRI）——将工作场所的任何物品区分为有必要和没有必要的，有必要的留下来，没必要的都消除掉。

目的：腾出空间，空间活用，防止误用，营造清爽的工作场所。

整顿（SEITON）——把留下来的必要物品依规定位置摆放，并放置整齐加以标识。

目的：工作场所一目了然，消除寻找物品的时间，形成整整齐齐的工作环境，消除过多的积压物品。

清扫（SEISO）——将工作场所内看得见与看不见的地方清扫干净，保持工作场所干净、美观。

目的：稳定品质，减少工业伤害。

清洁（SEIKETSU）——将整理、整顿、清扫进行到底，并且制度化，经常保持环境外在美观的状态。

目的：创造明朗现场，维持上面的3S成果。

素养（SHITSUKE）——每位成员养成良好的习惯，并遵守规则做事，培养积极主动的精神（也称习惯）。

目的：培养有好习惯、遵守规则的员工，营造团队精神。

安全（SECURITY）——重视成员安全教育，每时每刻都有安全第一观念，防范于未然。

目的：建立起安全生产的环境，所有的工作应建立在安全的前提下。

2. 6S现场管理展示

图1-7所示为企业6S管理现场图片展示。

图1-7　企业6S管理现场图片展示

项目二　识读工艺规程

学习目标

了解机械加工工艺文件的种类和作用，能正确识读机械加工工艺文件。

项目描述

机械加工的目的是将毛坯加工成符合产品要求的零件。在生产实际中，由于零件的生产类型、形状、尺寸和技术要求等不同，一个零件往往不是单独在一种机床上加工完成的，而是需要经过一定的工艺过程，经过若干工序加工而成的。一个相同结构、相同要求的机器零件，可以采用几种不同的工艺过程完成，但其中总有一种工艺过程在某一特定条件下是最经济、最合理的。这就需要有识读机械加工工艺规程的能力，根据零件的具体工艺要求，按照合理的加工顺序，用合适的加工方法，一步步地把零件加工出来。

知识链接

2.1　机械加工工艺过程及其组成

采用机械加工（图2-1）方法直接改变毛坯的形状、尺寸、各表面间相互位置及表面质量，使之成为成品或半成品的过程，称为机械加工工艺过程。它由按一定的顺序排列的若干个工序组成，而每一个工序又可细分为安装、工位、工步及走刀等。

工序指由一个或一组工人在一个工作地，对同一个或同时对几个工件所连续完成的那一部分工艺过程。工作地、工人、工件与连续作业构成了工序的4个要素，若其中任一要素发生变更，则构成了另一道工序。

一个工艺过程需要包括哪些工序，是由零件的结构复杂程度、加工精度要求及生产类型所决定的。例如图2-2所示的阶梯轴，因不同的生产批量有不同的工艺过程及工序，见表2-1和表2-2。图2-3和图2-4所示分别为阶梯轴单件和大量生产的工艺过程。

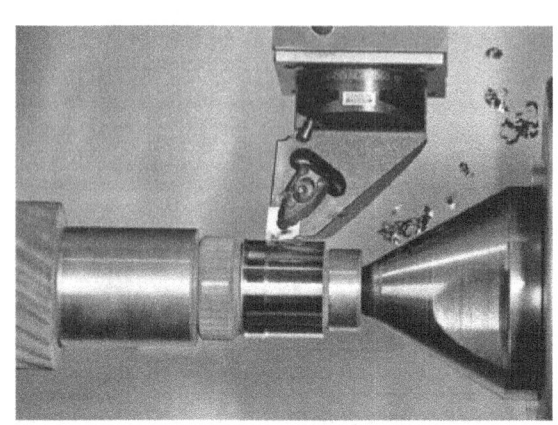

图2-1　机械加工

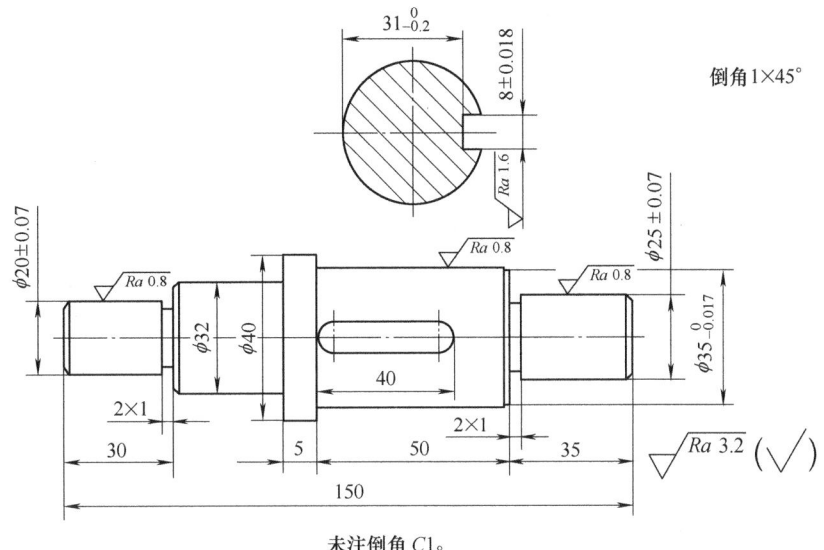

图 2-2 阶梯轴

表 2-1 阶梯轴单件生产的工艺过程

工 序 号	工序名称和内容	设 备
1	车端面,钻中心孔,车外圆,切退刀槽,倒角	车床
2	铣键槽	铣床
3	磨外圆	磨床
4	去毛刺	钳工台

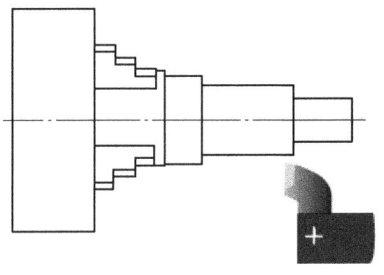

图 2-3 阶梯轴单件生产的工艺过程

表 2-2 阶梯轴大量生产的工艺过程

工 序 号	工序名称和内容	设 备
1	铣端面,钻中心孔	铣、钻联合机床
2	粗车外圆	车床
3	精车外圆,倒角,切退刀槽	车床
4	铣键槽	铣床
5	磨外圆	磨床
6	去毛刺	钳工台

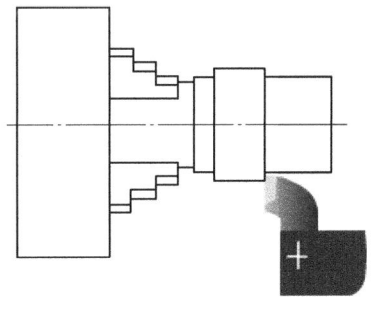

图 2-4 阶梯轴大量生产的工艺过程

工件(或装配单元)每经一次装夹后所完成的那部分工序称为安装。例如表 2-2 中的第 2、3 及 5 道工序中,须经过两次安装才能完成其工序的全部内容。

为了完成一定的工序部分,一次装夹工件后,工件(或装配单元)与夹具或设备的可动部分一起相对刀具或设备的固定部分所占据的每一个位置称为工位。图 2-5 所示为多工位加工示例。在该例中有 4 个工位,可在一次安装中通过立轴式回转工作台实现钻孔、扩孔和铰孔加工。

如果一个工序只有一次安装,该安装又只有一个工位,则工序内容就是安装内容,同时也是工位内容。

工步是指在加工表面(或装配时的连接表面)不变、加工(或装配)工具不变的情况下所连续完成的那部分工序内容。

按照此定义,带回转刀架的机床(如转塔车床)或带自动换刀装置的机床(如加工中心),当更换不同刀具时,即使加工表面不变,也属不同工步。

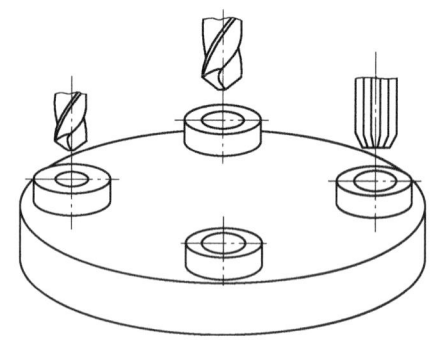

图 2-5　多工位加工示例

在一个工步内,若有几把刀具同时加工几个不同表面,称此工步为复合工步(图 2-6)。采用复合工步可以提高生产效率。

走刀是指切削刀具在加工表面上切削一次所完成的工步内容。有些工步,由于余量较大或其他原因,需要在同一切削用量(仅指转速和进给量)下对同一表面进行多次切削,这样刀具对工件的每一次切削就称为一次走刀。

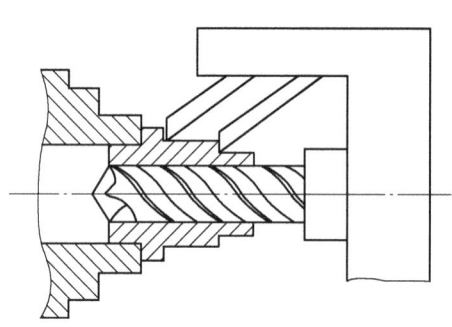

图 2-6　复合工步

2.2　基准与装夹

2.2.1　基准

1. 基准的概念

工件是一个几何形体,它由一些几何元素(如点、线、面)所构成。工件上任何一个点、线、面的位置总是要用它与另外一些点、线、面的相互关系(如尺寸距离、平行度、垂直度、同轴度等)来确定的。用来确定生产对象上几何要素间的几何关系所依据的那些点、线、面称为基准。按照其作用的不同,基准可分为设计基准和工艺基准两大类。

2. 设计基准

在设计图样上所采用的基准称为设计基准。例如图 2-7 所示的箱体零件,顶面 B 的设计基准为底面 A(尺寸 H);孔 Ⅰ 的设计基准为底面 A 与垂直面 C(尺寸 X_1、Y_1);孔 Ⅱ 的设计基准为底面 A 与 Ⅰ 孔的中心(尺寸 Y_2、R_1);孔 Ⅲ 的设计基准为孔 Ⅰ 与孔 Ⅱ 的中心(尺寸 R_2、R_3)。

设计人员是从零件的工作性能要求出发而确定设计基准的。图 2-7 中孔 Ⅰ 与孔 Ⅱ、孔 Ⅲ 之间,孔 Ⅱ 与孔 Ⅲ 之间均有齿轮啮合传动关

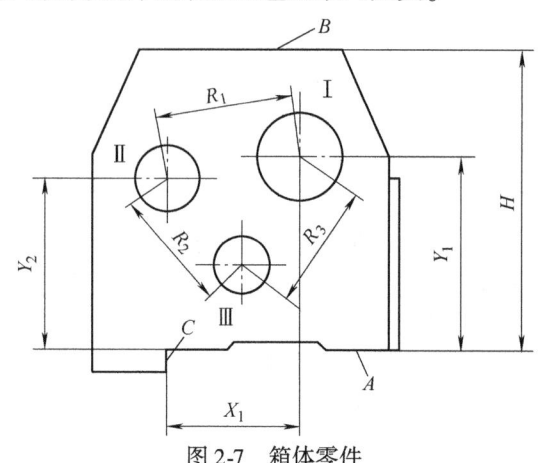

图 2-7　箱体零件

系。为保证齿侧啮合间隙量，孔Ⅱ采用了孔Ⅰ中心作设计基准，孔Ⅲ采用了孔Ⅰ与孔Ⅱ的中心作为设计基准。

例 试指出图 2-8 所示零件的设计基准。

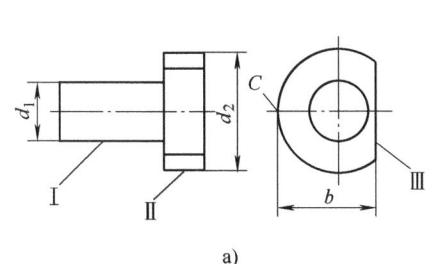
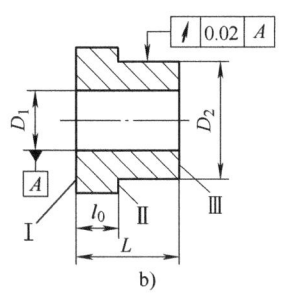

图 2-8 零件

解：图 2-8a 中，外圆表面Ⅰ和Ⅱ的设计基准为中心线，平面Ⅲ的设计基准为母线 C。

图 2-8b 中，端面Ⅱ和Ⅲ的设计基准为端面Ⅰ，外圆表面 D_2 的设计基准是内孔 D_1。

注：作为基准的点、线，通常是由某些具体表面来体现的，这些表面称为基面。例如图 2-8a 中零件的中心线实际是由外圆表面 d_1 和 d_2 所确定的。在没有特别标定的情况下，这两个外圆表面可理解为互为基准。

3. 工艺基准

工艺基准是指在工艺过程中所采用的基准，又可分为工序基准、定位基准、测量基准、装配基准等。

（1）工序基准 工序基准是在工序图上用来确定本道工序所加工表面加工后的尺寸、形状和位置关系的基准。工序基准的选择应主要考虑如下两个方面的问题。

1）尽可能用设计基准作为工序基准。当采用设计基准作为工序基准有困难时，可另选工序基准，但必须可靠地保证零件的设计尺寸和技术要求。

2）所选工序基准应尽可能用于工件的定位和工序尺寸的检查。

（2）定位基准 定位基准是加工中用作定位的基准。定位基准可进一步分为粗基准、精基准和附加基准。

1）粗基准。使用未经机械加工的表面做定位基准，称为粗基准。

2）精基准。使用已经机械加工的表面做定位基准，称为精基准。

3）附加基准。仅仅是为了机械加工工艺需要设计的定位基准，称为附加基准。例如轴类零件常用的顶尖孔，某些箱体零件加工所用的工艺孔，支架类零件用到的工艺凸台（图 2-9）等都属于附加基准。

（3）测量基准 测量时所采用的基准，称为测量基准。

（4）装配基准 装配时用来确定零件或部件在机器中的相对位置所采用的基准，称为装配基准。装配基准一般与零件的主要设计基准相一致。

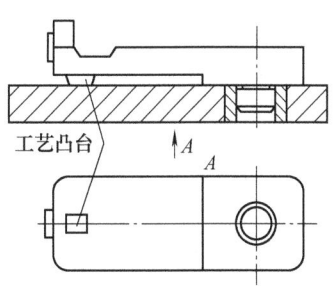

图 2-9 小刀架上的工艺凸台

2.2.2 工件的装夹

1. 装夹的概念

在机械加工时,工件在机床上或者夹具中需装夹好以后才能进行加工。装夹应实现两个方面:定位与夹紧。

(1) 定位　确定工件在机床上或夹具中占有正确位置的过程称为定位。

(2) 夹紧　工件定位后将其固定,使工件在加工过程中保持定位位置不变的操作称为夹紧。

2. 装夹方式

工件在机床上的装夹方式取决于生产批量、工件大小及复杂程度、加工精度要求及定位的特点等。主要装夹形式有3种:直接找正装夹、划线找正装夹和夹具装夹。

(1) 直接找正装夹　直接找正装夹是将工件装在机床上,然后按工件的某个(或某些)表面,用划针或用百分表等量具进行找正,以获得工件在机床上的正确位置,如图2-10所示。直接找正装夹效率较低,但找正精度可以很高,适用于单件小批生产或定位精度要求特别高的场合。

(2) 划线找正装夹　划线找正装夹是按图样要求在工件表面上事先划出位置线、加工线和找正线,如图2-11所示。装夹工件时,先按找正线找正工件的位置,然后夹紧工件。

划线找正装夹不需要专用设备,通用性好,但效率低,精度也不高,通常划线找正精度只能达到0.1~0.5mm。此方法多用于单件小批生产中铸件的粗加工工序。

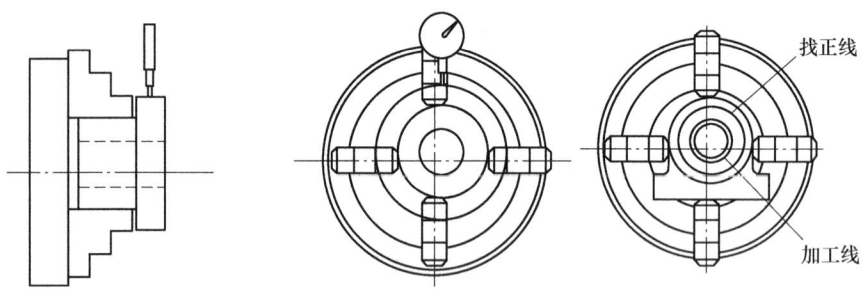

图2-10　直接找正装夹　　　　图2-11　划线找正装夹

(3) 使用夹具装夹　使用夹具装夹,工件在夹具中可迅速而正确地定位和夹紧,如图2-12所示。这种装夹方式效率高,定位精度好而可靠,还可以减轻工人的劳动强度和降低对工人技术水平的要求,因而广泛应用于各种生产类型。

任务实施

1. 认识常用机械加工过程中的工艺规程卡片(表2-3~表2-5)

图2-12　使用夹具装夹

表2-3 机械加工工艺过程卡片

(公司名称)	机械加工工艺过程卡片		产品型号		零件图号			共 页	第 页
			产品名称		零件名称				
材料牌号		毛坯种类		毛坯外形尺寸		每毛坯件数		每台件数	备注
工序号	工序名称	工序内容		车间	工段	设备	工艺装备		工时/s
									准终 | 单件
						设计(日期)	审核(日期)	标准化(日期)	会签(日期)
标记	处数	更改文件号	签字	日期	标记	处数	更改文件号	签字	日期

表 2-4 机械加工工序卡片

(公司名称)	机械加工工序卡片	产品型号		零件图号		共 页	第 页
		产品名称		零件名称			
		车间	工序号	工序名称		材料牌号	
		毛坯种类	毛坯外形尺寸	每毛坯件数		每台件数	
		设备名称	设备型号	设备编号		同时加工件数	
			夹具编号	夹具名称		切削液	
			工位器具编号	工位器具名称		工序工时/s	
						准终	单件
工步号	工步内容	工艺装备	主轴转速/(r/min)	切削速度/(m/min)	进给量/(mm/r)	背吃刀量/mm	进给次数	工步工时/s
								机动	辅助

				设计(日期)	审核(日期)	标准化(日期)	会签(日期)
标记	处数	更改文件号	签字	日期	标记	处数	更改文件号	签字	日期

表2-5 机械加工工艺卡片

(公司名称)			机械加工工艺卡片				产品型号			零件图号				共 页	第 页
							产品名称			零件名称					
材料牌号			毛坯种类			毛坯外形尺寸			每毛坯件数		每台件数			备注	
工序号	工步	装夹	工序内容	同时加工零件数	切削用量				设备名称及编号		工艺装备名称及编号			技术等级	工时定额
					切削深度/mm	切削速度/(m/min)	每分钟转数或往复次数	进给量/(mm/r)			夹具	刀具	量具		单件	准终
										编制(日期)	审核(日期)		标准化(日期)		会签(日期)
标记	处数	更改文件号	签字	日期	标记	处数	更改文件号	签字	日期						

2. 识读简单的工艺规程卡片，分析该零件的机械加工工艺过程（表 2-6 ~ 表 2-13）

表 2-6 机械加工工艺过程卡片示例

（公司名称）	机械加工工艺过程卡片		产品型号		零件图号			共1页	第1页
			产品名称		零件名称	轴套		1	
材料牌号	45钢	毛坯种类	锻件	毛坯外形尺寸		每毛坯件数	每台件数	1	备注
工序号	工序名称	工序内容			车间	工段	设备	工艺装备	工时/s
									准终 单件
10	粗铣、半精铣轴套左、右端面						立式铣床X51	高速钢套式铣刀、游标卡尺	236.51
20	粗铣、半精铣C平面						立式铣床X51	高速钢套式铣刀、游标卡尺	227.95
30	粗镗、半精镗、精镗φ74mm、φ82mm内孔						立式钻床Z525	高速钢镗刀、卡尺、塞规	678.98
40	钻、铰 φ10mm 定位孔，在 φ10mm 定位孔上粗镗 φ13.5mm 定位孔，深度 8mm						立式钻床Z525	高速钢麻花钻头、高速钢镗刀、铰刀、卡尺、塞规	124.32
50	车螺纹						卧式车床C630	螺纹车刀、游标卡尺	60.95
60	粗车、半精车、精车定位孔左、右端面						卧式车床C630	端面车刀、游标卡尺	320.70
70	粗车、半精车、精车各外圆表面						卧式车床C630	45°外圆车刀、游标卡尺	597
80	去毛刺						钳工台	扁锉	
90	中检							塞规、百分表、卡尺等	
100	对各外圆表面进行淬火						淬火机		
110	清洗						清洗机		
120	终检							塞规、百分表、卡尺等	
							设计（日期）	审核（日期）	标准化（日期） 会签（日期）
标记	处数	更改文件号	签字	日期	标记	处数	更改文件号	签字	日期

表 2-7 机械加工工序卡片示例（一）

(公司名称)	机械加工工序卡片	产品型号		零件图号		共 7 页	第 1 页
		产品名称		零件名称	轴套		

	车间	毛坯种类	设备名称	设备型号	设备编号	夹具编号	夹具名称	工位器具编号	工位器具名称	工序号	工序名称	材料牌号
			立式铣床	X51						10	粗铣、半精铣轴套左、右端面	45 钢

	毛坯外形尺寸	每毛坯件数	每台件数	同时加工件数	切削液
				2	

							工序工时/s	
							准终	单件
								236.51

工步内容图示：Ra 3.2, B, Ra 3.2, A, C, 工步 3 191±0.057 工步 4 190±0.057, 工步 2 192±0.23, 工步 1 193.5±0.23

工步号	工步内容	工艺装备	主轴转速/(r/min)	切削速度/(m/min)	进给量/(mm/r)	背吃刀量/mm	进给次数	工步工时/s 机动	工步工时/s 辅助
1	粗铣左端面，控制尺寸 193.5mm±0.23mm	高速钢套式铣刀、游标卡尺	100	50.27	1.28	1.5	1	53.5	8.03
2	粗铣右端面，控制尺寸 192mm±0.23mm	高速钢套式铣刀、游标卡尺	100	50.27	1.28	1.5	1	53.5	8.03
3	半精铣左端面，控制尺寸 L_3 = 191mm±0.057mm	高速钢套式铣刀、游标卡尺	100	50.27	0.896	1	1	43.5	6.53
4	半精铣右端面，控制 L_4 = 190mm±0.057mm	高速钢套式铣刀、游标卡尺	100	50.27	0.896	1	1	43.5	6.53

			设计（日期）	审核（日期）	标准化（日期）	会签（日期）

标记	处数	更改文件号	签字	日期	标记	处数	更改文件号	签字	日期

表2-8 机械加工工序卡片示例（二）

（公司名称）	机械加工工序卡片		产品型号		零件图号			共7页	第2页
			产品名称		零件名称	轴套			
			车间	工序号		工序名称		材料牌号	45钢
				20		粗铣、半精铣C平面			
			毛坯种类	毛坯外形尺寸		每毛坯件数		每台件数	1
			锻件			1			
			设备名称	设备型号		设备编号		同时加工件数	1
			立式铣床	X51					
			夹具编号		夹具名称			切削液	
			工位器具编号		工位器具名称			工序工时/s	
								准终	单件
									227.95
工步号	工步内容	工艺装备	主轴转速 (r/min)	切削速度 (m/min)	进给量 (mm/r)	背吃刀量 /mm	进给次数	工步工时/s	
								机动	辅助
1	粗铣C平面，控制尺寸71mm±0.23mm	高速钢套式铣刀、游标卡尺	160	40.2	0.8	1.5	1	64	9.6
2	半精铣C平面，控制尺寸70mm±0.057mm	高速钢套式铣刀、游标卡尺	180	45.24	0.4	1	1	123	18.45
			设计（日期）	审核（日期）	标准化（日期）		会签（日期）		
标记	处数	更改文件号	签字	日期	标记	处数	更改文件号	签字	日期

表2-9 机械加工工序卡片示例（三）

（公司名称）	机械加工工序卡片		产品型号		零件图号			共7页	第3页
			产品名称		零件名称	轴套			
			车间	毛坯种类	工序号	工序名称		材料牌号	45钢
				锻件	30	粗镗、半精镗、精镗内孔 φ74mm、φ82mm			
				毛坯外形尺寸	设备型号	设备名称	设备编号	每毛坯件数	1
					Z525	立式钻床		每台件数	1
				夹具编号	夹具名称			同时加工件数	1
				工位器具编号	工位器具名称			切削液	
								工序工时/s	
								准终	单件 678.98
工步号	工步内容	工艺装备		主轴转速/(r/min)	切削速度/(m/min)	进给量/(mm/r)	背吃刀量/mm	进给次数	工步工时/s 机动 / 辅助
1	粗镗内孔，控制尺寸 φ72$^{+0.190}_{0}$ mm，φ80$^{+0.190}_{0}$ mm	高速钢镗刀、卡尺、塞规		97	22.55	0.5	1.5	1	314 / 20.4
2	半精镗内孔，控制尺寸 φ73.5$^{+0.046}_{0}$ mm，φ81.5$^{+0.046}_{0}$ mm	高速钢镗刀、卡尺、塞规		140	31.67	0.4	0.75	1	136 / 17.7
3	精镗内孔，控制尺寸 φ74$^{+0.03}_{0}$ mm，φ82$^{+0.03}_{0}$ mm	高速钢镗刀、卡尺、塞规		195	45.03	0.3	0.25	1	118 / 47.1
				设计（日期）	审核（日期）	标准化（日期）		会签（日期）	
标记	处数	更改文件号	签字	日期	标记	处数	更改文件号	签字	日期

表2-10 机械加工工序卡片示例（四）

(公司名称)	机械加工工序卡片	产品型号		零件图号			共7页	第4页
		产品名称	轴套	零件名称		工序名称		材料牌号
						钻、铰φ10mm内孔，粗镗φ13.5mm孔		45钢
		车间	工序号	毛坯种类	毛坯外形尺寸	每毛坯件数		每合件数
			40	锻件		1		1
		设备名称	设备型号	设备编号		同时加工件数		
		立式钻床	Z525					1
		夹具编号		夹具名称		切削液		
		工位器具编号		工位器具名称		工序工时/s		
						准终		单件
								124.32
工步号	工步内容	工艺装备	主轴转速(r/min)	切削速度(m/min)	进给量(mm/r)	背吃刀量mm	进给次数	工步工时/s
								机动 / 辅助
1	钻定位孔，控制尺寸 φ9.8 $^{+0.15}_{0}$ mm	高速钢麻花钻、卡尺、塞规	680	20.94	0.2	9.8	1	50.04 / 7.50
2	粗铰定位孔，控制尺寸 φ10 $^{+0.036}_{0}$ mm	高速钢麻花钻、铰刀、卡尺、塞规	392	12.32	0.8	0.2	1	27.6 / 4.14
3	粗镗φ13.5mm孔，φ13.5 $^{+0.036}_{0}$ mm，深8mm	高速钢镗刀、铰刀、卡尺、塞规	140	31.67	0.5	1.75	1	24 / 3.6
		设计（日期）	审核（日期）	标准化（日期）		会签（日期）		
标记	处数	更改文件号	签字	日期	标记	处数	更改文件号	签字	日期

表 2-11 机械加工工序卡片示例（五）

（公司名称）	机械加工工序卡片		产品型号		零件图号			共 7 页	第 5 页
			产品名称		零件名称	轴套			
		车间	工序号	工序名称		材料牌号			
			50	车螺纹		45 钢			
		毛坯种类	毛坯外形尺寸	每毛坯件数		每台件数			
		锻件		1					
		设备名称	设备型号	设备编号		同时加工件数			
		卧式车床	C630			1			
		夹具编号	夹具名称			切削液			
		工位器具编号	工位器具名称			工序工时/s			
						准终	单件		
							60.95		
工步号	工步内容	工艺装备	主轴转速/(r/min)	切削速度/(m/min)	进给量/(mm/r)	背吃刀量/mm	进给次数	工步工时/s	
								机动	辅助
1	车螺纹		150	53.72	0.7	2	1	50	7.5
			设计（日期）	审核（日期）	标准化（日期）	会签（日期）			
标记	处数	更改文件号	签字	日期	标记	处数	更改文件号	签字	日期

表2-12 机械加工工序卡片示例（六）

(公司名称)	机械加工工序卡片	产品型号		零件图号	60		共7页	第6页
		产品名称		零件名称	轴套			
		车间	毛坯种类 锻件	毛坯外形尺寸		工序号	工序名称 粗车、半精车、精车定位孔左、右端面	材料牌号 45钢
			设备名称 卧式车床	设备型号 C630		设备编号	每毛坯件数 1	每台件数 1
			夹具编号		夹具名称		同时加工件数 1	
			工位器具编号		工位器具名称		切削液	
							工序工时/s	
							准终	单件 320.70

工步号	工步内容	工艺装备	主轴转速 (r/min)	切削速度 (m/min)	进给量 (mm/r)	背吃刀量 mm	进给次数	工步工时/s 机动	辅助
1	粗车定位孔左、右端面	端面车刀、游标卡尺	90	53.72	0.7	1.3	1	80.95	12.14
2	半精车定位孔左、右端面	端面车刀、游标卡尺	150	89.53	0.35	0.8	1	97.14	14.57
3	精车定位孔左、右端面	端面车刀、游标卡尺	200	119.38	0.3	0.4	1	85	12.75
			设计（日期）	审核（日期）		标准化（日期）		会签（日期）	
标记	处数	更改文件号	签字	日期					
标记	处数	更改文件号	签字	日期					

表 2-13 机械加工工序卡片示例（七）

(公司名称)	机械加工工序卡片		产品型号		零件图号		工序号	70		共 7 页	第 7 页
			产品名称		零件名称	轴套	工序名称	粗车、半精车、精车各外圆表面			材料牌号 45 钢
			车间		毛坯种类 锻件		毛坯外形尺寸		每毛坯件数 1		每台件数
			设备名称 卧式车床		设备型号 C630		设备编号		同时加工件数 1		
			夹具编号		夹具名称				切削液		
			工位器具编号		工位器具名称				工序工时/s 准终 | 单件 597		
工步号	工步内容	工艺装备	主轴转速/(r/min)	切削速度/(m/min)	进给量/(mm/r)	背吃刀量/mm	进给次数	工步工时/s 机动 | 辅助			
1	粗车各外圆表面	45°外圆车刀、游标卡尺	90	53.72	0.7	1.3	1	186.95	28.04		
2	半精车各外圆表面	45°外圆车刀、游标卡尺	150	89.53	0.35	0.6	1	223.54	33.53		
3	精车各外圆表面	45°外圆车刀、游标卡尺	200	119.38	0.3	0.6	1	95.6	29.34		
			设计（日期）	审核（日期）		标准化（日期）		会签（日期）			
标记	处数	更改文件号	签字	日期	标记	处数	更改文件号	签字	日期		

 **任务小结**

1. 机械加工工艺过程（图2-13）

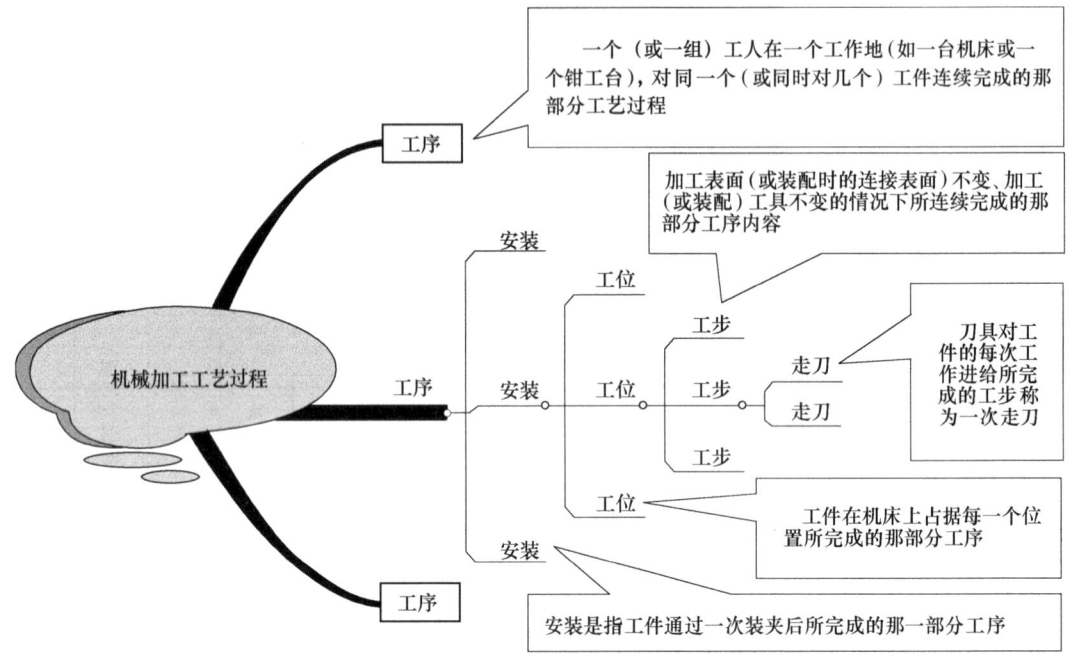

图2-13　机械加工工艺过程

2. 基准（图2-14）

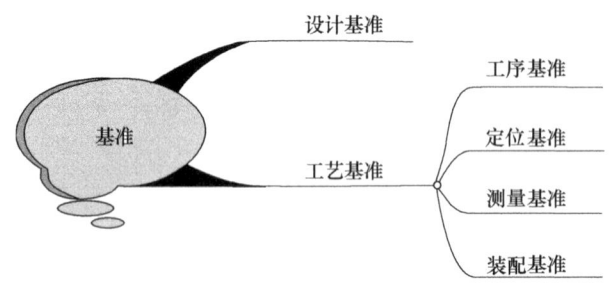

图2-14　基准

 **拓展提高**

安全生产

　　安全生产是指采取一系列措施使生产过程在符合规定的物质条件和工作秩序下进行，有效消除或控制危险和有害因素，无人身伤亡和财产损失等生产事故发生，从而保障人员安全与健康、设备和设施免受损坏、环境免遭破坏，使生产经营活动得以顺利进行的一种状态。

　　机械加工通用安全操作规程如下：

① 机械设备操作者除应认真遵守本规程外，还应遵守相应工种的安全操作规程，如图 2-15 所示。

图 2-15 安全操作规程

② 从事机械加工的人员必须经过专业训练，经安全考核且身体健康，方可独立操作。

③ 工作前，操作者必须按规定穿戴好本岗位的防护用品，女工的头发应压入帽内，严禁戴手套操作机床。

④ 在操作前，应检查设备各部位是否正常，防护信号、保险、联锁、电气等安全装置和设施是否良好，经慢速空转试车，确认无故障后方可进行工作。

⑤ 机械设备和手用电动工具的绝缘应良好，且有可靠的接地装置。使用局部照明和手提行灯时应为 36V 以下的安全电压。

⑥ 工作中发生故障或突然停电，应切断电源，及时找有关人员修复，不准带故障运行。

⑦ 操作人员工作时不准赤脚，不准穿拖鞋和高跟鞋。工作时操作者必须踩在木质脚踏板上。

⑧ 在进行变速，测量尺寸，装卸零件、刀具、夹具、模具，清理和加油等工作时，必须停机，关闭电源。严禁用手制动。

⑨ 设备运转时，机床床面不准堆放浮动物件，不准用手检查加工表面粗糙度，不准用手拉或嘴吹切屑。

⑩ 操作者必须精力集中，遵守纪律。工作前不得饮酒。设备运转时，不准擅自离开机床，若离开时应关闭电源。

⑪ 凡是有通风装置的工作场地，工作前应打开通风设备，保证室内通风良好。除尘设备要定期清理。

⑫ 加工铸件、铝镁合金、非金属材料和进行干磨削时，必须戴口罩，了解材料性能，选择适当的切削量。

⑬ 拆装、搬运笨重物件需使用起重设备时，应遵守起重设备安全操作规程，二人以上搬运，须统一指挥，互相协调。

⑭ 使用手用工具应遵守相应的安全制度，增设防切屑飞溅的安全网。

⑮ 使用易燃品应远离火源。易燃品要集中保管，废油应定点管理，个人不许存放任何可燃物品。

⑯ 工作场地必须保证安全通道和消防通道畅通无阻，配备必要的消防器材并保证使用性能可靠。

⑰ 交待任务时，要把安全注意事项交待清楚，并做好记录。

⑱ 工作完毕后，关闭水、电、气等开关，清理现场，将工件和工具摆放整齐，做到文明生产。

模块二

车削加工技术

项目三　认识车床

　**学习目标**

（1）熟悉车床的结构性能、加工范围和操作方法。
（2）知道卧式车床各部分名称、作用及其加工范围。
（3）严格按照"安全操作规范",掌握卧式车床操作要领。
（4）能根据需要调整好车床各手柄的位置。

　**项目描述**

　　车床是主要利用车刀对旋转的工件进行车削加工的机床。它主要用于加工轴、盘、套和其他具有回转表面的零件，还可用钻头、扩孔钻、铰刀、丝锥、板牙和滚花工具等进行相应的加工，是机械制造和修配工厂中使用最广的一类机床。

　　古代的车床是靠手拉或脚踏，通过绳索使工件旋转，并手持刀具而进行切削的。1797年，英国机械发明家莫兹利创制了用丝杠传动带动刀架的现代车床，并于1800年采用交换齿轮，可改变进给速度和被加工螺纹的螺距。1817年，另一位英国人罗伯茨采用了四级带轮和背轮机构来改变主轴转速。为了提高机械化自动化程度，1845年，美国的菲奇发明转塔车床。1848年，美国又出现回轮车床。1873年，美国的斯潘塞制成一台单轴自动车床，不久他又制成三轴自动车床。20世纪初，出现了由单独电动机驱动的带有齿轮变速箱的车床。第一次世界大战后，由于军火、汽车和其他机械工业的需要，各种高效自动车床和专门化车床迅速发展。为了提高小批量工件的生产率，20世纪40年代末，带液压仿形装置的车床得到推广，与此同时，多刀车床也得到发展。50年代中期，发展了带穿孔卡、插销板和拨码盘等的程序控制车床。数控技术于60年代开始用于车床，70年代后期得到迅速发展。图3-1所示分别为脚踏车床、转塔车床、回轮车床。

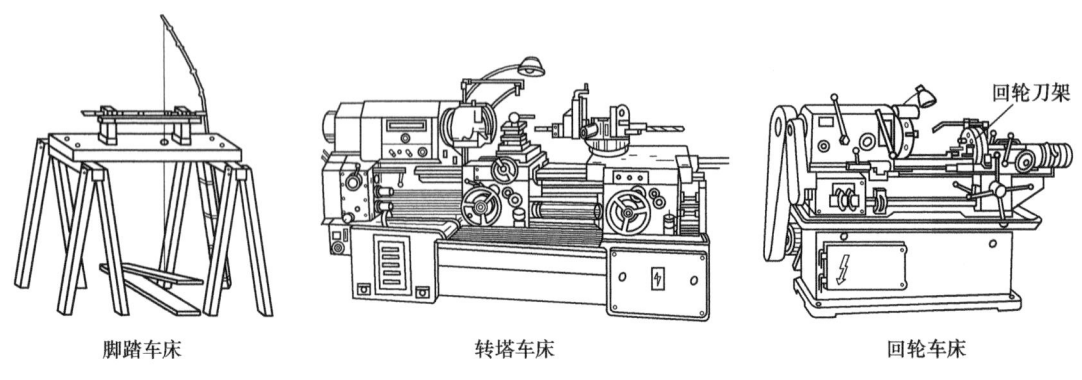

图3-1　车床

知识链接

一、车床的加工工艺范围

车削加工时,工件的旋转运动为主运动,车刀的移动为进给运动。车削加工的工艺范围很广,可以加工出各种类型的带有旋转体表面的零件,如内外圆柱面、内外圆锥面、内外成形面、内外螺旋面等(表3-1),其尺寸公差等级达到IT6~IT11,表面粗糙度值达 $Ra0.8 \sim Ra12.5\mu m$。另外,在车床上安装夹具和附件之后还可以进行镗孔、铣削、磨削、研磨、抛光等。

表3-1 车床的加工工艺范围

车外圆 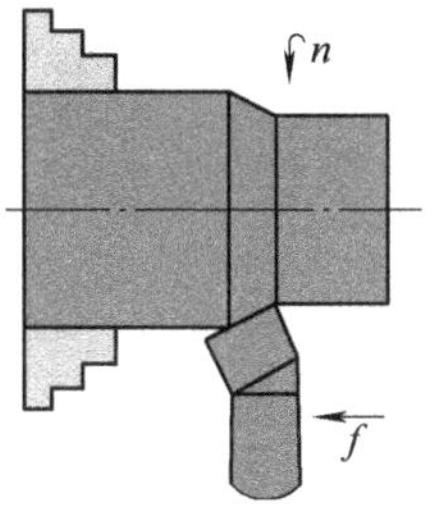	车端面 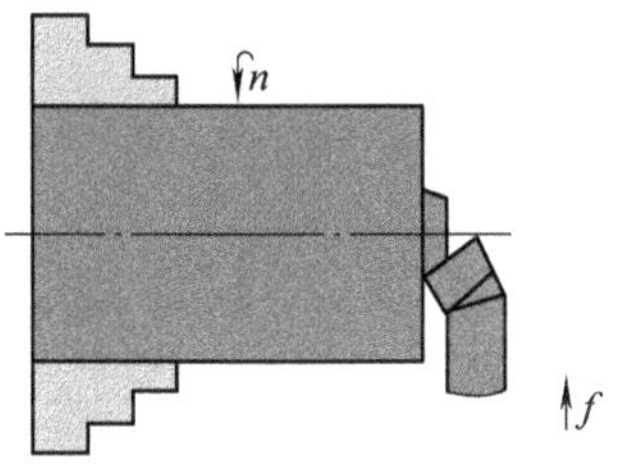	切断 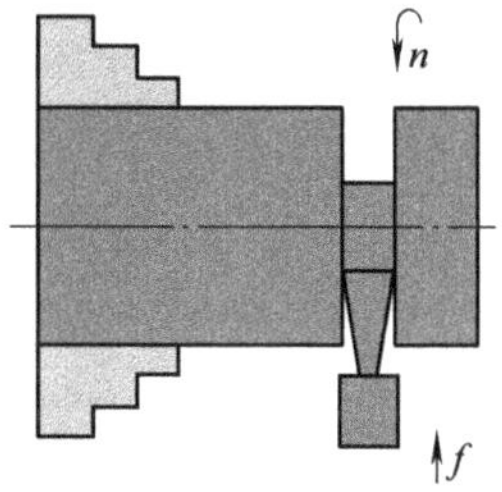
车锥面 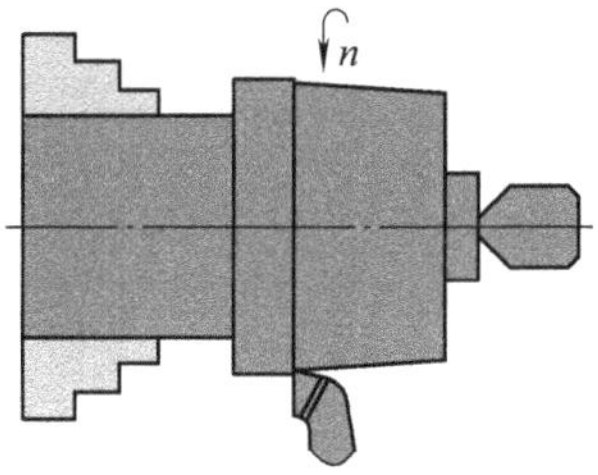	车成形面 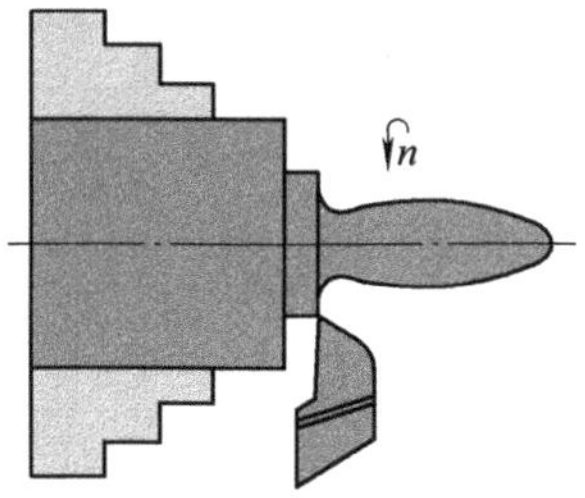	车螺纹 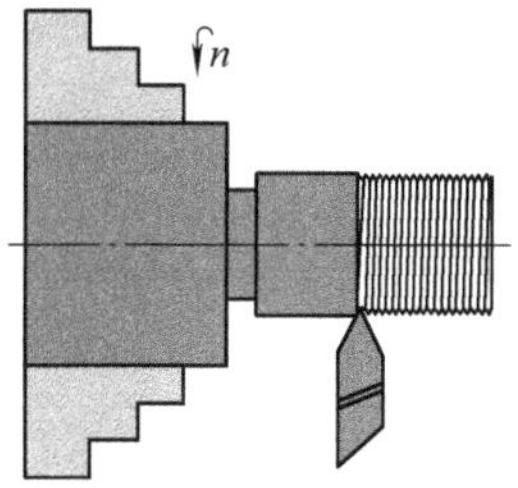
钻中心孔 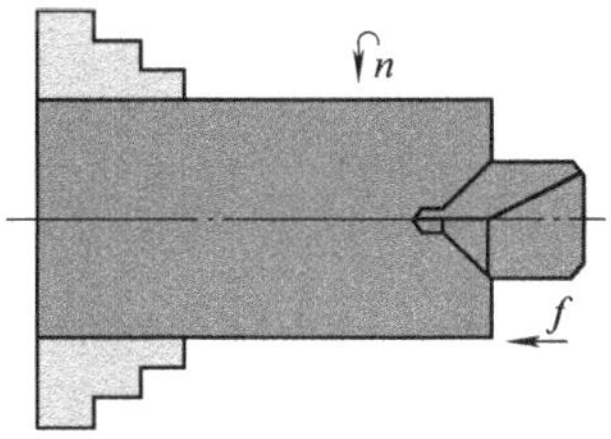	钻孔 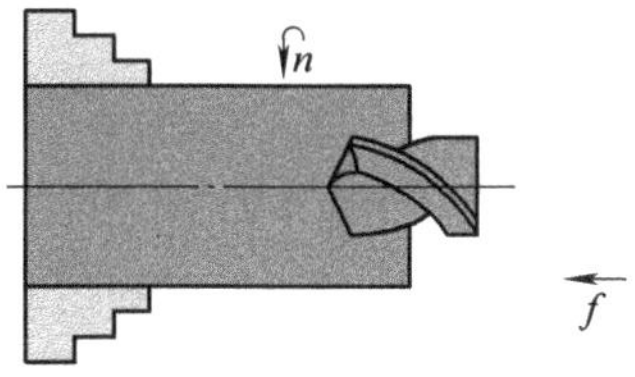	铰孔 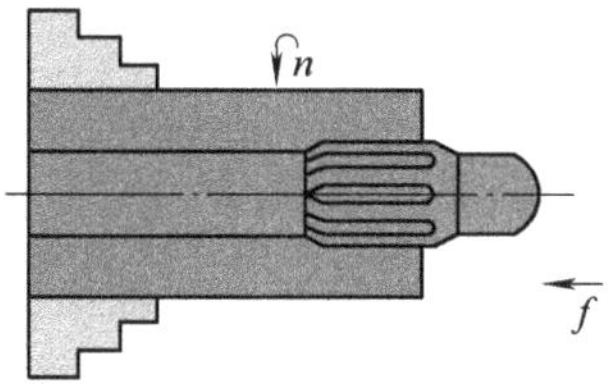
镗孔 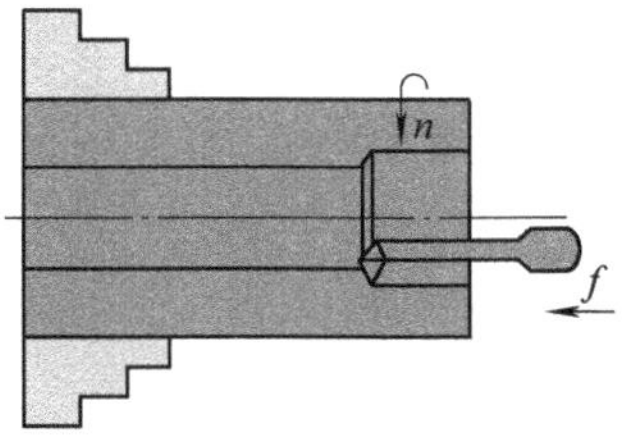	攻螺纹 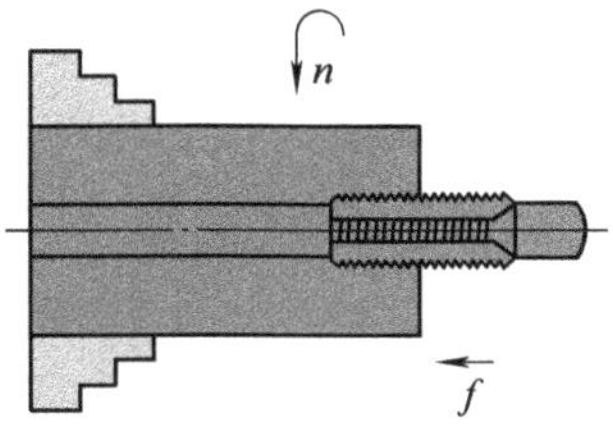	滚花 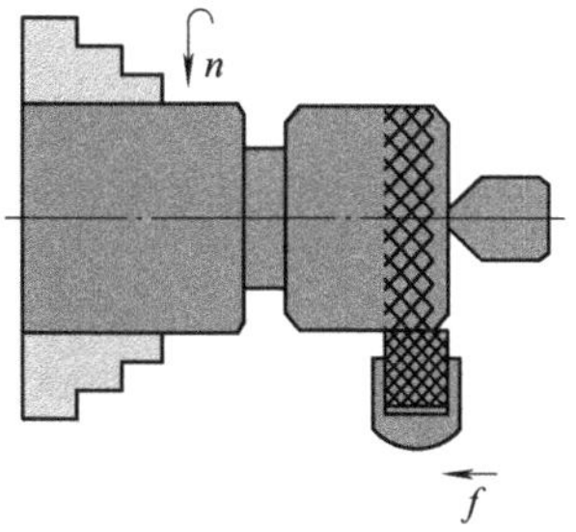

二、卧式车床

1. 卧式车床的型号

GB/T 15375—2008《金属切削机床 型号编制方法》中规定,机床型号由汉语拼音字母和阿拉伯数字组成。车床的型号很多,下面以 C6132A 为例,介绍车床型号中字母与数字的含义。

C——类别:车床;

6——组别:落地及卧式车床;

1——型别:卧式车床;

32——主参数:床身上最大回转直径的 1/10,即床身上最大回转直径为 320mm;

A——改进次数:第一次重大改进。

2. 卧式车床的组成

C6132A 型卧式车床由"四箱""两杠""一杆""一架""一座"及"一床身"组成,如图 3-2 所示。

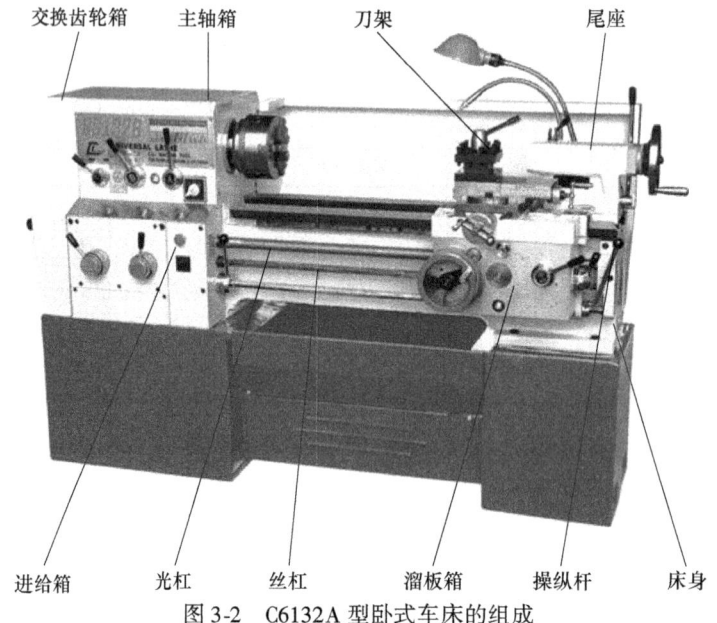

图 3-2 C6132A 型卧式车床的组成

(1) 主轴箱 主轴箱又称床头箱(图 3-3),它固定在床身的左端。在主轴箱中装有主轴,以及使主轴变速和变向的传动齿轮。通过卡盘等夹具装夹工件,主轴带动工件按需要的转速旋转,实现主运动。

图 3-3 C6132A 型车床主轴箱

（2）进给箱　进给箱又称走刀箱（图3-4），它位于床身的左前侧。进给箱中装有进给运动的变速装置及操纵机构，主要用于改变进给量的大小。主轴的运动由交换齿轮箱（通过搭配不同齿数的齿轮，获得不同的进给量，以便加工不同螺距的螺纹）传入进给箱，通过转动变速手柄来改变进给箱中滑动齿轮的啮合位置，从而带动光杠或丝杠以不同的转速转动，最终再通过溜板箱带动刀具，实现直线的进给运动。

交换齿轮箱内部　　　　变速手柄

图3-4　C6132A型车床的交换齿轮箱和进给箱

（3）溜板箱　溜板箱的作用是将光杠或丝杠传来的旋转运动改变为刀架的自动直线进给运动，如图3-5所示。

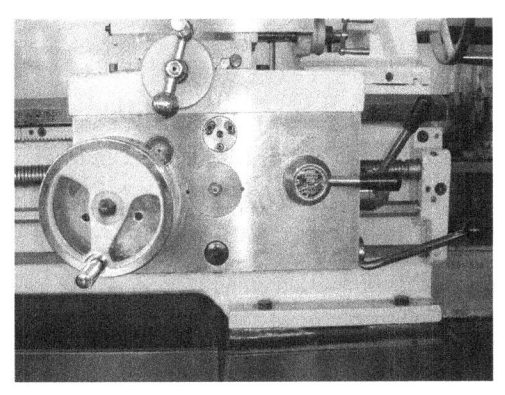 

图3-5　C6132A型车床的溜板箱

（4）光杠与丝杠　光杠与丝杠（图3-6）将进给箱的运动传给溜板箱。加工螺纹时用丝杠传动，其他表面的自动横向或纵向进给用光杠传动。丝杠的传动精度比光杠高，但二者互锁，不能同时使用。

图 3-6　C6132A 型车床的光杠与丝杠

（5）刀架　刀架用来装夹刀具并带动刀具做纵向、横向、斜向等多方向的进给运动。刀架为多层结构（图 3-7），主要由以下几部分组成。

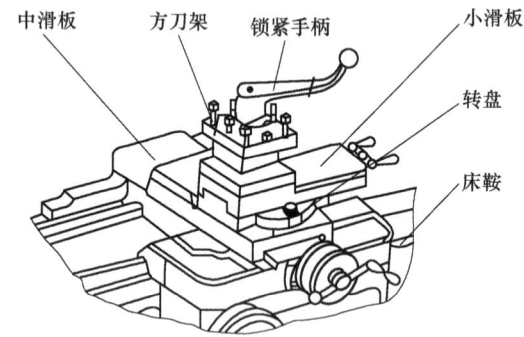

图 3-7　C6132A 型车床的刀架

1）床鞍。床鞍与溜板箱相连，可带动车刀沿床身上的导轨做纵向移动，其上有横向导轨。

2）中滑板。中滑板的作用是带动车刀沿床鞍上的横向导轨做与床身上导轨垂直的横向移动。

3）转盘。转盘通过螺钉与中滑板相连，松开螺钉便可在水平面内转动任意角度。

4）小滑板。小滑板可沿转盘上的导轨做短距离移动。当转盘偏转一定角度后，小滑板便可带动车刀沿相应方向做斜向进给运动，以便加工锥面。

5）方刀架。方刀架固定在小滑板上，专门用来装夹车刀（可同时夹持 4 把）。当逆时针松开锁紧手柄，即可转动方刀架，选择所用刀具并将其更换到正确的工作位置；反之则将方刀架锁紧，以便承受加工中的各种力对刀具的作用。

（6）尾座　尾座（图 3-8）用于安装后顶尖以支持工件，或安装钻头、铰刀等刀具进行孔加工。尾座主要由套筒、尾座体、底座等几部分组成。转动手轮，可调整套筒伸缩一定距离，并且尾座还可沿床身导轨被推移至所需位置，以适应不同工件加工的要求。

（7）床身　主要用来支承和连接各主要部件并保证各部件之间严格、正确的相对位置关系。它是车床的基础零件，其上有内外两组精确的导轨，外侧导轨用于大滑板的移动，内侧导轨用于尾座的移动。

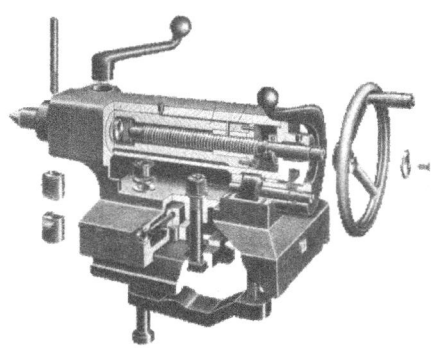

图 3-8　C6132A 型车床的尾座

（8）各种操作手柄　操纵杆是车床的控制机构，在操纵杆左端和溜板箱右侧各装有一个手柄，操作工人可以很方便地操纵手柄以控制车床主轴的正反转。

3．卧式车床的调整及手柄的使用

（1）变速手柄　变速手柄主要用于变速，按标牌扳至所需位置即可。例如图 3-9 中件 2、件 3 为主运动变速手柄，件 15、件 16 为进给运动变速手柄。

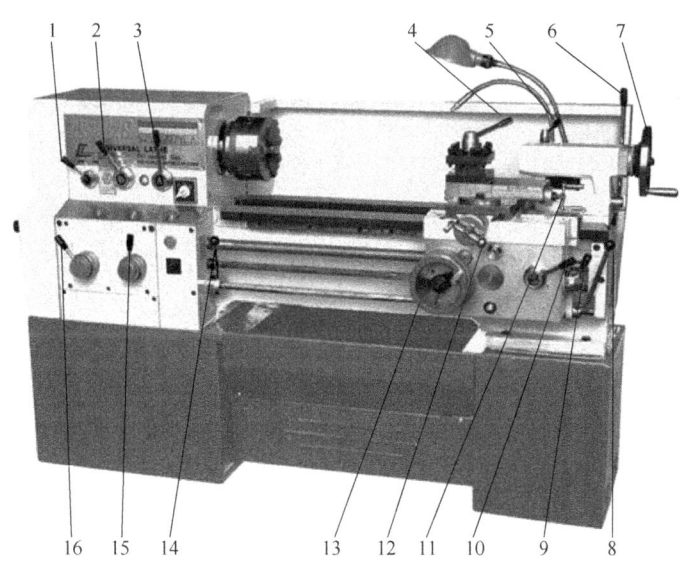

图 3-9　C6132A 型卧式车床的手柄位置

1—螺纹旋向变换手柄　2、3—主运动变速手柄　4—方刀架锁紧手柄　5—尾座套筒锁紧手柄　6—尾座锁紧手柄　7—尾座套筒移动手轮　8、14—主轴正反转及停止手柄　9—刀架机动进给手柄　10—开合螺母开合手柄　11—小刀架移动手柄　12—刀架横向手动手柄　13—刀架纵向手动手轮　15、16—进给运动变速手柄

（2）锁紧手柄　锁紧手柄主要用于锁紧。例如图 3-9 中件 4 为方刀架锁紧手柄（顺时针锁紧，逆时针松开），件 6 为尾座锁紧手柄，件 5 为尾座套筒锁紧手柄。

（3）移动手柄　移动手柄用于控制部件的移动。例如图 3-9 中件 13 为刀架纵向手动手轮，件 12 为刀架横向手动手柄，件 11 为小刀架移动手柄，件 7 为尾座套筒移动手轮。

（4）启停手柄　例如图3-9中件8、件14为主轴正反转及停止手柄（向上扳则主轴正转，向下扳则主轴反转，放于中间则停转），件9为刀架机动进给手柄，件10为开合螺母开合手柄（向上扳则打开，向下扳则闭合）。

（5）换向手柄　换向手柄用于控制移动的方向，按标牌指示方向扳至所需位置即可。例如图3-9中件9为刀架左右移动的换向手柄。

三、C6132A型车床的主要技术性能

床身上最大回转直径：320mm；

刀架上最大回转直径：190mm；

最大工件长度：500mm；

主轴转速：正转（25~1600r/min）、反转（30~2000r/min）各12种；

进给量：纵向进给量0.04~2.16mm/r，138种；

　　　　横向进给量0.02~1.08mm/r，138种；

车削螺纹范围：米制螺纹0.45~20mm，30种；

　　　　　　　英制螺纹80~13/4牙/in，35种；

　　　　　　　模数螺纹0.25~10mm，25种；

　　　　　　　径节螺纹160~3 DP，30种；

主电动机功率：3kW；

车床能达到的精度：精车外圆的尺寸精度为0.01mm，精车外圆的圆柱度为0.01mm/100mm，精车螺纹的螺距精度为0.06mm/300mm，精车的表面粗糙度值为Ra1.25~Ra2.5μm。

四、切削运动及运动链

1. 切削运动

为了完成切削加工任务，离不开刀具和工件的运动。切削过程中工件和刀具之间的相对运动称为切削运动。根据其在切削过程中所起的作用不同，切削运动分为主运动和进给运动。常见的切削运动见表3-2。

表3-2　常见的切削运动

运动类型	运动形式	运动简图
主运动	切除金属必需的基本运动，也是切削运动中速度最高、消耗功率最大的运动	
进给运动	使新的金属不断投入切削的运动。它保证切削工作连续或反复进行，从而切除切削层，形成已加工表面。进给运动的速度较低、消耗功率较小	

2. 车床的主传动链

（1）传动链　设备中运动传递所经历的路径称为传动链。机床上为了得到所需的运动，需要通过一系列的传动件把运动源与执行件（如把电动机和主轴），或者把执行件和执行件

（如主轴和刀架）之间联系起来，称为传动联系。在一个传动联系中按照顺序排列的传动件的组合称为一个传动系统，也称为传动链。

（2）主运动传动链　C6132A 型车床的原动力是 3kW 电动机，通过 V 带把运动传递给车床变速箱，经过变速后由车床主轴带动卡盘（安装有工件）做旋转的主运动。图 3-10 所示为主传动示意图。

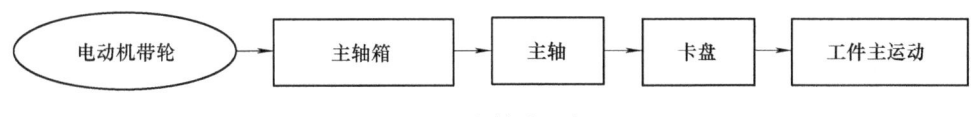

图 3-10　主传动示意图

（3）进给运动传动链　进给运动传动链的两端件是主轴和刀架，其作用是实现刀具纵向或横向移动、变速与换向，它包括车螺纹进给运动传动链和机动进给运动传动链。图 3-11 所示为进给运动示意图。

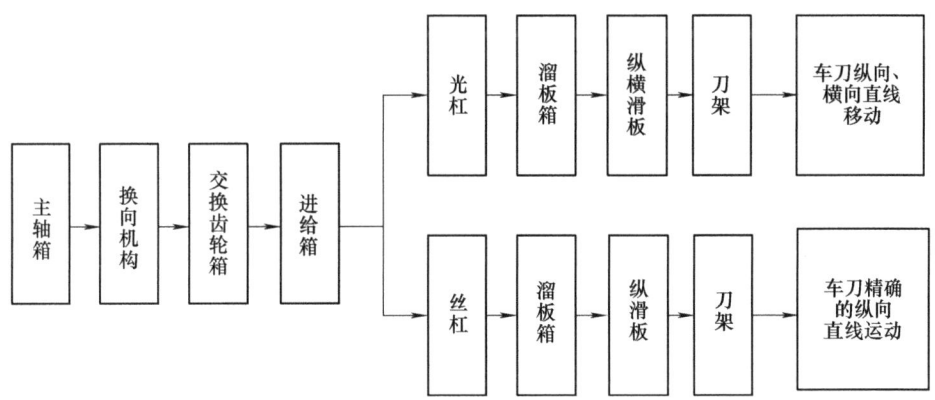

图 3-11　进给运动示意图

任务实施

任务一　车床的起动操作及主轴箱的变速操作

1. 不通电源，调整车床的主运动速度

在不通电源的情况下，学生熟悉主轴箱和变速箱各手柄位置的作用和使用方法。

2. 通电源，调整车床主运动速度

（1）起动操作

① 将电源总开关顺时针转过 90°。

② 按下起动按钮起动电动机。

③ 将操纵杆手柄提起，主轴正转，操纵杆手柄下压，主轴反转；操纵杆处于中间位置，主轴停止转动。

（2）变速操作　变速操作是依靠位于主轴箱前表面上的变速手柄来进行的，只需按照标记将手柄调到所需位置即可。操作时，通过扳动变速手柄，可拨动主轴箱内的滑移齿轮，以改变传动路线，使主轴得到不同的转速。

3. 调整注意事项及操作规程

① 操作前要穿紧身防护服，袖口扣紧，上衣下摆不能敞开，严禁戴手套，不得在开动的机床旁穿脱换衣服，或围布于身上，防止机器绞伤。必须戴好安全帽，辫子应放入帽内，不得穿裙子、拖鞋。

② 开动车床前各手柄必须放在低速位置上，变速时必须先停机，正反转变换时不能太快，否则极易将齿轮的轮齿打坏。

③ 变速操作时手柄必须到位，否则会出现"空档"现象，或因为齿轮啮合不完全而降低轮齿强度，导致齿轮轮齿损坏。

④ 若遇到手柄难以扳到位时，可能是由于齿轮啮合位置不正确而引起的，可边用手转动车床卡盘边扳动手柄加以解决。

⑤ 车床开动前，必须认真、仔细地检查机床各部件和防护装置是否完好和安全可靠；应加油润滑机床，并保持低速空载运行 2～3min，检查机床运转是否正常。

⑥ 遇到异常情况应先停机，或关掉电源。

⑦ 运转过程中，主轴箱内若产生异常声音时，应停机检查。

任务二　调整进给运动速度

1. 调整手动手柄

在溜板箱的前面有纵向进给手轮和横向进给手柄。顺时针摇动纵向进给手轮时，运动通过齿轮、蜗轮、蜗杆等的啮合，将手轮的转动变成刀架的向右移动；而逆时针摇动手轮时，刀架则左移。顺时针摇动横向手柄，刀架前移；逆时针摇动则相反。同样摇动小滑板手柄也是如此。

2. 使用自动手柄

在溜板箱的前面有自动进给手柄，手柄两侧标有自动进给方向，可按进给要求和标记方向进行操作。

3. 调整注意事项

① 先不开动车床，重点进行纵向、横向和少量进给的摇动练习，要求分清进刀、退刀方向，反应要灵活，动作要准确自如，摇动手柄做到缓慢、均匀、连续、双手交替。注意进、退刀方向不能搞错，若把退刀摇成进刀会使工件报废。

② 机动进给练习时行程不能太大，进给箱手柄位置变换时应在低速中进行。

任务三　尾座操作

① 手动沿床身导轨纵向移动尾座至合适的位置，逆时针方向扳动尾座固定手柄，将尾座固定。注意移动尾座时用力不要过大。

② 逆时针方向移动套筒固定手柄，摇动手轮，使套筒做进、退移动。顺时针方向转动套筒固定手柄，将套筒固定在选定的位置。

③ 擦净套筒内孔和顶尖锥柄，安装后顶尖；松开套筒固定手柄，摇动手轮使套筒后退出后顶尖。

任务四　车床维护及保养

1. 车床的保养

为了使机床保持良好状态，除了发生故障应及时修理外，坚持经常的维护保养是十分重要的。坚持定期检查，经常维护保养，可以把许多故障隐患消灭在萌芽之中，防止或减少事故的发生。表3-3为车床的保养，包括一级保养和二级保养。

表3-3　车床的保养

一 级 保 养		
机床运行600h进行一级保养，以操作工人为主，维修工人配合进行。首先切断电源，然后进行保养工作		
序　号	保养部位	保养内容及要求
1	外保养	清洗机床外表面及各罩壳，保持内外清洁，无锈蚀，无黄袍 清洗导轨面，检查并修光毛刺 清洗长丝杠、光杆、操作杆，要求清洁无油污 补齐紧固螺钉、螺母、手球、手柄等机件，保持机床整齐 清洗机床附件，做到清洁、整齐、防锈
2	主轴箱	清洗过滤器 检查主轴螺母有无松动，定位螺钉调整适宜 检查调整摩擦片间隙及制动器 检查传动齿轮有无错位和松动
3	进给箱	清洗交换齿轮架各部位 检查、调整交换齿轮间隙 检查轴套，应无松动拉毛
4	刀架	拆洗刀架，调整中、小滑板镶条间隙 拆洗、调整中、小滑板丝杠螺母间隙
5	尾座	拆洗丝杠、套筒 检查、修光套筒外表及锥孔毛刺伤痕 清洗、调整刹紧机构 拆洗丝杠、套筒
6	润滑	检查油线、油毡，保证油孔、油路畅通 油质、油量符合要求，油杯齐全，油标明亮
7	冷却	清洗冷却泵、过滤器、冷却槽、水管水阀，消除泄漏
8	电气	清洗电动机、电气箱 检查各电气元件触点，要求性能良好，安全可靠 检查、紧固接零装置
二 级 保 养		
机床运行5000h进行二级保养，以维修工人为主，操作工人参加，除执行一级保养内容及要求外，应做好下列工作，并测绘易损件，提出备品配件。首先切断电源，然后进行保养工作		
序　号	保养部位	保养内容及要求
1	主轴箱	清洗主轴箱 检查传动系统，修复或更换磨损零件 调整主轴轴向间隙 清除主轴锥孔毛刺，以符合精度要求
2	进给箱	检查、修复交换齿轮架或更换磨损零件

(续)

序 号	保养部位	保养内容及要求
3	刀架	拆洗刀架及滑板 检查、修复或更换磨损零件
4	溜板箱	清洗溜板箱 调整开合螺母间隙 检查、修复或更换磨损零件
5	尾座	检查、修复尾座套筒锥度 检查、修复或更换磨损零件
6	润滑	清洗油池，更换润滑油
7	电气	拆洗电动机轴承。检修、整理电气箱，应符合设备完好标准要求
8	精度	校正机床水平，检查、调整、修复精度。精度符合设备完好标准要求

2. 车床的清洁

任何机器除了要有正确的操作外，需要有良好的清洁与维护才能保持其精度并延长机器寿命。适当地润滑车床是很重要的，通常在每部机器使用说明书上有润滑表，由表上可知使用何种润滑油较适当。另外在每次工作结束后也要彻底清洁车床。车床的清洁与维护工作注意事项如下：

① 首先使用毛刷清除所有的切屑。
② 用干净抹布或不用的棉布擦拭车床上的切屑、水分及表面油污。
③ 主轴孔、卡爪应确实擦拭干净。
④ 机床导轨及复式刀座、燕尾槽需要多次来回擦拭并加以润滑。
⑤ 润滑车床时若油滴在油漆面上应擦拭掉。
⑥ 操作之前在导轨上附留一层薄油膜。
⑦ 勿用压缩空气清理切屑，并防止切屑吹入导槽或油孔内。
⑧ 不可在车床导轨上放置工具或工作物品，否则会毁损导轨上精密表面的准确度。
⑨ 清洁后使车床归至定位，将工具排列整齐。

3. 车床的润滑

① 浇油润滑。浇油润滑通常用于外露的滑动表面，如床身导轨面和滑板导轨面等。
② 溅油润滑。溅油润滑通常用于密封的箱体中，如车床的主轴箱，它利用齿轮转动把润滑油溅到油槽中，然后输送到各处进行润滑。
③ 油绳导油润滑。油绳导油润滑通常用于车床进给箱和溜板箱的油池中，它利用毛线吸油和渗油的能力，把机油慢慢地引到所需要的润滑处。
④ 弹子油杯注油润滑。弹子油杯注油润滑通常用于尾座和滑板手柄转动的轴承处。注油时，用油嘴把弹子按下，滴入润滑油。使用弹子油杯的目的是防尘防屑。
⑤ 黄油（油脂）杯润滑。黄油杯润滑通常用于车床交换齿轮架的中间轴。使用时，先在黄油杯中装满工业油脂，当拧进油杯盖时，油脂就挤进轴承套内，比加机油方便。使用油脂润滑的另一特点是存油期长，不需要每天加油。
⑥ 油泵输油润滑。油泵输油润滑通常用于转速高、润滑油需要量大的机构中，如车床的主轴箱一般都采用油泵输油润滑。

4. 车床的日常保养内容和要求（表3-4）

表3-4 车床的日常保养内容和要求

日常保养	班前	按规定润滑各部位，检查机床润滑油窗油位不得低于油位线4mm
		检验各手柄位置是否正确。"三杠"手柄开机前必须在空档位置
		认真查看车床导轨、卡盘及其他运转部位有无异物
	班中	严格执行设备的安全操作规程，做到安全使用、文明使用
		注意检查泵油窗油量是否正常，随时注意车床有无异常噪声、振动等异常情况发生，出现情况立即停机，按有关规定进行处理
		加工过程中工件不得放在车床导轨上或易发生事故的部位
		及时清理导轨上的切屑
	班后	当天工作结束后，按程序进行清理。首先将切屑仔细清理干净，并倒入切屑回收箱
		运转部位（光杠、丝杠、操作杆、导轨、尾座）、主轴箱、滑板、溜板箱、进给箱等要认真清扫干净，并在各运转部位加润滑油或防锈油
		车床要全面、彻底打扫干净，床身部位不得留有油灰、黄袍清洗剂等，应特别注意照明灯、冷却管、接屑盘等部位都要清扫干净，电气装置不得有油灰、切屑等杂物
		最后将尾座、大滑板停靠在车床尾部，并使所有设备尾座、大滑板整齐划一、照明灯、冷却管统一设置在工作状态
		工具箱内摆放整齐，上面不得放置杂物。外部要擦拭干净，不得有切屑、油灰等污垢
		备用切削液、润滑油统一放置在切屑盘下后床腿处
		彻底打扫车床周围环境卫生

任务小结

1. 车床的结构组成（图3-12）

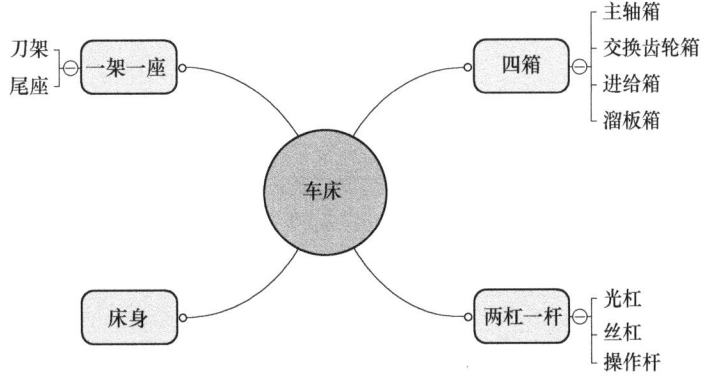

图3-12 车床的结构组成

2. 卧式车床的操作流程（图3-13）

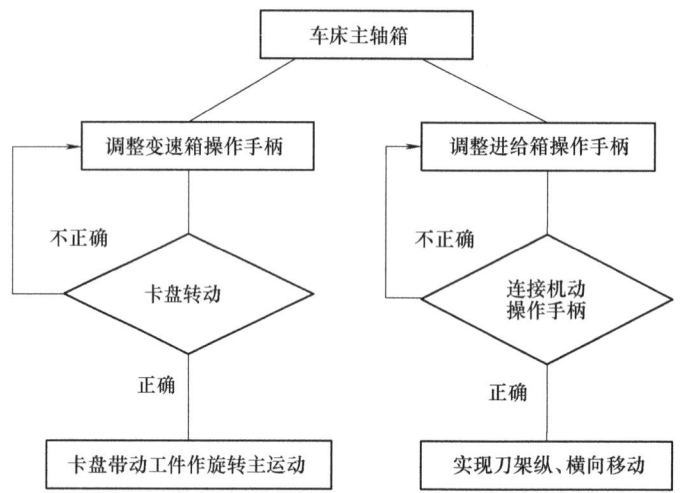

图3-13 卧式车床的操作流程

拓展提高

1. 机床上的安全警示标志（表3-5）

表3-5 机床上的安全警示标志

标　　志	标志含义
（电击危险标志）	电击危险，不得触摸贴有此标志的部件
（注意安全标志）	注意安全（于警告标志上）
PE	外接电源线的地线必须可靠连接在标有"PE"的端子上
（禁止扳动手柄标志）	主轴运转时不能扳动手柄
警告 ●主轴启动前取掉卡盘扳手谨防伤害 ●工作转速不得高于卡盘及夹具最高转速	工作转速不得高于卡盘及夹具最高转速

（续）

标　志	标志含义
⚠警告 请根据工件的形状和尺寸特征添设防护挡板 谨防飞溅物伤害	根据工件的形状和尺寸特征必须增加刀架、卡盘防护
⚠警告 传动装置工作时谨防吸入或卷入	两杠转动时增加防护板
⚠警告 工件突出时请添设安全装置 谨防伤害	工件突出时必须增加防护装置
⚠警告 ·滑板移动时 谨防夹手 ·滑板自动移动时手柄旋转 谨防伤害	滑板移动时注意安全
⚠警告 尾座移动时谨防挤压危险	尾座移动时注意安全

2. 调整主轴箱制动器的松紧

1）制动带的松紧程度不适当，对车削产生的影响有两个。

① 制动带拉得太松，制动时主轴不能迅速停止。

② 制动带拉得过紧，会使摩擦表面烧坏，制动带扭曲变形。

2）制动器制动带松紧的调整。只需将操作手柄扳至中间位置，适当调整螺母3即可，如图3-14所示。

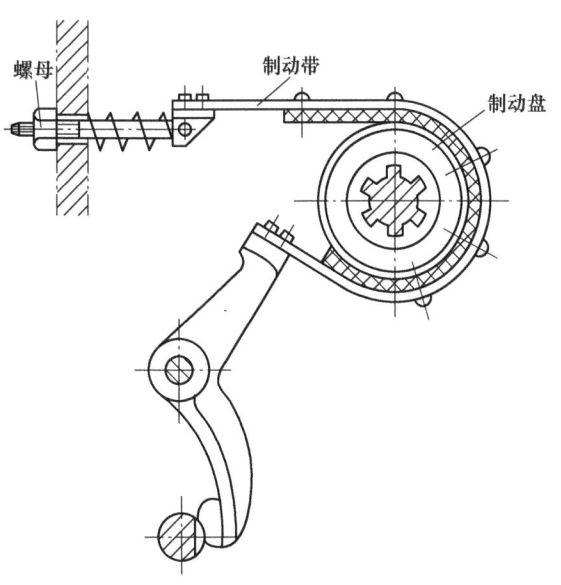

图3-14 调整制动带

项目四 刃磨车刀

学习目标

(1) 了解刀具的基本知识。
(2) 熟悉车刀的结构和种类，能正确选择车刀。
(3) 能按要求刃磨90°车刀和45°车刀，并能正确安装。

项目描述

"工欲善其事，必先利其器"，为了在车床上加工出合格的零件，正确地准备和使用刀具是很重要的。在车削加工过程中，车床是形成切削运动和动力的来源，车刀则是直接改变毛坯形状、使其达到所需要零件的形状和技术条件的工作部件。车刀的种类很多，在实际生产中，可根据零件加工需要自制所需车刀。车刀的性能直接影响着产品质量和生产率。车刀的材质、几何形状和角度是影响车刀本身性能的主要因素，除此之外，切削用量、刃磨技术等也是影响车刀切削状态的重要因素，需合理选择。

知识链接

一、车刀材料

1. 刀具材料应具备的性能

在切削过程中，刀具的切削部分要承受很大的压力、摩擦、冲击和很高的温度。因此，刀具材料必须具备高硬度、高耐磨性、足够的强度和韧性，还需具有高的耐热性。

(1) 高硬度和高耐磨性　刀具材料要比工件材料硬度高，常温硬度应在62HRC以上；耐磨性表示抵抗磨损的能力，它取决于组织中硬质点的硬度、数量和分布。

(2) 足够的强度和韧性　为了承受切削中的压力冲击，避免崩刃和折断，刀具材料应具有足够的强度和韧性。

(3) 高耐热性　刀具材料在高温下保持硬度、耐磨性、强度和韧性的能力称为耐热性。

(4) 良好的工艺性　为了便于制造，要求刀具材料有较好的可加工性，如切削加工性、铸造性、可锻性和热处理性等。

(5) 良好的经济性　经济性是材料的重要指标之一，优质刀具材料虽然单件刀具成本很高，但因其使用寿命长，分摊到每个零件的成本并不一定很高，因此在选用时应综合考虑。

2. 常用的刀具材料

(1) 碳素工具钢　碳素工具钢的碳质量分数为0.7%～1.3%，可加工性好，易刃磨锋利。淬火后硬度可达61～64HRC，价格低。在200℃以上失去原有硬度，使切削刃烧损。切削速度不能太高，淬火时易产生裂纹和变形，适用于制造锉刀、手用铰刀等。常用的碳素工具钢牌号为T10、T10A。

(2) 合金工具钢　合金工具钢是在碳素工具钢中加入一定的 W、Cr、Mn 制成的。加入这些元素可提高刀具材料的耐磨性、耐热性、韧性，减少热处理时的变形。合金工具钢淬火后硬度可达 61~65HRC，耐 250~300℃ 高温，可用于制造铰刀、拉刀等。

(3) 高速工具钢　高速工具钢是以钨、铬、钒、钼为主要合金元素的高合金工具钢。常用的高速工具钢牌号为 W18Cr4V 和 W6Mo5Cr4V2 两种。高速工具钢淬火后的硬度为 63~67HRC，其热硬温度为 550~600℃，允许的切削速度为 25~30m/min。

高速工具钢有较高的抗弯强度和冲击韧度，可以进行铸造、锻造、焊接、热处理和切削加工，有良好的磨削性能，刃磨质量较高，故多用来制造形状复杂的刀具，如钻头、铰刀、铣刀等，也常用于制造低速精加工车刀和成形车刀。

高速工具钢按用途可分为通用型高速工具钢和高性能高速工具钢；按制造工艺可分为熔炼高速工具钢和粉末冶金高速工具钢。

1) 通用型高速工具钢。

钨钢：典型牌号为 W18Cr4V，有良好的综合性能，可用于制造各种复杂刀具。

钨钼钢：典型牌号为 W6Mo5Cr4V2，可用于制造尺寸较小、承受冲击力较大的刀具；热塑性特别好，更适用于制造热轧钻头等；磨削性能好，应用广泛。

2) 高性能高速工具钢。典型的高性能高速工具钢牌号为高碳高速工具钢 W6Mo5Cr4V4、高钒高速工具钢 W6MoCr4V3、钴高速工具钢 W6Mo5Cr4V2Co8 和超硬高速工具钢 W2Mo9Cr4VCo8 等。适合于加工高温合金、钛合金和超高强度钢等难加工材料。

3) 粉末冶金高速工具钢。用高压氩气或氮气雾化熔融的高速工具钢液，直接得到细小的高速工具钢粉末，即为粉末冶金高速工具钢。它可在高温下压制成致密的钢坯，而后锻压成材或刀具形状。粉末冶金高速工具钢适合于制造切削难加工材料的刀具、大尺寸刀具（如滚刀、插齿刀）、精密刀具、磨削量大的复杂刀具、高动载荷下使用的刀具等。

(4) 硬质合金　硬质合金是用高耐磨性和高耐热性的 WC（碳化钨）、TiC（碳化钛）和 Co（钴）的粉末经高压成形后再进行高温烧结而制成的，其中钴（Co）起粘结作用。硬质合金的硬度为 89~94HRA（相当于 74~82HRC），有很高的热硬温度，在 800~1000℃ 的高温下仍能保持切削所需的硬度。硬质合金刀具切削一般钢件的切削速度可达 100~300m/min，因此可用这种刀具进行高速切削。其缺点是韧性较差，较脆，不耐冲击。

硬质合金广泛用作刀具材料，如车刀、铣刀、刨刀、钻头、镗刀等，可用于切削铸铁、有色金属、塑料、化纤、石墨、玻璃、石材和普通钢材，也可用于切削耐热钢、不锈钢、高锰钢、工具钢等难加工的材料。

切削工具用硬质合金按使用领域的不同分成 P、M、K、N、S、H 六类，根据每类硬质合金材料的耐磨性和韧性的不同又分成若干个组，用数字 01、10、20 等两位数字表示组号。硬质合金分类及其具体使用领域见表 4-1。

表 4-1　硬质合金分类及其具体使用领域

类　别	使用领域
P	长切屑材料的加工，如钢、铸钢、长切屑可锻铸铁等的加工
M	通用合金，用于不锈钢、铸钢、锰钢、可锻铸铁、合金钢、合金铸铁等的加工
K	短切屑材料的加工，如铸铁、冷硬铸铁、短切屑可锻铸铁、灰铸铁等的加工

(续)

类　别	使 用 领 域
N	有色金属、非金属材料的加工，如铝、镁、塑料、木材等的加工
S	耐热和优质合金材料的加工，如耐热钢，含镍、钴、钛的各类合金材料的加工
H	硬切削材料的加工，如淬硬钢、冷硬铸铁等材料的加工

（5）陶瓷　陶瓷车刀是由氧化铝粉末添加少量元素，再经由高温烧结而成的，其硬度、耐热性、切削速度比碳化钨高，但是因为质脆，故不适用于非连续或重车削，只适用于高速精车。

（6）立方氮化硼　立方晶氮化硼（CBN）是近年来一种人工合成的新型刀具材料，其硬度与耐磨性仅次于钻石，最大的优点是在高温 1200～1300℃时也不会与铁族金属起反应。因此立方氮化硼刀具既能胜任淬火钢、冷硬铸铁的粗车和精车，又能胜任高温合金、热喷涂材料、硬质合金及其他难加工材料的高速切削。

（7）金刚石　金刚石分为人造金刚石和天然金刚石两种，是目前已知最硬的材料，故其耐磨性好。不足之处是：抗弯强度和韧性差，对铁的亲和作用大，故金刚石刀具不能用于加工黑色金属；在800℃时，金刚石中的碳与铁族金属发生扩散反应，刀具急剧磨损；金刚石刀具价格昂贵，刃磨困难，应用较少。金刚石主要用作磨具及磨料，有时用于修整砂轮。

二、常用车刀的分类

车刀从结构上分为四种形式，即整体式、焊接式、机夹式、可转位式，其结构特点及适用场合见表4-2。

表4-2　车刀的结构特点及适用场合

名　称	特　点	适用场合	图　例
整体式车刀	用整体高速工具钢制造，刃口可磨得较锋利	小型车床或加工有色金属	
焊接式车刀	焊接硬质合金刀片或高速钢刀片，结构紧凑，使用灵活	各类车刀，特别是小刀具	
机夹式车刀	避免了焊接产生的应力、裂纹等缺陷，刀杆利用率高；刀片可集中刃磨获得所需参数；使用灵活方便	外圆车刀、端面车刀、镗孔刀、车断刀、螺纹车刀等	
可转位式车刀	避免了焊接式车刀的缺点，刀片可快换转位；生产率高；断屑稳定；可使用涂层刀片	大中型车床上加工外圆、端面、镗孔，特别适用于自动线、数控机床	

常用车刀按不同的用途可分为外圆车刀、端面车刀、车断刀、内孔车刀、成形车刀和螺纹车刀等，如图 4-1 所示。

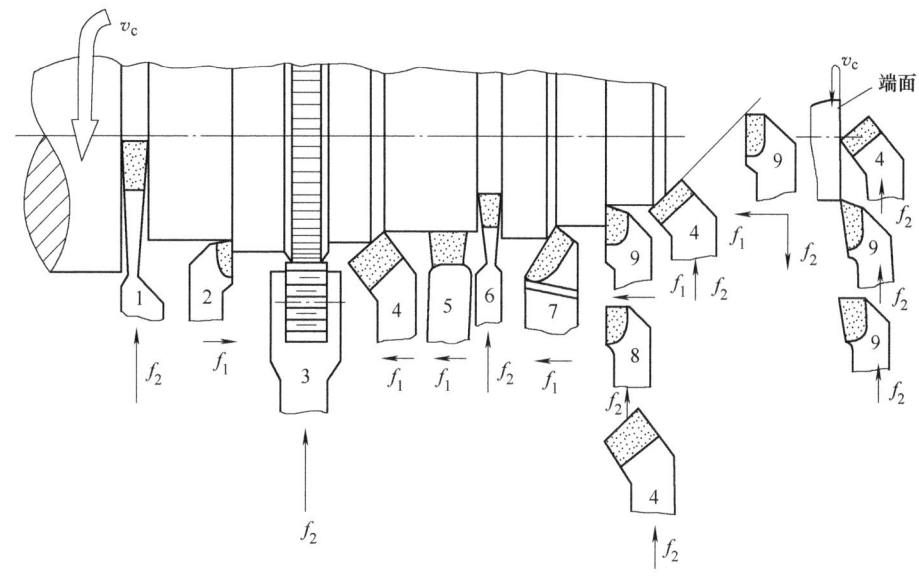

图 4-1　常用车刀

1—车断刀　2—90°左偏刀　3—直纹滚花刀　4—45°弯头车刀　5—宽刃光车刀　6—车槽刀　7—75°直头车刀
8—90°端面车刀　9—90°右偏刀　v_c—主运动　f_1—纵向进给　f_2—横向进给

三、车刀的结构

1. 车刀切削部分的组成

车刀由刀头和刀杆两部分所组成，刀头是车刀的切削部分，刀杆是车刀的夹持部分。刀头是车刀最重要的部分，由刀面、切削刃和刀尖组成，承担切削加工任务，如图 4-2 所示。车刀的组成基本相同，但刀面、切削刃的数量、形状不完全一样，如外圆车刀有三个刀面、两条切削刃和一个刀尖，而切断刀有四个刀面、三条切削刃和两个刀尖。切削刃可以是直线，也可以是曲线。

（1）前刀面　刀具上切屑流过的表面称为前刀面。

（2）主后刀面　刀具上与工件上的加工表面相对着并且相互作用的表面，称为主后刀面。

（3）副后刀面　刀具上与工件上的已加工表面相对着并且相互作用的表面，称为副后刀面。

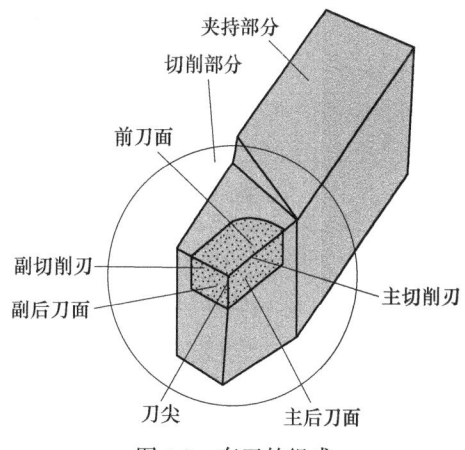

图 4-2　车刀的组成

（4）主切削刃　刀具上前刀面与主后刀面的交线称为主切削刃。

（5）副切削刃　刀具上前刀面与副后刀面的交线称为副切削刃。

（6）刀尖　主切削刃与副切削刃的交点称为刀尖。刀尖实际是一小段曲线或直线，称为修圆刀尖和倒角刀尖。

(7) 修光刃　副切削刃靠近刀尖的一小段平直的切削刃称为修光刃，安装时必须使修光刃与进给方向平行，且修光刃长度必须大于进给量，才能起到修光作用。

2. 车刀切削部分的主要角度

(1) 测量车刀切削角度的辅助平面　为了确定和测量车刀的几何角度，需要选取三个辅助平面作为基准，这三个辅助平面分别是主切削平面 p_s、基面 p_r 和正交平面 p_o，如图 4-3 所示。

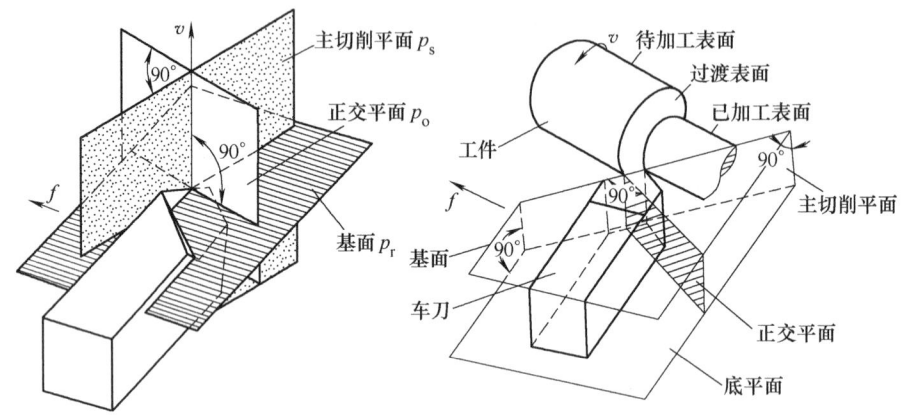

图 4-3　测量车刀的辅助平面

1) 主切削平面 p_s。主切削平面是通过主切削刃选定点与主切削刃相切并垂直于基面的平面。

2) 基面 p_r。基面是过主切削刃选定点并平行于刀杆底面的平面。

3) 正交平面 p_o。正交平面也称主剖面，是垂直于切削平面且垂直于基面的平面。

由上述可见，这三个坐标平面相互垂直，构成一个空间直角坐标系。

(2) 车刀的主要角度及其作用（表 4-3 和图 4-4）

表 4-3　车刀的主要角度及其作用

车刀角度	测量基面	作用
前角 γ_o	在正交平面中测量，是前刀面与基面之间的夹角	使切削刃锋利，便于切削
后角 α_o	在正交平面中测量，是主后面与切削平面之间的夹角	减小车削时后刀面与工件的摩擦
主偏角 κ_r	在基面中测量，是主切削刃在基面的投影与进给方向的夹角	① 可改变主切削刃参加切削的长度，影响刀具寿命 ② 影响背向力的大小
副偏角 κ'_r	在基面中测量，是副切削刃在基面上的投影与进给反方向的夹角	减小副切削刃与已加工表面之间的摩擦，以减小已加工表面的表面粗糙度值
刃倾角 λ_s	在切削平面中测量，是主切削刃与基面的夹角	控制切屑的流动方向
副后角 α'_o	副后刀面与切削平面之间的夹角	减小副后刀面与已加工表面之间的摩擦
楔角 β_o	在正交平面内前刀面与主后刀面间的夹角	影响刀头的强度
刀尖角 ε_r	主切削刃和副切削刃在基面上的投影夹角	影响刀尖强度和散热性能

(3) 刀具的工作角度　在实际的切削加工中，由于刀具安装位置和进给运动的影响，上述标注角度会发生一定的变化。角度变化的根本原因是切削平面、基面和正交平面位置的改变。以切削过程中实际的工作切削平面 p_{se}、工作基面 p_{re} 和工作正交面 p_{oe} 为参考平面所确定的刀具角度称为刀具的工作角度，又称实际角度。

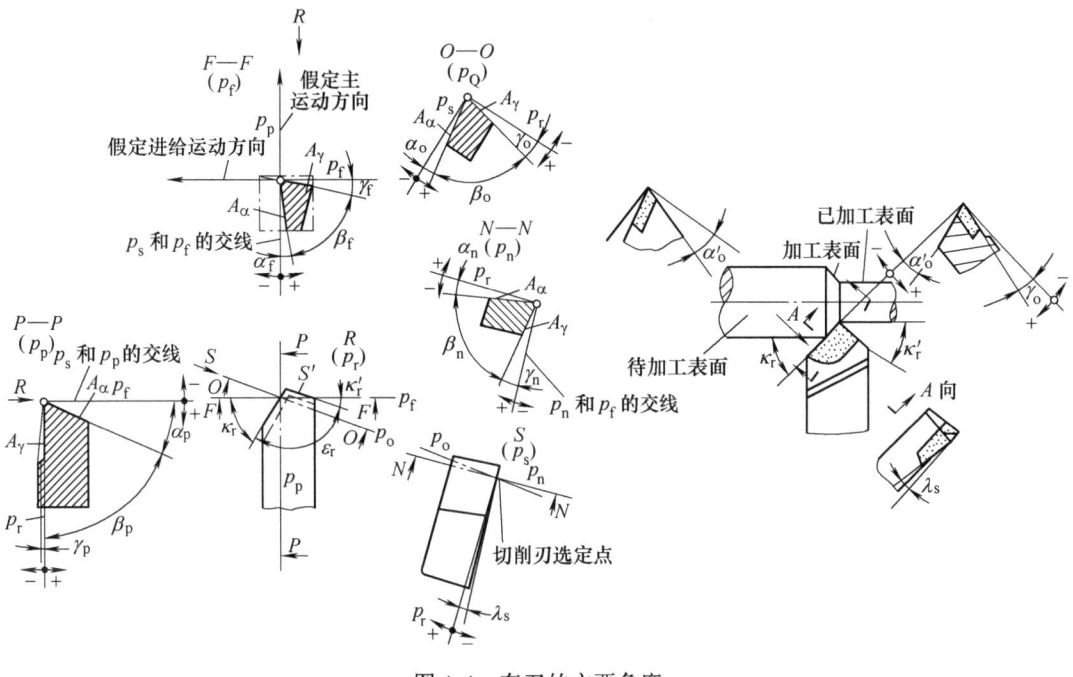

图 4-4 车刀的主要角度

1) 车刀安装高度对工作角度的影响如图 4-5 所示。

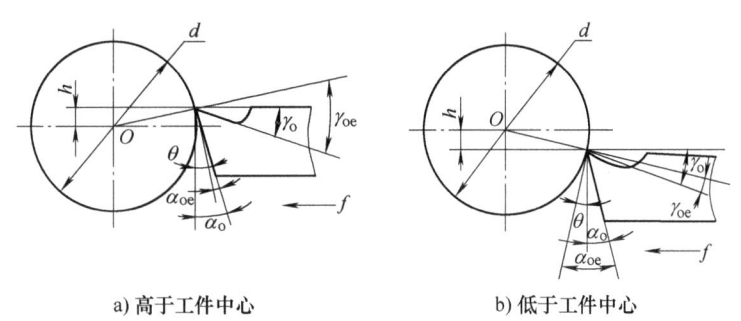

a) 高于工件中心　　　　b) 低于工件中心

图 4-5 车刀安装高度对工作角度的影响

车削外圆时：
刀尖安装高于工件中心，前角增大，后角减小，如图 4-5a 所示。
刀尖安装低于工件中心，前角减小，后角增大，如图 4-5b 所示。
车削内孔时与外圆相反：
刀尖安装高于工件中心，前角减小，后角增大。
刀尖安装低于工件中心，前角增大，后角减小。

2) 车刀安装偏斜对工作角度的影响如图 4-6 所示。
车削外圆时：
当刀杆向右歪斜时，主偏角增大，副偏角减小，如图 4-6a 所示。
当刀杆向左歪斜时，主偏角减小，副偏角增大，如图 4-6b 所示。

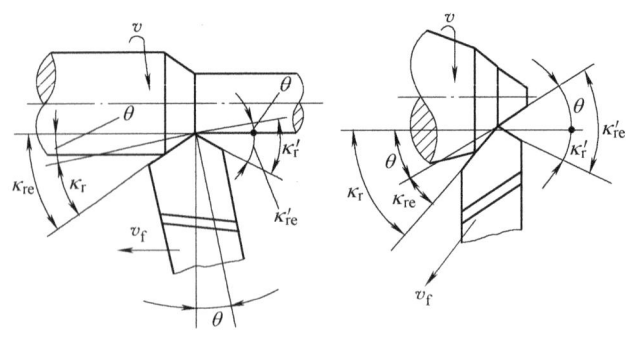

a) 刀杆向右歪斜　　　　b) 刀杆向左歪斜

图 4-6　车刀安装偏斜对工作角度的影响

车削螺纹时,车刀装不正会引起牙型半角误差。

车断刀装得不正时会使切断面出现凸凹不平,甚至断刀。

精车刀装得不正会影响工件的表面粗糙度值。

3) 横向进给运动对工作角度的影响如图 4-7 所示。车端面或车断时,加工表面是阿基米德螺旋面,如图 4-7 所示。因此,实际的切削平面和基面都要偏转一个附加的螺旋升角 μ,使车刀的工作前角 γ_{oe} 增大,工作后角 α_{oe} 减小。一般车削时,进给量比工件直径小很多,故螺旋升角 μ 很小,它对车刀工作角度影响不大,可忽略不计。

4) 纵向进给运动对工作角度的影响如图 4-8 所示。一般车削时,进给量比工件直径小很多,故螺旋角 μ_f 很小,它对车刀工作角度影响不大,可忽略不计。但当加工大螺距螺纹时,在刃磨刀具时应考虑其对工作角度的影响。

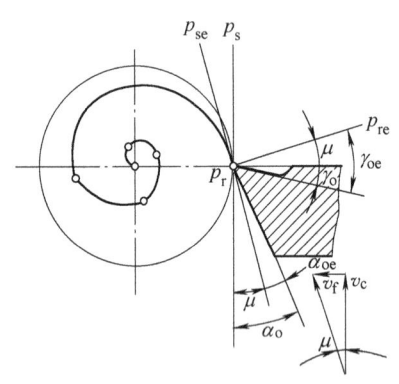
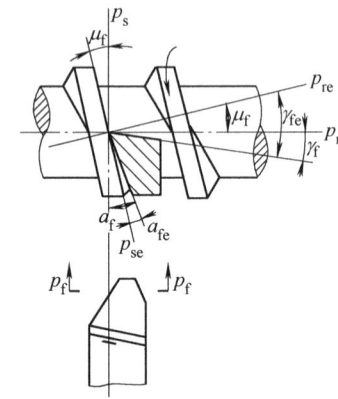

图 4-7　横向进给运动对工作角度的影响　　　　图 4-8　纵向进给运动对工作角度的影响

(4) 车刀的主要角度选择　如何选择科学合理的几何参数来评价车刀的几何角度对车削工艺过程的影响?应该用辩证的观点去分析,同时还应该综合考虑车刀几何角度对切削过程中的切削力、切削热和刀具寿命的影响,选择科学合理的几何参数。

1) 前角。前角的正负方向按图 4-4 所示规定表示,即刀具前刀面在基面之下时为正前角,刀具前刀面在基面之上时为负前角。前角一般在 $-5° \sim 25°$ 之间选取。

前角的选择原则是:前角主要影响切削过程中的变形和摩擦、刀具强度,改变散热条件,影响刀具寿命。选择前角时,应该综合考虑材料和加工工艺的要求。一般认为,在刀具强度允许的条件下，尽量选用大前角。例如，高速钢的强度高、韧性好，硬质合金脆性大、怕冲击，因此，高速钢刀具的前角可比硬质合金刀具的前角大 5°左右，陶瓷刀具的脆性更大，前角不能太大。另外，如果被加工的材料热导率低，应该选择小前角车刀，以改善系统的散热效果，提高车刀寿命。特别需要说明的是，在加工高强度材料时，为了防止车刀的破损，常采用负前角，以提高车刀的使用寿命。

2）后角。后角不能为零或负值，一般在 6°～12°之间选取。

后角的选择原则是：当工件材料的强度、硬度较高时，宜取较小后角，以提高刀具强度；当工艺系统刚性较差时，应适当减小后角，防止系统产生振动；当加工精度要求较高时，应采用小后角。

3）主偏角。主偏角一般在 30°～90°之间选取。

主偏角的选择原则是：首先考虑车床、夹具和刀具组成的车削加工工艺系统的刚性，如工艺系统刚性好，主偏角应取小值，这样有利于提高车刀使用寿命、改善散热条件和减小加工表面的表面粗糙度值。其次要考虑加工工件的几何形状，当加工台阶时，主偏角应取 90°。在切削过程中，刀具需要做中间切入时，主偏角一般取 60°。

4）副偏角。副偏角一般为正值。

副偏角的选择原则是：首先考虑车刀、工件和夹具有足够的刚性，才能减小副偏角；反之，应取大值。其次应考虑加工性质，粗加工时副偏角取 10°～15°，粗加工时副偏角取 5°左右。

5）刃倾角。刃倾角对切屑流向的影响如图 4-9 所示。当主切削刃呈水平时，$\lambda_s = 0°$，车削时切屑基本上朝垂直于主切削刃的方向排出；刀尖为主切刃上最高点时，$\lambda_s > 0°$，车削时切屑朝工件待加工表面方向排出；刀尖为主切削刃上最低点时，$\lambda_s < 0°$，车削时切屑朝工件已加工表面方向排出。刃倾角一般在 –10°～5°之间选取。

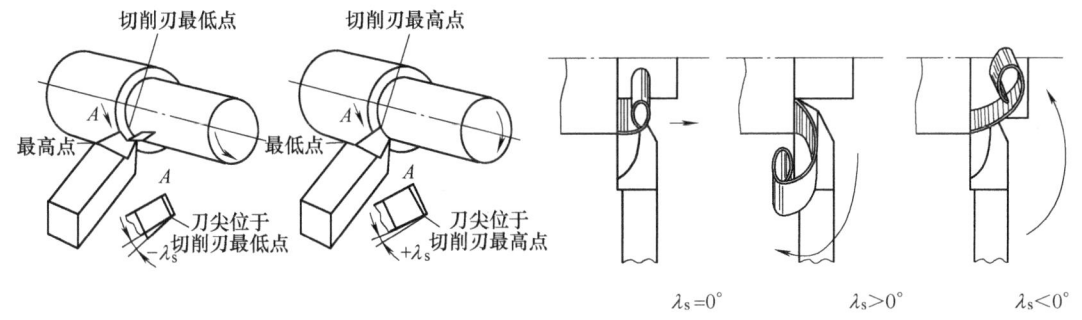

图 4-9 刃倾角对切屑流向的影响

刃倾角的选择原则是：在无冲击的正常车削时，刃倾角一般取正值；如果车削时有间断冲击，选择负刃倾角能提高刀头强度，保护刀尖。当系统刚性不足时，不宜采用负刃倾角，否则会因为背向力 F_y 的增大，引起系统的振动而影响加工质量。粗加工时，工件对车刀冲击大，$\lambda_s \geq 0°$，精加工时，工件对车刀冲击力小，$\lambda_s \leq 0°$，一般取 $\lambda_s = 0°$。

**任务实施**

1. 任务描述

请正确刃磨 90°车刀的各个几何角度，如图 4-10 所示。

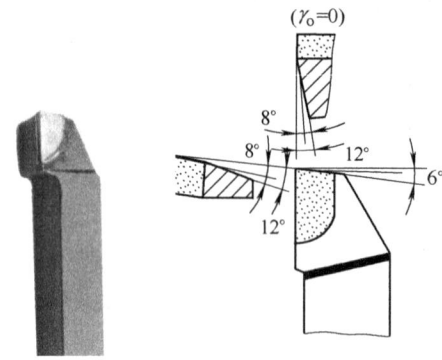

图 4-10　90°车刀的几何角度

2. 刃磨工艺分析

（1）砂轮的选择　车刀（指整体式车刀与焊接式车刀）用钝后重新刃磨是在砂轮机上刃磨的。应根据刀具材料正确选用刃磨砂轮。刃磨高速钢车刀时，应选用粒度为 F46～F60 的软或中软的氧化铝（白色）砂轮（图 4-11）。刃磨硬质合金车刀时，应选用粒度为 F60～F80 的软或中软的碳化硅（绿色）砂轮（图 4-11）。粗磨时，采用小粒度号的砂轮；精磨时，采用较大粒度号的砂轮。

（2）刃磨车刀的姿势及方法

① 人站立在砂轮机的侧面，以防砂轮碎裂时，碎片飞出伤人。

② 两手握刀的距离放开，两肘夹紧腰部，以减小刃磨时的抖动。

氧化铝砂轮　　碳化硅砂轮

图 4-11　砂轮

③ 磨刀时，车刀要放在砂轮的水平中心上，刀尖略向上翘 3°～8°，车刀接触砂轮后应沿左右方向做水平移动。当车刀离开砂轮时，车刀需向上抬起，以防磨好的切削刃被砂轮碰伤。

④ 磨后刀面时，刀杆尾部向左偏过一个主偏角的角度；磨副后刀面时，刀杆尾部向右偏过一个副偏角的角度。

⑤ 修磨刀尖圆弧时，通常以左手握车刀前端为支点，用右手转动车刀的尾部。

（3）磨刀安全知识

① 刃磨刀具前，应首先检查砂轮有无裂纹，砂轮轴螺母是否拧紧，并经试转后使用，以免砂轮碎裂或飞出伤人。

② 刃磨刀具不能用力过大，否则会使手打滑而触及砂轮面，造成工伤事故。

③ 磨刀时应戴防护眼镜，以免砂砾和铁屑飞入眼中。

④ 磨刀时不要正对砂轮的旋转方向站立，以防意外。

⑤ 磨小刀头时，必须把小刀头装入刀杆上。

⑥ 砂轮支架与砂轮的间隙不得大于 3mm，如发现过大，应调整适当。

3. 车刀刃磨的步骤

现以 90°硬质合金外圆车刀为例，介绍手工刃磨车刀的方法。

(1) 粗磨车刀

① 粗磨后刀面与副后刀面。粗磨后刀面与副后刀面的同时磨出主偏角、主后角以及副偏角、副后角。粗磨出的后角与副后角应比要求的后角和副后角大2°左右，如图4-12所示。

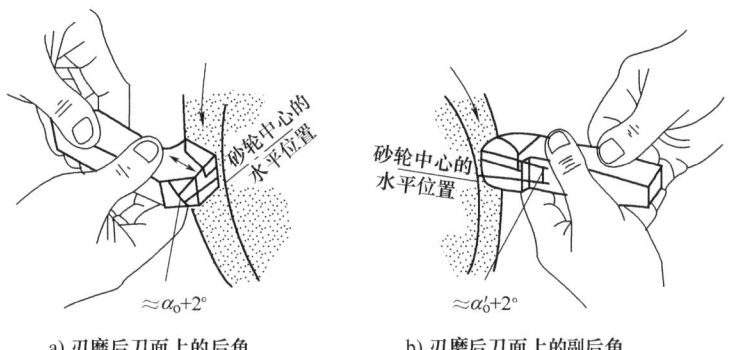

a) 刃磨后刀面上的后角　　　　b) 刃磨后刀面上的副后角

图4-12　刃磨后角与副后角

② 粗磨前刀面和断屑槽。前刀面一般都和断屑槽同时磨出。在刃磨断屑槽前，用砂轮的端面把前刀面粗磨一下，以得到必需的角度和表面粗糙度。断屑槽可用平形砂轮的棱角磨出，刃磨方法如图4-13所示。通常，粗磨断屑槽的起始位置与刀尖的距离为断屑槽长度的一半左右，与主切削刃的距离为断屑槽宽度的一半左右。

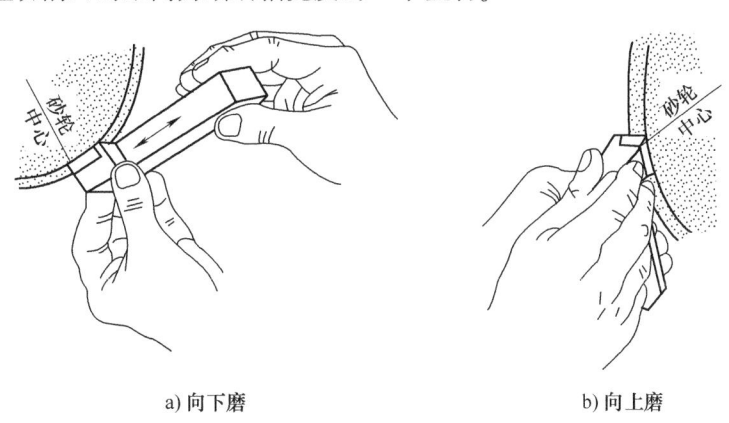

a) 向下磨　　　　　　　　　b) 向上磨

图4-13　粗磨断屑槽

(2) 精磨车刀

① 精磨断屑槽。为使断屑槽的形状修整得更正确，表面粗糙度值更小些，粗磨后的断屑槽还需精磨，精磨断屑槽的方法与粗磨相同。

② 磨负倒棱。负倒棱一般用杯形砂轮的端面磨出，砂轮的粒度号为F100～F180，刃磨方法如图4-14所示。

③ 精磨后刀面与副后刀面。刃磨方法如图4-15所示，采用的砂轮与磨负倒棱时相同。当主切削刃全部磨出并且负倒棱宽度达到要求时停止刃磨。

④ 磨过渡刃。刃磨方法如图4-16所示。其中，图4-16a所示为刃磨直线形过渡刃，图4-16b所示为刃磨圆弧形过渡刃。

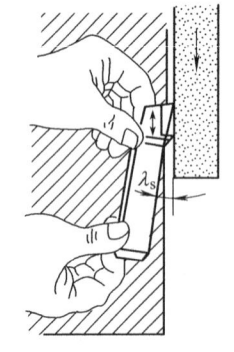
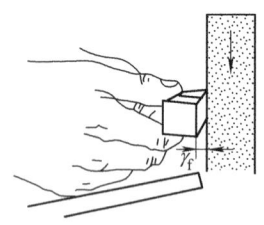

a) 沿切削刃方向的磨刀位置　　　b) 垂直切削刃方向的磨刀位置

图 4-14　磨负倒棱

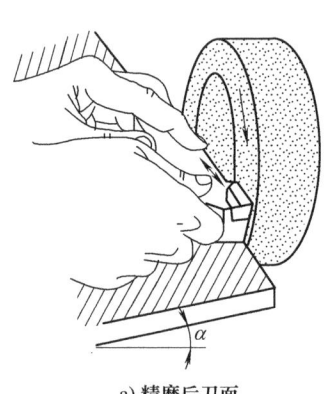
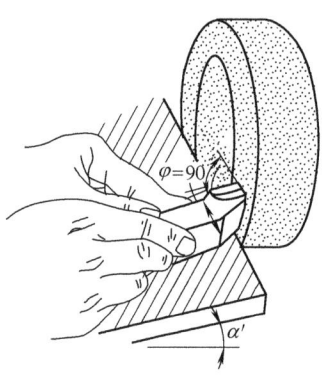

a) 精磨后刀面　　　　　　　　b) 精磨副后刀面

图 4-15　精磨后刀面与副后刀面

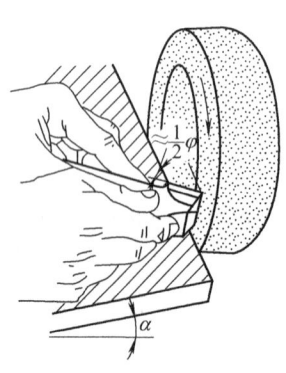
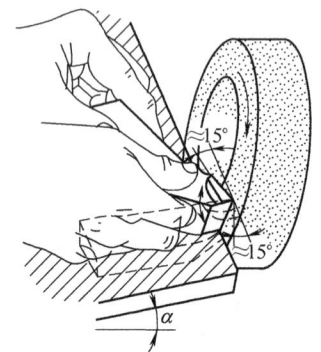

a) 刃磨直线形过渡刃　　　　　b) 刃磨圆弧形过渡刃

图 4-16　磨过渡刃

⑤ 磨修光刃。刃磨方法如图 4-17 所示。

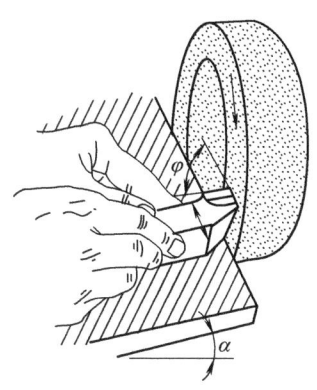

图 4-17 磨修光刃

4. 刃磨车刀时的注意事项

磨刀时必须戴好防护眼镜，人不要正对着砂轮，以免磨屑和砂粒飞入眼中，或砂轮破裂时伤人；磨刀时不要紧张，要一手紧握刀杆以稳定刀身，另一手握刀头以掌握角度；车刀的受磨面要紧贴砂轮，用力要均匀；车刀要在砂轮上左右移动，不可停留在一个地方磨，以免将砂轮磨出沟槽。磨高速钢车刀时，刀头磨热后可放入水中冷却；磨硬质合金车刀时，不要将刀头放入水中，否则刀片会产生裂纹。

 任务小结

车刀的刃磨是切削加工中一项具有较高技术含量的基本操作，操作者需要熟悉相关理论知识和刃磨原理，熟练掌握刃磨方法及操作技巧。为便于初学者尽快熟悉和记忆车刀刃磨的概念、方法与技巧，特将相关内容编写成口诀，见表4-4。

表 4-4　车刀刃磨口诀

类　别	口　诀
常用车刀种类和材料、砂轮的选用	常用车刀五大类，车削用途各不同。 外圆内孔和螺纹，车断成形也常用。 车刀刃形分三种，直线曲线加复合。 车刀材料种类多，常用碳钢氧化铝。 硬质合金碳化硅，根据材料选砂轮。 砂轮颗粒分粒度，粗细不同勿乱用。 粗砂轮磨粗车刀，精车刀选细砂轮。
车刀刃磨操作技巧与注意事项	刃磨开机先检查，设备安全最重要。 砂轮转速稳定后，双手握刀立轮侧。 两肘夹紧腰部处，刃磨平稳防抖动。 车刀高低须控制，砂轮水平中心处。 刀压砂轮力适中，反力太大易打滑。 手持车刀均匀移，温高烫手则暂离。 刀离砂轮应小心，保护刀尖先抬起。 高速钢刀可水冷，防止退火保硬度。 硬质合金勿水淬，骤冷易使刀具裂。 先停磨削后停机，人离机房断电源。

(续)

类　　别	口　　诀
90°、75°、45°等外圆车刀刃磨步骤	粗磨先磨主后面，杆尾向左偏主偏。 刀头上翘38度，形成后角摩擦减。 接着磨削副后面，最后刃磨前刀面。 前角前面同磨出，先粗后精顺序清。 精磨首先磨前面，再磨主后副后面。 修磨刀尖圆弧时，左手握住前支点。 右手转动杆尾部，刀尖圆弧自然成。 面平刃直稳中求，角度正确是关键。 样板角尺细检查，经验丰富可目测。

 拓展提高

高速钢普通外螺纹车刀角度如图4-18所示，其刃磨过程如下：

1. 刃磨工艺分析

（1）高速钢材料分析　高速钢螺纹车刀刃磨比较方便，切削刃容易磨得锋利，而且韧性较好，刀尖不易崩裂，车出螺纹的表面粗糙度值小，常用于塑性材料、大螺距螺纹和精密丝杠等工件。

由于高速钢螺纹车刀刃磨时易退火，热稳定性差，因此在使用砂轮刃磨时，若感到发热烫手，要用水或冷却液进行冷却，以防退火。由于高速钢车刀在高温下车削时易磨损，因此常用于低速车削。

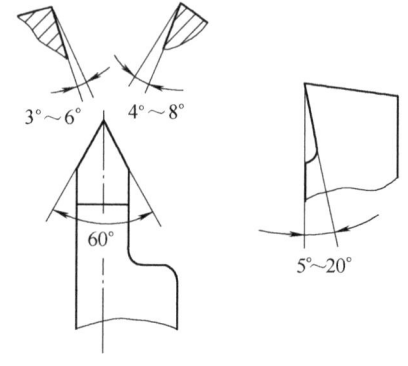

图4-18　高速钢普通外螺纹车刀角度

（2）车刀角度分析

① 普通螺纹的牙型角是60°，车削精度要求较高的螺纹时，其精车刀刀尖角应等于螺纹的牙型角即60°，且两侧切削刃必须是直线。

 注意：车刀两刃夹角与刀尖角不同，两切削刃在基面上的投影之间的夹角才称为刀尖角。

② 螺纹升角对车刀侧刃后角的影响。在中径圆柱上，螺旋线的切线与垂直于螺纹轴线的平面之间的夹角即为螺纹升角。普通螺纹的螺纹升角一般比较小，影响较小。

③ 径向前角 γ_p 对车削螺纹牙型角的影响。

当径向前角 $\gamma_p = 0°$ 时，螺纹车刀的刀尖角 ε_r 应等于螺纹牙型角 α。

当径向前角 $\gamma_p > 0°$ 时，车出的工件牙型角 α 大于车刀刀尖角 ε_r。因此必须对两刃夹角进行修正。

因此在用样板检查车刀刀尖时，应将样板与车刀底平面平行，再用透光法检查，这样测出来的才是刀尖角。而不能将样板与切削刃平行来检验。因为那样检测到的并不是刀尖角。实际刀尖角小于牙型角。如图4-19所示，测量时把刀尖角与样板贴合，对准光源，仔细观察两边贴合的间隙，并进行修磨。

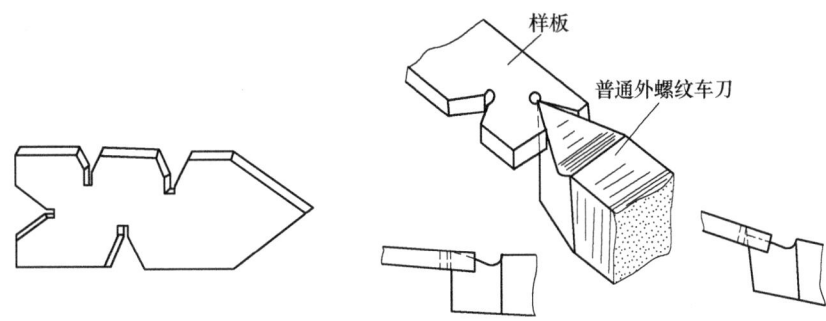

图 4-19 普通外螺纹车刀角度检查

④ 前角一般为 0°~10°。因为螺纹车刀的纵向前角对牙型角有很大的影响，所以精车时或车削精度要求高的螺纹时，径向前角取得小一些，为 0°~5°。

后角一般为 5°~10°。因受螺纹升角的影响，进刀方向一面的后角应磨得稍大一些。但车削大直径、小螺距的普通螺纹时，这种影响可忽略不计。

(3) 螺纹车刀刃磨要求

① 根据粗、精车的要求，刃磨出合理的前、后角。粗车刀前角大、后角小，精车刀则相反。当径向前角 $\gamma_p = 0°$ 时，螺纹车刀的刀尖角 ε_r 应等于螺纹牙型角 α。当径向前角 $\gamma_p > 0°$ 时，刀尖角必须修正。

② 螺纹车刀的左、右切削刃必须是直线，无崩刃。刀尖靠近进刀一侧，以便于加工时退刀安全。

③ 螺纹车刀切削刃应具有较小的表面粗糙度值，并保证牙型半角相等。

④ 螺纹车刀两侧后角是不相等的，应考虑车刀进给方向的后角受螺旋升角的影响而加减一个螺纹升角 ϕ。

⑤ 刀尖角的刃磨和检查。由于螺纹车刀刀尖角要求高、刀头体积小，因此刃磨起来比一般车刀困难。在刃磨高速钢螺纹车刀时，若感到发热烫手，必须及时用水冷却，否则容易引起刀尖退火；为了保证磨出准确的刀尖角，在刃磨时可用螺纹角度样板测量。

对于具有纵向前角的螺纹车刀，可以用一种厚度较厚的特制螺纹样板来测量刀尖角，测量时样板应与车刀底面平行，用透光法检查，这样量出的角度近似等于牙型角。

2. 螺纹车刀具体刃磨步骤（表 4-5）

表 4-5 螺纹车刀具体刃磨步骤

序 号	工序名称	工序内容
1	粗磨前刀面	① 磨去前刀面焊渣 ② 将前刀面磨平
2	磨两侧后刀面	① 先磨进给方向侧刃（控制刀尖半角 $\varepsilon_r/2$ 及后角 $\alpha_o + \phi$） ② 磨背进给方向侧刃（控制刀尖半角 $\varepsilon_r/2$ 及后角 $\alpha_o - \phi$） ③ 形成两刃夹角
3	精磨前刀面	① 将前刀面轻轻接触砂轮的圆角，以便磨出前角 ② 磨出前角，一般为 0°~15°

(续)

序 号	工序名称	工序内容
4	精磨后刀面	① 刀尖角用螺纹车刀样板来测量 ② 车刀两侧必须是直线,无崩刃 ③ 刀尖角平分线应平分刀体中线
5	修磨刀尖	① 先将刀尖磨尖,然后将刀尖轻轻在砂轮上磨平 ② 刀尖侧棱宽度约为0.1P
6	研磨	① 磨石研磨切削刃处的前、后面 ② 保持刃口锋利

3. 容易产生的问题和注意事项

① 磨刀时,人的站立位置要正确,特别在刃磨整体式内螺纹车刀内侧切削刃时,不小心就会使刀尖角磨歪。

② 刃磨高速钢车刀时,宜选用F80氧化铝砂轮,磨刀时压力应不小于一般车刀,并及时蘸水冷却,以免过热而失去切削刃硬度。

③ 粗磨时也要用样板检查刀尖角,若磨有纵向前角大于0°的螺纹车刀,粗磨后的刀尖角略大于牙型角,待磨好前角后再修正刀尖角。

④ 刃磨螺纹车刀的切削刃时,要稍带做左右、上下移动,这样容易使切削刃平直。

⑤ 磨外螺纹车刀时,刀尖角平分线应平行于刀体中线。

⑥ 车削高台阶的螺纹车刀,靠近高台阶一侧的切削刃应短些,否则易擦伤轴肩。

⑦ 刃磨车刀时要注意安全。

项目五　用卧式车床加工零件

学习目标

（1）通过车削外圆柱面和端面来熟悉机床操作。
（2）熟悉车床的结构性能、加工范围和操作方法。
（3）严格按照"安全操作规范"掌握卧式车床的操作要领。
（4）能用卧式车床按照工艺规程加工阶梯轴。

项目描述

车削加工就是在车床上，利用工件的旋转运动和刀具的直线运动或曲线运动来改变毛坯的形状和尺寸，把它加工成符合图样的要求。车削是最基本、最常见的切削加工方法，在生产中占有十分重要的地位。

知识链接

一、零件表面的成形

就机械加工而言，工件表面的成形是指根据具体的设计要求选用相应的切削加工方法，在机床上通过刀具与工件的相对运动，从工件毛坯上切除多余金属，使之形成符合要求的形状、尺寸的表面的过程。因此，机械加工过程是工件表面的形成过程。

1. 零件表面的构成

机械零件的表面形状千变万化，但大都是由几种常见的表面组合而成的。这些表面包括平面、圆柱面、圆锥面、球面、螺旋面、圆环面以及成形曲面等，如图 5-1 所示。这些表面都可以看成是由一根母线沿着导线运动而形成的。图 5-2 所示为零件表面的成形过程。母线和导线统称为发生线。

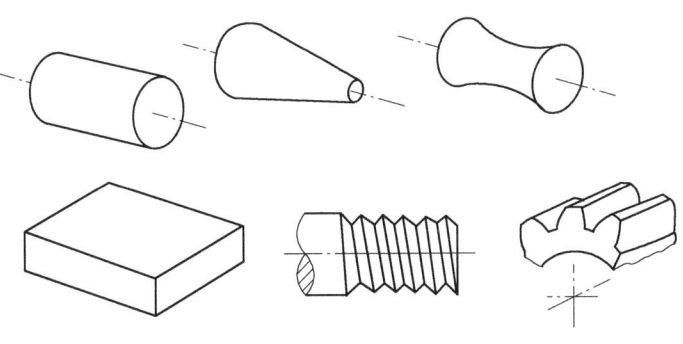

图 5-1　零件表面的构成

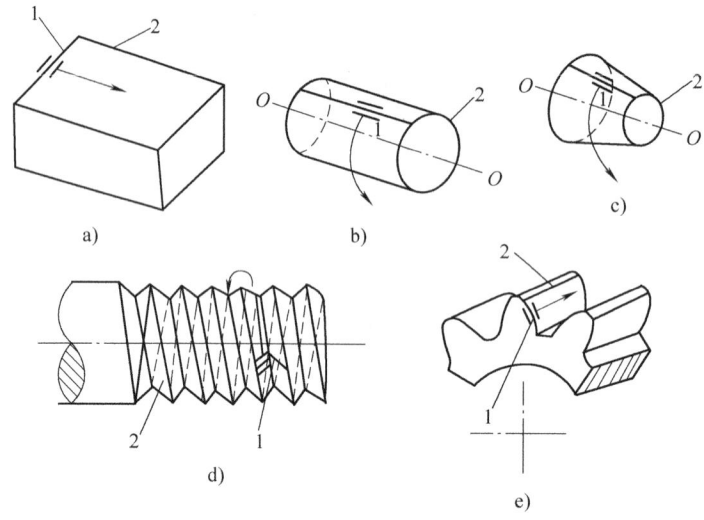

图 5-2 零件表面的成形过程
1—母线 2—导线

2. 常见零件表面的成形方法

机械加工中，零件表面是由工件与刀具之间的相对运动和刀具切削刃的形状共同实现的。相同的表面，切削刃不同，工件和刀具之间的相对运动也不相同，这是形成各种加工方法的基础。常见零件表面的成形方法有轨迹法、成形法、展成法、相切法等。

（1）轨迹法　轨迹法指的是刀具切削刃与工件表面之间为点接触，通过刀具与工件之间的相对运动，由刀具刀尖的运动轨迹来实现表面的成形方法，如图 5-3 所示。

（2）成形法　成形法是指刀具切削刃与工件表面之间为线接触，切削刃的形状与形成工件表面的一条发生线完全相同，另一条发生线由刀具与工件的相对运动来实现的方法，如图 5-4 所示。

图 5-3 轨迹法

（3）展成法　展成法又称范成法，是指对各种齿形表面进行加工时，刀具的切削刃与工件表面之间为线接触，刀具与工件之间做展成运动（或称啮合运动），齿形表面的母线是切削刃各瞬时位置的包络线，如图 5-5 所示。

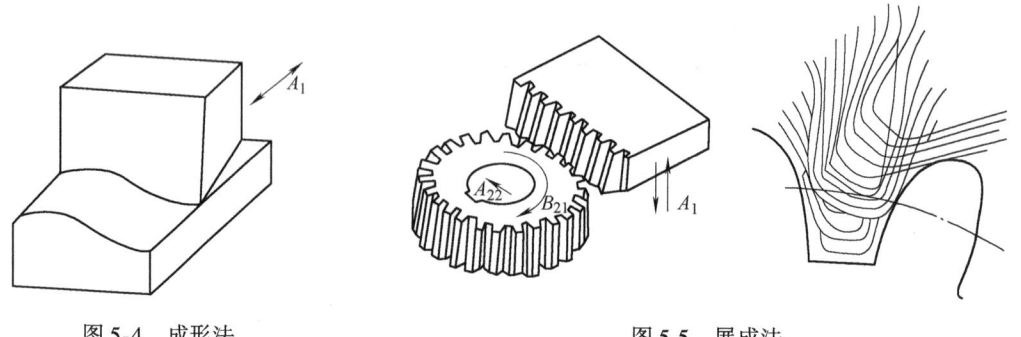

图 5-4 成形法　　　　　图 5-5 展成法

(4) 相切法　相切法是指利用刀具边旋转边做轨迹运动对工件进行加工的方法，如图 5-6 所示。

二、机床运动分析

机床的运动包括表面成形运动和辅助运动。

1. 表面成形运动

表面成形运动是指形成发生线的运动。按组成情况不同，表面成形运动可分为简单成形运动和复合成形运动。

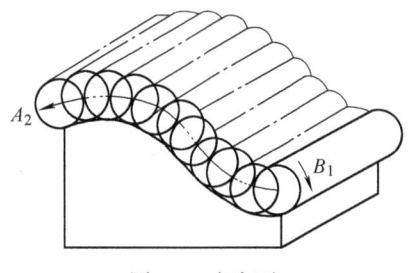

图 5-6　相切法

（1）简单成形运动　如果一个独立的成形运动是由单独的旋转运动或直线运动构成的，则此成形运动称为简单成形运动。例如图 5-7 中，用外圆车刀车削外圆表面或用砂轮磨削外圆表面时，工件的旋转运动 B_1 和刀具的直线运动 A_2 就是两个简单成形运动。

（2）复合成形运动　如果一个独立的成形运动是由两个或两个以上旋转运动或直线运动，按照某种确定的运动关系组合而成的，则称此成形运动为复合成形运动。例如图 5-8 中，车削螺纹时形成螺旋线所需的刀具和工件之间的相对运动，通常可分解为工件的等速旋转运动 B_{11} 和刀具的等速直线移动 A_{12}。B_{11} 和 A_{12} 不能彼此独立，它们之间必须保持严格的运动关系，即工件每转一转时，刀具就均匀地移动一个螺旋线导程。复合运动标注符号的下标含义为：第一位数字表示成形运动的序号，第二位数字表示构成同一个复合运动的单独运动的序号。

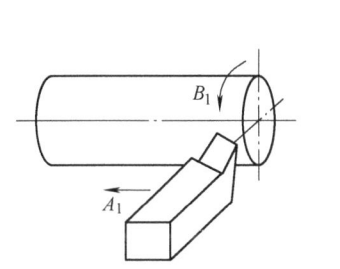
a) 用外圆车刀车削外圆表面

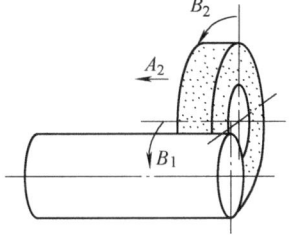
b) 用砂轮磨削外圆表面

图 5-7　简单成形运动

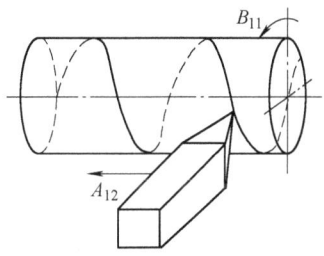

图 5-8　复合成形运动

2. 机床运动

机床运动按作用情况不同，可分为主运动、进给运动和辅助运动。

（1）主运动　主运动由机床或人力提供，使刀具与工件之间产生相对运动。它使刀具的前刀面能够接近工件，切除工件上的被切削层，使之转变为切屑，从而完成切削加工。一般地，主运动速度最高，消耗功率最大，且通常只有一个主运动。表 5-1 为常见机床的主运动。

表 5-1　常见机床的主运动

机　床	主　运　动
车床	工件旋转
钻床	钻头旋转
镗床	刀具旋转
刨床	牛头刨床—刨刀直线运动

(续)

机　床	主　运　动
龙门刨床	工件随工作台的直线运动
铣床	刀具的旋转
拉床	刀具的直线运动
磨床	砂轮和磨具的旋转

（2）进给运动　进给运动是配合主运动实现依次连续不断地切除多余金属层的刀具与工件之间的附加相对运动。

进给运动与主运动配合即可完成所需的表面几何形状的加工。根据工件表面形状成形的需要，进给运动可以是多个，也可以是一个；可以是连续的，也可以是步进的。

（3）辅助运动　辅助运动是指实现机床的各种辅助动作，为表面成形创造条件。它的种类很多，一般包括如下几种运动：

1）切入运动。切入运动是刀具相对工件切入一定深度，以保证工件达到要求的尺寸。

2）分度运动。分度运动包括多工位工作台、刀架等的周期转位或移位等。

3）调整运动。调整运动是指加工开始前机床有关部件的移位，以调整刀具和工件之间的正确相对位置。

4）空行程运动。空行程运动包括切削前后刀具或工件的快速趋近和退回运动，开机、停机、变速、变向等控制运动，装卸、夹紧、松开工件的运动等。

三、切削的基本概念

1. 工件上形成的表面

车刀切削工件时，使工件上形成已加工表面、过渡表面和待加工表面，如图 5-9 所示。

（1）已加工表面　工件上经刀具切削后产生的表面称为已加工表面。

（2）过渡表面　工件上由切削刃形成的那部分表面称为过渡表面。

（3）待加工表面　工件上有待切除的表面称为待加工表面。

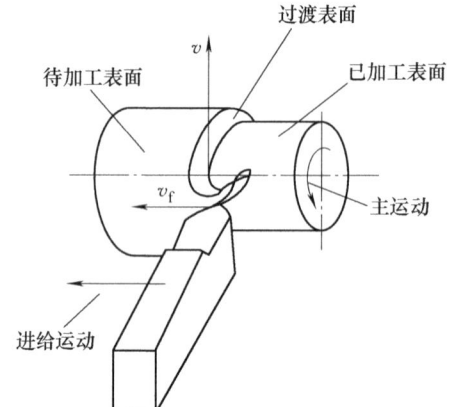

图 5-9　工件上形成的表面

2. 切削用量的基本概念

（1）背吃刀量 a_p。背吃刀量是指工件上已加工表面和待加工表面间的垂直距离（图 5-10），也就是每次进给时车刀切入工件的深度。车削外圆时的背吃刀量 a_p 可按下式计算：

$$a_p = \frac{(d_w - d_m)}{2}$$

式中　a_p——切削深度（mm）；
　　　d_w——工件待加工表面直径（mm）；
　　　d_m——工件已加工表面直径（mm）。

（2）进给量 f　进给量是指工件每转一周，车刀沿进给方向移动的距离（单位：mm/r），如图 5-10 所示。

纵向进给量——沿车床床身导轨方向的进给量；

横向进给量——垂直于车床床身导轨方向的进给量。

（3）切削速度 v_c　切削速度是指在进行切削时，刀具切削刃上的某一点相对于待加工表面在主运动方向上的瞬时速度，也可以理解为车刀在一分钟内车削工件表面的理论展开直线长度，如图 5-11 所示。

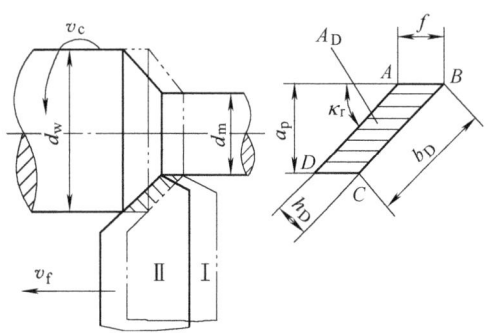

图 5-10　背吃刀量和进给量

切削速度 v_c 的计算公式为

$$v_c = \frac{\pi d n}{1000}$$

或　　　　$v_c \approx \dfrac{dn}{318}$　　（5-1）

式中　v_c——切削速度（m/min）；

　　　d——工件直径（mm）；

　　　n——车床主轴转速（r/min）。

3. 切削力的概念

图 5-11　切削速度示意图

（1）切削力　金属切削时，刀具切入工件，使被加工材料发生变形并成为切屑所需的力，称为切削力。切削力来源于三个方面，如图 5-12 所示，包括：

克服被加工材料对弹性变形的抗力；

克服被加工材料对塑性变形的抗力；

克服切屑对前刀面的摩擦力和刀具后刀面对过渡表面与已加工表面之间的摩擦力。

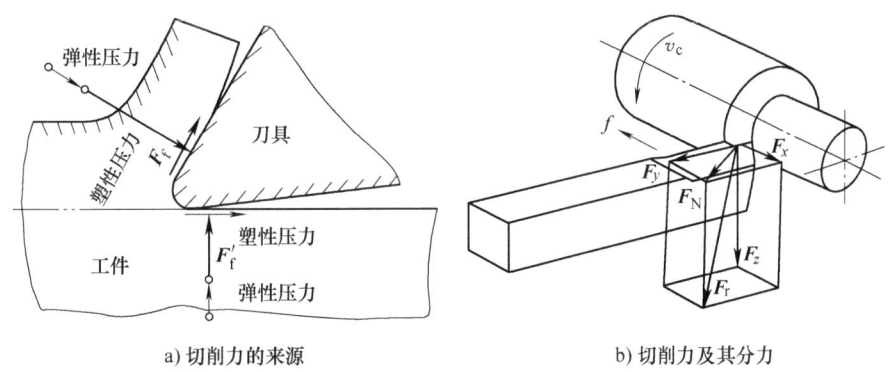

a) 切削力的来源　　　　b) 切削力及其分力

图 5-12　切削力的来源及其分力

上述各力的总和形成作用在刀具上的合力 F_r（国家标准中为 F）。为了实际应用，F_r 可分解为相互垂直的 F_x（国家标准中为 F_f）、F_y（国家标准中为 F_p）和 F_z（国家标准中为 F_c）三个分力。在车削时：

F_z——主切削力。它切于过渡表面并与基面垂直。F_z 是计算车刀强度、设计机床零件、确定机床功率所必需的。

F_x——进给力。它是处于基面内并与工件轴线平行且与走刀方向相反的力。F_x 是设计走刀机构，计算车刀进给功率所必需的。

F_y——背向力。它是处于基面内并与工件轴线垂直的力。F_y 用来确定与工件加工精度有关的工件挠度，计算机床零件和车刀强度。它与工件在切削过程中产生的振动有关。

消耗在切削过程中的功率称为切削功率 P_m（国家标准中为 P_c）。切削功率为力 F_z 和 F_x 所消耗的功率之和，因 F_y 方向没有位移，所以不消耗功率。于是有

$$P_m = \left(F_z v_c + \frac{F_x n_w f}{1000}\right) \times 10^{-3} \qquad (5\text{-}2)$$

式中　P_m——切削功率（kW）；
　　　F_z——主切削力（N）；
　　　v_c——切削速度（m/s）；
　　　F_x——进给力（N）；
　　　n_w——工件转速（r/s）；
　　　f——进给量（mm/r）。

公式中，等号右侧括号内的第二项是消耗在进给运动中的功率，它相对于 F_z 所消耗的功率来说，一般很小（1%~2%），可以略去不计，于是有 $P_m = F_z v_c \times 10^{-3}$。

按式（5-2）求得切削功率后，如要计算机床电动机的功率 P_E 以便选择机床电动机时，还应考虑到机床传动效率。此时有

$$P_E \geq \frac{P_m}{\eta_m} \qquad (5\text{-}3)$$

式中　η_m——机床的传动效率，一般取为 0.75~0.85，大值适用于新机床，小值适用于旧机床。

（2）切削力的测量　在生产实际中，切削力的大小一般采用由实验结果建立起来的经验公式计算。在需要较为准确地知道某种切削条件下的切削力时，还需进行实际测量。目前采用的切削力测量手段主要有：

1）测定机床功率，计算切削力。用功率表测出机床电动机在切削过程中所消耗的功率 P_E 后，可由式（5-3）变换计算出切削功率 P_m，即

$$P_m = P_E \eta_m$$

2）当要求精确知道切削力的大小时，通常采用测力仪直接测量。

（3）切削力的经验公式和切削力估算　目前，人们已经积累了大量的切削力实验数据，对于一般加工方法，如车削、孔加工和铣削等已建立起了可直接利用的经验公式。常用的经验公式大致可分为两类：一类是指数公式，一类是按单位切削力进行计算。

实践证明，切削力的影响因素很多，主要有工件材料、切削用量、刀具几何参数、刀具材料、刀具磨损状态和切削液等。

四、切削液及其选用

合理选用切削液，可以有效地减小切削过程中的摩擦，改善散热条件，从而降低切削力和切削温度，减少刀具磨损，提高刀具寿命、切削效率和已加工表面质量，降低产品的加工成本。

1. 切削液的分类（表5-2）

表5-2 切削液的分类

水溶液		其主要成分是水。由于水的热导率是油的3倍，所以它的冷却性能好。在其中加入一定量的防锈和油性添加剂，还能起到一定的防锈和润滑作用
乳化液	普通乳化液	它是由防锈剂、乳化剂和矿物油配制而成的。清洗和冷却性能好，兼有防锈和润滑性能
	防锈乳化液	在普通乳化液中加入大量的防锈剂而成，其作用同上，用于防锈要求严格的工序和气候潮湿的地区
	极压乳化液	在乳化液中添加含硫、磷、氯的极压添加剂而成，可在切削时的高温、高压下形成吸附膜，起润滑作用
切削油	矿物油	有L-AN5、L-AN7、L-AN10、L-AN32、L-AN46全损耗系统用油和柴油、煤油等，适用于一般润滑
	动、植油及复合油	有豆油、菜籽油、棉籽油、蓖麻油、猪油等。复合油是将动物油、植物油、矿物油三种油混合而成的。它具有良好的边界润滑效果
	极压切削油	它是以矿物油为基础，加入油性极压添加剂和防锈剂而成的。具有动、植物油良好的润滑性能和极压润滑性能

2. 切削液的作用

（1）冷却作用　它可以降低切削温度，提高刀具寿命和减小工件热变形，保证加工质量。

（2）润滑作用　切削液可以减小切屑与前刀面、工件与刀具后刀面的摩擦，以降低切削力和切削热，限制积屑瘤和鳞刺的产生。

（3）清洗作用　黏附在工件、刀具和机床上的切屑粉末，在一定压力的切削液作用下冲洗干净。

（4）防锈作用　切削液防止机床、工件、刀具受周围介质（水分、空气、手汗）的腐蚀。

3. 切削液的选用

（1）根据加工材料选择切削液（表5-3）

表5-3 根据加工材料选择切削液

碳钢	粗加工	3%～5%乳化液
		铅油或红丹粉10% + 全损耗系统用油90%，用于粗车蜗杆
	精加工	10%～20%的乳化液或10%～15%的极压乳化液
		30%大豆油 + 20%煤油 + 50%高速机械油，用于精车丝杠
		20% CCl_4 + 80%全损耗系统用油，用于精车蜗杆
	钻孔	3%～5%乳化液或5%～10%极压乳化液
合金钢	粗加工	3%～5%乳化液或5%～10%极压乳化液
	精加工	10%～20%乳化液或10%～15%极压乳化液
		含硫化棉籽油的切削油
	钻孔	3%～5%乳化液或5%～10%极压乳化液

(续)

不锈钢	粗加工	3%~5%乳化液或10%~15%极压乳化液
		极压切削油
	精加工	极压切削油
		10%~15%乳化液或15%~20%极压乳化液
	钻孔	10%~15%乳化液或10%~20%极压乳化液
		极压切削油
		用肥皂涂抹在小钻头上,用于在台钻小孔
铸铁、黄铜	粗加工	10%~15%乳化液
	精加工	煤油

注:表中百分数均为质量分数。

(2) 根据加工方式选择切削液

1) 车削。

粗车时主要应选择用以冷却作用为主并具有一定清洗、润滑和防锈作用的水基切削液,选用极压乳化液效果更好。

精车时宜采用高浓度(质量分数在10%以上)的乳化液和含油性添加剂的切削液为宜。

使用水基切削液要注意机床导轨面的保养,下班前要将工作台上的切削液擦干,涂上润滑油。

2) 镗削。镗削机理与车削一样,不过它是内孔加工,切削量和切削速度均不大,但散热条件差,可采用乳化液做切削液,使用时应适当增加切削液的流量和压力。

3) 螺纹加工。切削螺纹时,刀具与切削材料成楔形接触,切削刃三面被切削材料所包围,切削力矩大,排屑较困难,刀具容易磨损且容易产生振动,一般应选用同时含有油性剂和极压剂的复合切削液。此外,攻螺纹时切削液的渗透性能很重要,切削液能否及时渗透到切削刃上,对丝锥的寿命影响很大,可加入少量的柴油或煤油来提高渗透效果。攻不通螺纹孔时切削液很难进入孔中,这时采用黏度大、附着力强的切削液效果反而更好。

4) 铰削。铰削加工主要是刀具与孔壁成挤压切削,切屑碎片易留在刀槽或黏接在切削刃边上,影响刃带的挤压作用,破坏加工精度和降低表面质量,增加切削力矩,还会产生积屑瘤,一般采用润滑性能良好的高浓度极压乳化液或极压切削油。对深孔铰削,采用润滑性能好的深孔钻切削油便能满足工艺要求。

5) 钻孔。钻削时排屑困难,切削热不易导出,往往造成切削刃退火,影响钻头的使用寿命及加工效率,一般选用极压乳化液或极压合成切削液。对于不锈钢、耐热合金等难切削材料,可选用低黏度的极压切削油。

6) 深孔钻。深孔钻切削液必须具备下列性能:

① 良好的冷却作用。消除由于变形及摩擦所产生的热量,抑制积屑瘤的生成。

② 良好的高温润滑性。减少切削刃及支承的摩擦磨损,保证刀具在切削区的高温下保持良好的润滑状态。

③ 良好的渗透性和排屑性。使切削液及时渗透到切削刃上,并保证切屑能顺利排出,因此,深孔钻切削液要求具有高的极压性和低的黏度。

(3) 刀具材料影响切削液的选用

1）高速钢刀具。使用高速钢刀具进行低速和中速切削时，建议采用油基切削液或乳化液。在高速切削时，由于发热量大，以采用水基切削液为宜。此时若使用油基切削液会产生较多油雾，污染环境，而且容易造成工件烧伤、加工质量下降、刀具磨损增大。

2）硬质合金刀具。在选用切削液时，要考虑硬质合金对骤热的敏感性，尽可能使刀具均匀受热，否则会导致崩刃。一般油基切削液的热传导性能较差，使刀具产生骤冷的危险性要比水基切削液小，所以一般选用含有抗磨添加剂的油基切削液为宜。在使用切削液进行切削时，要注意均匀地冷却刀具，在开始切削之前，最好预先用切削液冷却刀具。对于高速切削，要用大流量切削液喷淋切削区，以免造成刀具受热不均匀而产生崩刃，也可减少由于温度过高产生蒸发而形成的油烟污染。

3）陶瓷刀具和金刚石刀具。使用陶瓷刀具和金刚石刀具切削时，一般采用干切削，但考虑到均匀地冷却和避免温度过高，也常使用水基切削液。

（4）切削液的使用和维护

1）切削液的配制。只有水基切削液需要配制，即按一定比例加水稀释。水基切削液特别是乳化型的，在用水稀释时要注意以下几个方面：

① 水质。一般情况下不宜使用硬度超过 400mg/L 的水，高硬度的水影响乳液的稳定性。用太软的水配制的乳化液在使用过程中易产生大量泡沫。配制乳化液的水的适宜硬度应为 50~200mg/L。硬水可采用碳酸钠法把水软化后使用。要防止软化水后水的 pH 值过高。

② 稀释。切削液在使用前，要先确定稀释的比例和所需乳化液的体积。将所需的全部水倒入容器内，然后在低速搅拌下加入切削液原液。配制乳化液时，原液的加入速度以不出现未乳化原液为准。切削液原液和水的加入程序不能颠倒。不要在机床的油池（槽）内直接调配乳化液。

2）切削液的使用。切削液的使用效果首先取决于正确选用适合加工工况的切削品种，以及合理地调配稀释。但以下诸因素亦值得重视：

① 循环液体总量。通常机床的液槽（油槽）如处于半满状态时就不能发挥液体的应有功效，而且液体易变质。

② 切削液的流量。一般的机加工应保证压力、大流量。镗深孔和使用空心杆刀具可采用高压喷射切削液，以利于把切屑冲刷出来。有些中、低碳钢和钛材料的钻孔加工采用脉冲式注射切削液更有利，但要注意适合油泵的性能。

③ 油嘴的形状。油嘴的形状应适合工件的形状和大小，以及刀具种类和操作程序。良好的油嘴应使切削液一直保持液流平坦，使加工件各部分充分浴于液体内。油嘴形状要按实际效果来调整，基本要求是使最需要冷却和润滑之处得到足够的切削液。

④ 机床的密封。经常检查机床的轴封（特别是用乳化液作为切削液时），防止切削液窜入机床齿轮箱、主轴箱或其他密封的传动机构内。乳化液如果进入矿物油润滑系统，将使机床磨损。含极压剂的净切削油窜入机床传动系统或液压系统中时，危害较小。

3）切削液的维护。

① 确保液体循环路线的畅通。及时排出循环路线的金属屑、金属粉末、霉菌黏液、切削液本身的分解物、砂轮屑，以免造成堵塞。

② 抑菌。切削液（特别是乳化液）抑菌生长的重要性是人所共知的。可采用定期投入杀菌剂和用超微过滤等手段抑制细菌的繁殖。

③ 切削液的净化。污染切削液的物质主要是金属粉末和砂砾细粉、飘浮油和游离水、微生物和繁殖物。

④ pH 值管理。pH 值降低是造成切削液腐败、工件生锈的直接原因之一。因此，应经常测定切削液的 pH 值，并使其保持在指标值范围之内，可有效地防止切削液的腐败和工件、设备的锈蚀现象。

任务实施

车削图 5-13 所示轴的外圆与端面。

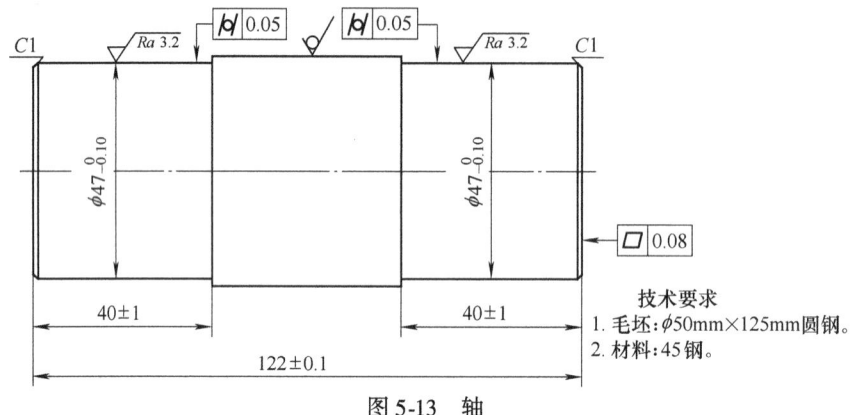

图 5-13 轴

一、工艺分析

外圆与端面是轴类零件组成的基本要素，要掌握轴类零件的加工，首先要掌握外圆与端面加工的知识。图 5-13 所示的轴正是由外圆与端面组成的，其加工工艺过程如下：

检查毛坯→拟订加工顺序→安装找正工件→选择和安装刀具→车削端面与外圆。

1. 外圆与端面的技术要求

（1）尺寸精度分析　外圆尺寸有 $\phi 47_{-0.10}^{0}$ mm，它的上极限偏差为 0mm，下极限偏差为 -0.10mm，公差为 0.10mm；长度尺寸有（40±1）mm、（122±0.1）mm。

（2）几何精度分析　外圆有圆柱度形状要求，端面有平面度形状要求。

（3）表面粗糙度值分析　零件 $\phi 47_{-0.10}^{0}$ mm 外圆表面的表面粗糙度值为 $Ra3.2\mu m$，车削加工可以达到。

2. 车削外圆与端面用的车刀

车削该轴可选用 90°车刀和 45°车刀，如图 5-14 所示。90°车刀可用于车削外圆，也可用于车削端面；45°可用于车削端面与倒 C1 角。

3. 车削外圆与端面时车刀安装的工艺要求

车削外圆时与车削端面时车刀的安装要求和方法基本相同。车刀安装得是否正确，将直接影响切削能否顺利进行和工件的加工质量。即使刃磨合理的车刀，如果安装得不正确，也会改变车刀工作时的实际角度。因此车刀安装后，必须保证做到：

1）车刀的伸出长度不宜过长，否则在切削过程中会减弱刀杆的刚性，容易产生振动，影响工件的表面粗糙度值，严重时会损坏车刀。通常车削外圆时，在不影响切削和观察的情况下，应尽量缩短车刀伸出刀架部分的长度，一般为刀杆厚度的 1.5 倍左右为宜。

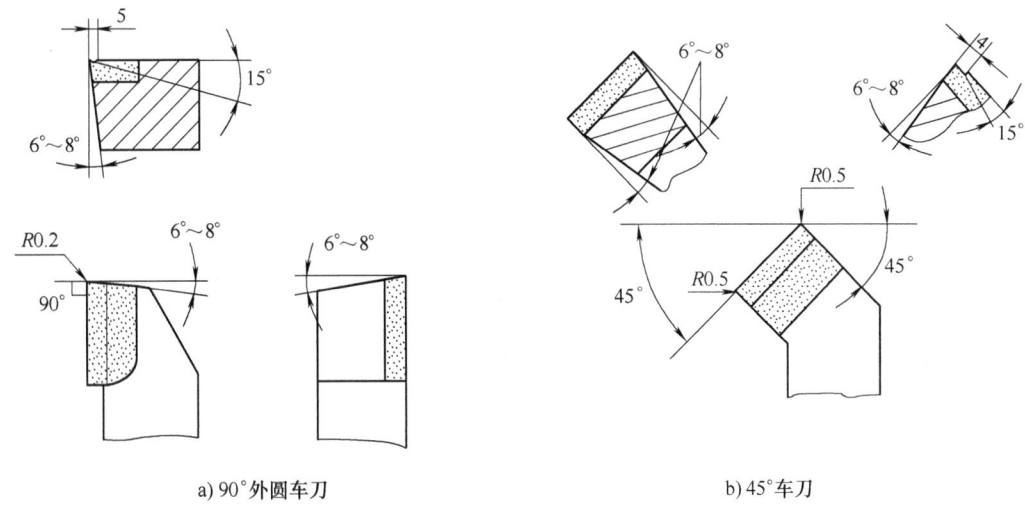

a) 90°外圆车刀　　　　　　b) 45°车刀

图 5-14　车削外圆与端面用的车刀

2）车刀下面的垫片数量不宜过多，否则易使车刀在加工中产生振动。通常在保证车刀高度的情况下，尽量减少垫片数量，且垫片要平整，并应与刀架前端对齐，以防车刀产生振动。

3）压紧车刀用的螺钉不可少于两个，否则在车削过程中易使车刀走动，从而影响工件的加工。因此，为确保车刀装夹可靠，车刀至少要用两个螺钉压紧在刀架上，并逐个拧紧。

4）车刀的刀尖不宜高于或低于工件的回转中心，否则由于切削平面和基面的位置发生变化，使车刀工作时的前角和后角数值发生改变。若刀尖装得高于回转中心（图 5-15a），会使后角减小，增大了车刀后刀面和工件加工表面之间的摩擦，使工件表面产生硬化现象，并降低表面质量；若刀尖装得低于工件回转中心，如图 5-15b 所示，会使前角减小，切削力增大，导致切削不顺畅。通常，车削外圆时，刀尖一般应与工件轴线等高，如图 5-15c 所示。车削端面时，特别要严格保证车刀的刀尖对准工件的旋转中心（图 5-16a），以防车削后的工件端面中心处留有凸头，甚至车刀车到中心处时会使刀尖崩碎。图 5-16b 所示为错误的安装方法。

5）刀杆不能歪斜，否则会使车刀的主偏角和副偏角发生变化。其原因在于：当车刀的角度一定时，若主偏角增大，会使副偏角减小，加剧副切削刃与工件已加工表面之间的摩擦，容易引起振动，使工件表面产生振纹；若主偏角减小，则副偏角增大，影响工件的表面粗糙度值，降低表面质量。同时由于主偏角减小，使得背向力增大，当工件刚性较差时，易产生弯曲变形。因此，安装车刀时应使刀杆中心线与主轴轴线垂直。

4. 车削外圆与端面时工件安装的工艺要求

车削外圆与端面时，工件的安装方法有自定心卡盘安装法。工件安装在卡盘上时，必须校正其平面和外圆，两者必须同时兼顾。尤其是在加工余量较小的情况下，应着重注意找正余量小的部分，否则会使毛坯车不到规定的尺寸而产生废品。为了防止车削时因工件变形和振动而影响加工质量，工件在自定心卡盘中装夹时，若工件直径≤φ30mm，其悬伸长度不应大于直径的 3 倍；若工件直径 >φ30mm，其悬伸长度不应大于直径的 4 倍，且应夹紧，避免工件被车刀顶弯、顶落而造成打刀事故。

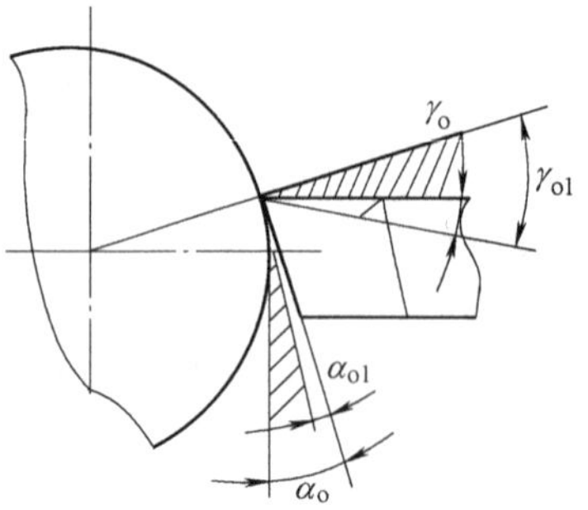

a) 太高 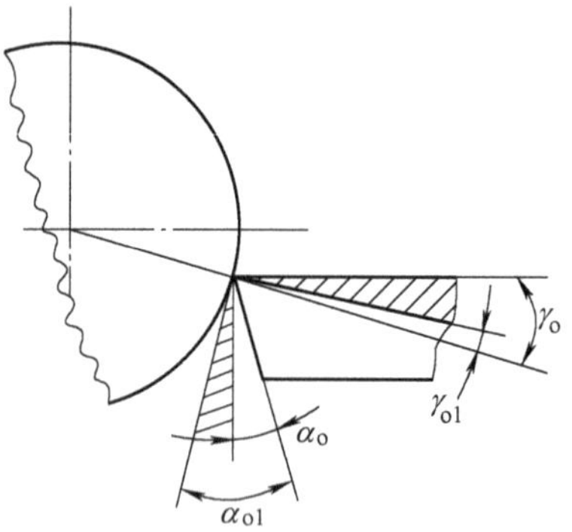   b) 太低

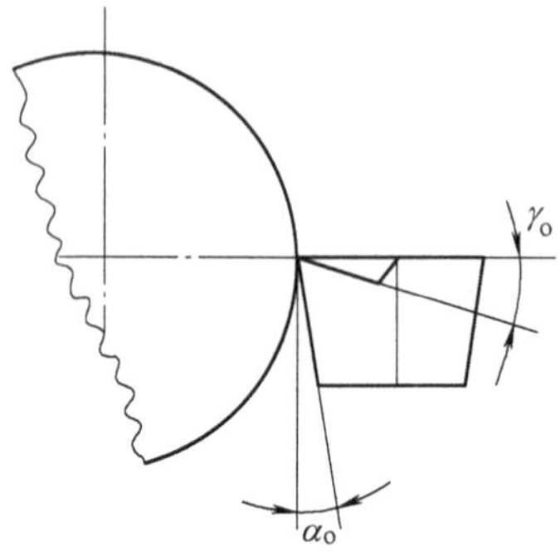

c) 正确

图 5-15 车刀的安装

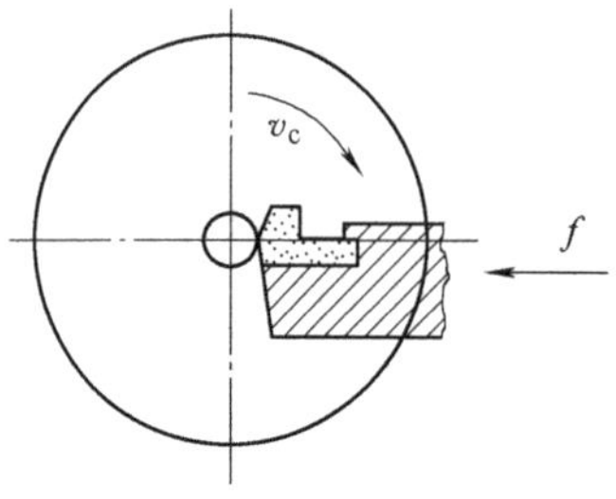

a) 正确 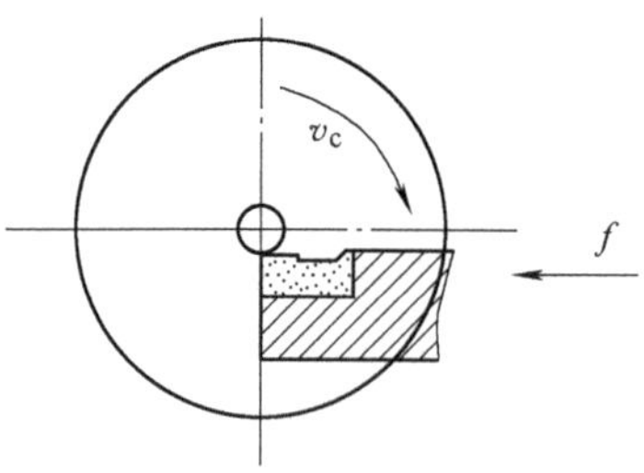   b) 错误

图 5-16 车刀刀尖与工件的旋转中心

5. 端面车削的工艺要求

（1）用90°右偏刀车削端面时切削深度不能过大。通常情况下是使用90°右偏刀的副切削刃对工件端面进行切削的（断屑槽沿主切削刃方向刃磨），导致切削不顺畅，当切削深度过大时，向床头方向的切削力 F 会使车刀扎入端面而形成凹面，如图5-17所示。

（2）用90°右偏刀车削端面时主偏角不能小于90°，否则会使端面的平面度超差或者在车削台阶面时造成台阶面与工件轴线不垂直的现象。通常在车削端面时，90°右偏刀的主偏角应在90°~93°范围内。

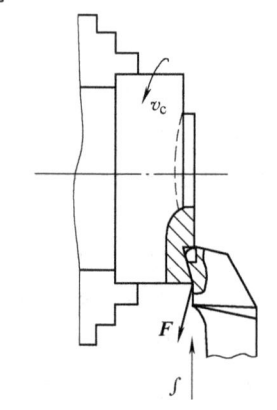

图 5-17 用90°右偏刀车削端面向中心走刀时产生凹面

6. 外圆车削的工艺要求

外圆的车削分为粗车、半精车、精车三个过程。粗车时对切削表面质量及尺寸没有严格的要求，只需尽快去除各表面多余部分的同时给各表面留出一定的精车余量即可，一般在车床动力条件允许的情况下，采用吃刀量大、进给量大、低转速的做法，对车刀的要求主要是有足够的强度、刚性和寿命。精车是车削的末道工序，目的是使工件获得准确的尺寸和规定的表面粗糙度值，对车刀的主要要求是锋利、切削刃平直光洁、切削时必须使切屑排向工件待加工表面。

7. 刻度盘使用的工艺要求

车削过程中，正确、合理地使用中滑板刻度盘，可以准确、迅速地控制背吃刀量。

1）由于丝杠和螺母之间往往存在间隙，因此转动时会产生空行程，即刻度盘转动而滑板未移动。使用时，必须慢慢地把刻度转到所要的位置，如图5-18a所示。若不小心多转过几格，绝对不能简单地直接退回多转的格数，如图5-18b所示；必须向相反方向退回全部空行程，再将刻度转到所需要的正确位置，如图5-18c所示。

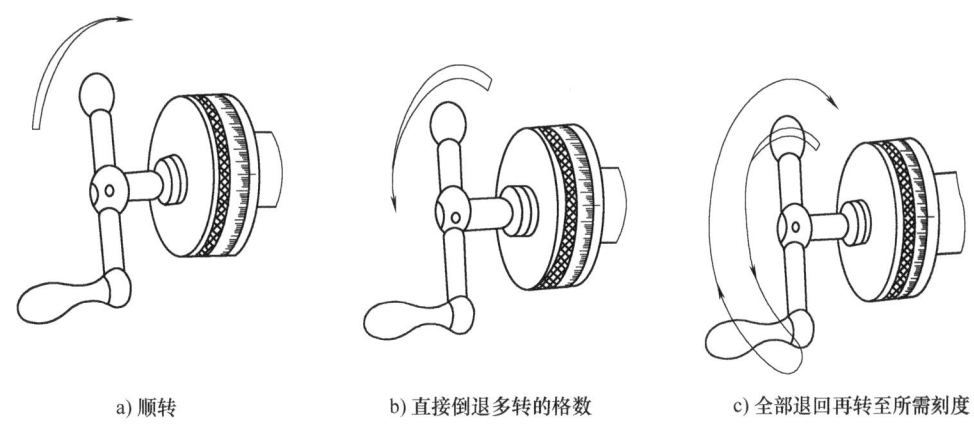

a) 顺转　　　　　　　　b) 直接倒退多转的格数　　　　　　c) 全部退回再转至所需刻度

图5-18　消除刻度盘空行程的方法

2）由于工件是旋转的，使用中滑板刻度盘时，车刀横向进给后切除部分刚好是背吃刀量a_p的两倍。因此，使用中滑板刻度盘时要注意，当上一件的外圆余量测好后，中滑板刻度盘控制的切入量（即背吃刀量）是外圆余量尺寸的1/2。

8. 根据工艺要求选择切削用量

必须根据现有的切削条件和工件的技术要求，合理确定背吃刀量、进给量和切削速度。粗车时一般首先选择大的背吃刀量，其次是进给量，最后是切削速度。精车时一般首先选择切削速度，其次是进给量，最后是背吃刀量。

9. 外圆与端面的检测

（1）尺寸精度检测

1）外圆尺寸检测。精度要求一般的外圆尺寸用游标卡尺检测，精度要求高的外圆尺寸用千分尺检测，如图5-19a所示。

2）长度尺寸检测。精度要求一般的长度尺寸用金属直尺检测（图5-19b），精度要求较高时用游标卡尺检测，精度要求很高时用千分尺检测。

（2）几何精度检测

1)圆度误差检测。一般用千分尺测量同一长度上的外圆直径,如图 5-19c 所示。

2)圆柱度误差检测。一般用千分尺测量外圆有效长度内的各部直径,如图 5-19d 所示。

3)端面平面度误差检测。用刀口尺检测端面平面度误差,如图 5-19e 所示。

4)外圆的两素线与端面的垂直度误差检测。用直角尺检测外圆两素线与端面的垂直度误差,如图 5-19f 所示。

(3)表面粗糙度值检测 一般用表面粗糙度样板对比。

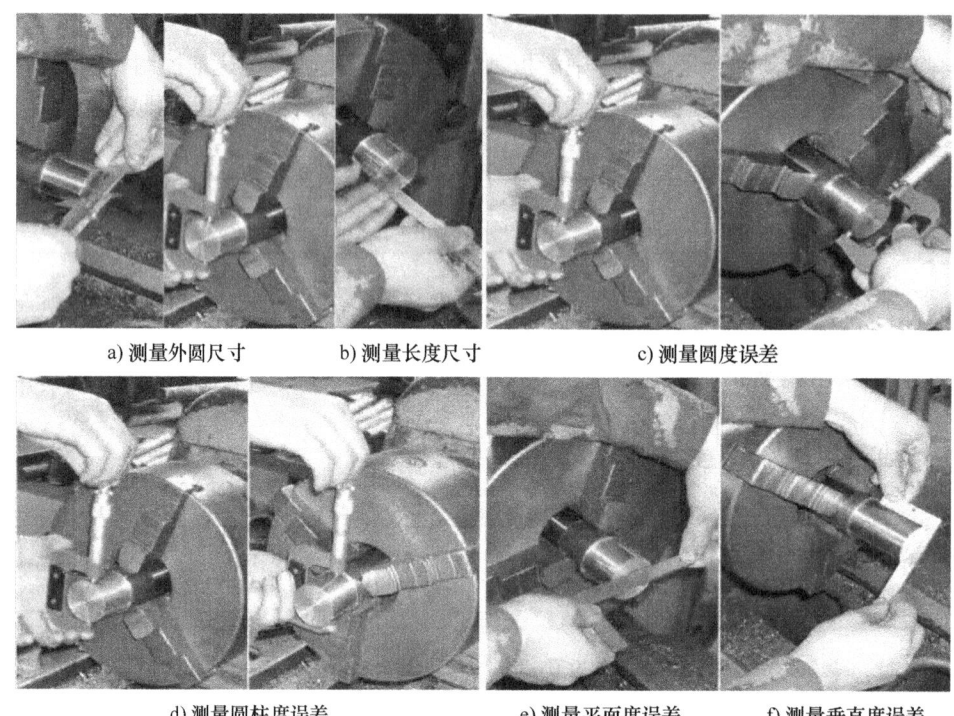

a)测量外圆尺寸 b)测量长度尺寸 c)测量圆度误差

d)测量圆柱度误差 e)测量平面度误差 f)测量垂直度误差

图 5-19 外圆与端面的检测

二、工艺过程

1. 检查毛坯

用游标卡尺检查毛坯的外圆尺寸及长度尺寸是否合格,即是否有加工余量。

2. 拟订零件的加工顺序

根据零件图的技术要求,在保证零件图样技术要求的前提下,尽量选择较少的装夹次数,合理选择刀具和切削参数,遵循切削加工顺序的一般原则,即先粗后精。

该轴加工顺序为:①车右端面;②粗车右端 $\phi47_{-0.10}^{0}$ mm 外圆尺寸,同时粗车右端 (40 ± 1) mm 长度尺寸;③精车右端 $\phi47_{-0.10}^{0}$ mm 外圆尺寸,同时右端精车 (40 ± 1) mm 长度尺寸。调头加工左端,顺序同右端。

车削完成的轴如图 5-20 所示。读者自行填其机械加工工艺过程卡片,见表 5-4。

图 5-20 加工完成的轴

表 5-4 轴的机械加工工艺过程卡片

(公司名称)		机械加工工艺过程卡片		产品型号		零件图号			共1页	第1页
				产品名称		零件名称	轴			
材料牌号	45	毛坯种类	型材	毛坯外形尺寸	φ50mm×125mm	每毛坯件数		每台件数		备注
工序号	工序名称	工序内容		车间	工段	设备		工艺装备	工时/s	
									准终	单件
1	下料									
					设计(日期)	审核(日期)		标准化(日期)	会签(日期)	
标记	处数	更改文件号	签字	日期	标记	处数	更改文件号	签字	日期	

3. 加工前的准备、工件的安装与轴的车削

（1）加工前的准备和工件的安装

按安全文明生产要求穿戴好劳动护具。

⬇

检查机床设备是否完好，按机床每日班前润滑要求对机床进行润滑，检查机床各手柄位置至正确位置、低速起动机床，检查主轴箱油泵是否正常，使主轴齿轮得以充分润滑。

按图样技术要求准备好工具、量具、刀具，按文明生产要求摆放好工具、量具、刀具。

⬇

按图样技术要求检查毛坯尺寸是否合格。

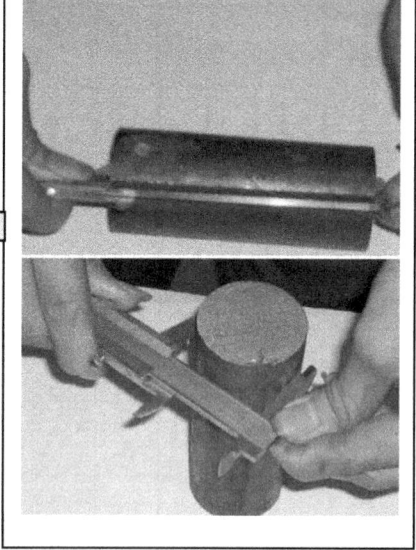

⬅

安装刀具，采用尾座顶尖对中心法或工件旋转中心对中心法。

⬇

车刀安装得是否正确直接影响到刀具寿命与工件质量，刀具安装应严格遵守刀具安装工艺规程。

➡

安装工件，工件尽量伸出短些，以增加刚性，方法是：用金属直尺测量工件的伸出长度，比要加工长度长5~10mm即可。

（2）车削轴

端面是长度尺寸的基准，车削时应首先车削端面，一般第一个面只需车平即可，把余量放在另一面。背吃刀量可用大滑板或小滑板控制，图示为用小滑板控制。

外圆有长度尺寸要求，可用金属直尺控制外圆长度，方法是：用金属直尺测量刀尖到端面的距离。

机床正转，利用中滑板使车刀刀尖与外圆点刀，在工件外圆上划线，防止长度尺寸出现质量问题。

也可用大滑板刻度板刻度控制长度。首先把车刀刀尖放到与工件端面一样平的位置，然后将大滑板刻度板刻度对一整数，便于记忆；其次使机床主轴正转，利用中滑板与小滑板配合，使车刀刀尖与端面点刀，最后退中滑板，把大滑板摇到所需长度。

外圆车削一般采用试车的方法，试车长度一般为3~6mm，然后根据精度要求，用游标卡尺或千分尺测量，检查尺寸是否合乎要求。

采用试车的方法，分粗、精车把外圆车削合乎到图样技术要求，同时控制长度，即到划线即可。

调头装夹前，先测量总长，检查余量。

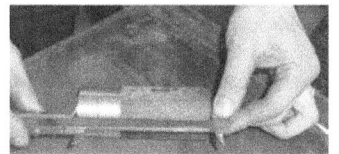

 **任务小结**

1. 切削用量三要素（图 5-21）

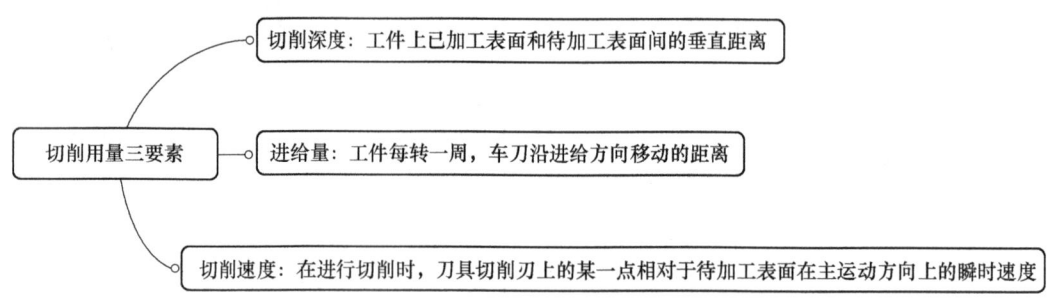

图 5-21　切削用量三要素

2. 车削外圆操作步骤

车刀和工件在车床上安装以后，即可开始车削加工。在加工中必须按照如下步骤进行：

1）选择主轴转速和进给量，调整有关手柄位置。

2）对刀，移动刀架，使车刀刀尖接触工件表面，对零点时必须开机。

3）对完刀后，用刻度盘调整切削深度（背吃刀量）。调整时，应了解中滑板刻度盘的刻度值，即每转过一小格时车刀的横向切削深度值。然后根据切削深度，计算出需要转过的格数。

4）试车，检查切削深度是否准确，横向进刀。

5）纵向自动进给，车削外圆。

6）测量外圆尺寸。

对刀、试车、测量是控制零件尺寸精度的必要手段，是车床操作者的基本功，一定要熟练掌握。

 **拓展提高**

1. 车床安全操作规程

（1）开机前

1）检查机床各手柄是否处于正常位置。

2）传动带、齿轮安装罩是否装好。

3）进行加油润滑。

（2）安装工件

1）工件要夹正、夹牢。

2）工件安装、拆卸完毕后随手取下卡盘扳手。

3）安装、拆卸大工件时，应该用木板保护床面。

4）顶尖轴不能伸出全长的 1/3 以上，一般轻工件不得伸出 1/2 以上。

5）装夹偏心物时，要加平衡块，并且每班应检查螺母的紧固程度。

6）加工长料时，车床主轴箱后面不得露出太长，否则应装上托架并有明显标志。

（3）安装刀具

1）刀具要垫好、放正、夹牢。

2）装卸刀具和切削加工时，切记先锁紧方刀架。
3）装好工件和刀具后，进行极限位置检查。
(4) 开车后
1）不能改变主轴转速。
2）不能度量工件尺寸。
3）不能用手触摸旋转着的工件。
4）车削时要戴好防护眼镜。
5）车削时要精力集中，不许离开机床。
6）加工过程中，使用尾座钻孔、铰孔时，不能挂在滑板上起刀，使用中心架时要注意找正工件的同心度。
7）使用纵、横走刀时，小刀架上盖至少要与小刀架下座平齐，中途停机时必须先停刀后才能停机。
8）加工铸铁件时，不要在机床导轨面上直接加油。
(5) 下班时
1）工具、夹具、量具、附件妥善放好，将进给箱移至机床尾座一侧，擦净机床、清理场地、关闭电源。
2）逐项填写设备使用卡。
3）擦拭机床时要防止刀尖、切屑等划伤手，并防止溜板箱、刀架、卡盘、尾座等碰撞。
(6) 若发生事故
1）立即停机，关闭电源。
2）保护现场。
3）及时向有关人员汇报，以便分析原因，总结经验教训。

2. 车削文明生产的要求

1）刀具、量具及工具等的放置要稳妥、整齐、合理，有固定位置，便于操作时取用，用后应放回原处，主轴箱盖上不应放置任何物品。
2）工具箱内应分类摆放物件，精度高的应放置稳妥，重物放下层，轻物放上层。
3）正确使用和爱护量具。经常保持清洁，用后擦净、涂油、放入盒内，并及时归还工具室。所使用量具必须定期校验，以保证其度量准确。
4）不允许在卡盘及床身导轨上敲击或校直工件，床面上不准放置工具或工件。装夹、找正较重工件时，应用木板保护床面。
5）车刀磨损后，应及时刃磨，不允许用钝刃车刀继续车削，以免增加车床负荷、损坏车床，影响工件表面的加工质量和生产率。
6）批量生产的零件，首件应送检。在确认合格后，方可继续加工。精车工件时要注意防锈处理。
7）毛坯、半成品和成品应分开放置。半成品和成品应堆放整齐、轻拿轻放，严防碰伤已加工表面。
8）图样、工艺卡片应放置在便于阅读的位置，并注意保持其清洁和完整。
9）使用切削液前，应在床身导轨上涂润滑油。
10）工作场地周围应保持清洁整齐，避免杂物堆放，防止绊倒。
表5-5为设备日常维护保养点检记录表。

表 5-5 设备日常维护保养点检记录表

设备名称：车床　　　设备编号：　　　　　　　　　　　　　　　　　　　　　　　　　　　　年　　月

序号	保养项目	频率	保养日期 1	2	3	4	5	6	7	8	9	10	11	12	13	14	15	16	17	18	19	20	21	22	23	24	25	26	27	28	29	30	31
1	周围清洁	每日																																
2	机身清洁	每日																																
3	清洗三杠及齿条，要求无油污	每日																																
4	检查补齐螺钉、手球、手柄	每日																																
5	按规定润滑各部分，油质、油量符合要求	每日																																
6	检查油质油保持良好，油杯齐全、油窗明亮	每周																																
7	检查主轴定位螺钉调整适当	每周																																
8	调整磨擦片和制动装置	每周																																
9	检查油质保持良好，拆洗过滤器	每月																																
10	检查、拆洗刀架、小滑板、中滑板各件	每月																																
11	调整好各部板的丝杠间隙和镶铁间隙	每月																																
12	检查、拆洗变换齿轮箱及交换齿轮架	每月																																
13	检查轴套有无晃动现象	每月																																
14	清除研伤毛刺，检查丝杠、螺母间隙	每月																																
15	清洗各部位油线、油毡，注入新油	每月																																
16	清洗冷却泵、冷却槽	每月																																
17	清理电动机及电气箱内外灰尘	每月																																
18	检查并擦拭电气元件及触点	每月																																
	异常情况记录																																	
	保养人签字																																	
备注	每天生产前后都要对设备进行保养，保养后，用"√"表示，"×"表示有异常情况 应在"异常情况记录"栏予以记录，并联系相关人员处理																																	

模块三

铣削加工技术

项目六 认识铣床

 学习目标

（1）熟悉铣床的结构性能、加工范围和操作方法。
（2）知道普通铣床各部分名称、作用加工范围。
（3）严格按照"安全操作规范"掌握普通铣床的操作要领。
（4）能根据需要调整好铣床各手柄的位置。

 项目描述

铣床是指主要用铣刀在工件上铣削加工各种表面的机床。通常铣刀的旋转运动为主运动，工件（和）铣刀的移动为进给运动。铣床可以加工平面、沟槽，也可以加工各种曲面、齿轮等。除此之外，铣床还可以加工螺纹和花键轴，以及比较复杂的型面，效率较刨床高，在机械制造和修理部门得到广泛应用。

早在1664年，英国科学家胡克就依靠旋转圆形刀具制造出了一种用于切削的机器，这可以算是原始的铣床了；在19世纪40年代，普拉特设计了所谓的林肯铣床；19世纪，英国人为了蒸汽机等工业革命的需要，发明了镗床、刨床。而美国人为了生产大量的武器，则专心致志于铣床的发明。美国人E.惠特尼于1818年创制了卧式铣床；美国人J.R.布朗于1862年创制了第一台万能铣床，用于铣削麻花钻头的螺旋槽。1884年前后出现了龙门铣床。20世纪20年代出现了半自动铣床，工作台利用挡块可完成"进给—快速"或"快速—进给"的自动转换。1950年以后，铣床在控制系统方面发展很快，数字控制的应用大大提高了铣床的自动化程度，尤其是70年代以后，微处理机的数字控制系统和自动换刀系统在铣床上得到应用，扩大了铣床的加工范围，提高了其加工精度与效率。图6-1所示为常见铣床。

19世纪80年代
"大清国与大德意志帝国合造"的铣床　　　立式铣床

图6-1　常见铣床

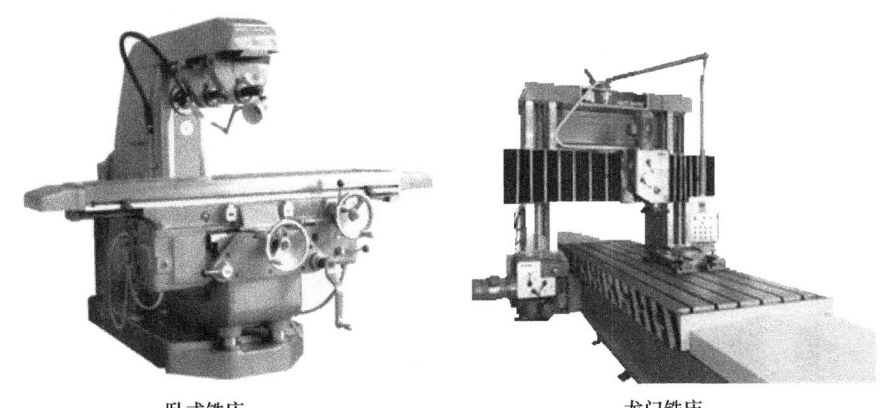

卧式铣床　　　　　　　　　　龙门铣床
图 6-1　常见铣床（续）

 知识链接

一、铣床的加工范围

铣削加工时，通常铣刀的旋转运动为主运动，工件和铣刀的移动为进给运动。它可以加工平面、沟槽，也可以加工各种曲面、齿轮等比较复杂的型面，见表 6-1。铣床加工的尺寸公差等级一般为 IT8～IT9，表面粗糙度值为 $Ra1.6 \sim Ra6.3 \mu m$。

表 6-1　铣床的加工范围

铣削内容	图　示	铣削内容	图　示
铣平面		铣直槽	
铣螺旋槽			

（续）

铣削内容	图 示	铣削内容	图 示
铣台阶		铣成形面	
铣键槽		切断	

二、铣床的种类

1. 立式铣床

图 6-2 所示为立式铣床，其主要特征是铣床主轴轴线与工作台台面垂直。因其主轴呈竖立位置，所以称为立式铣床。

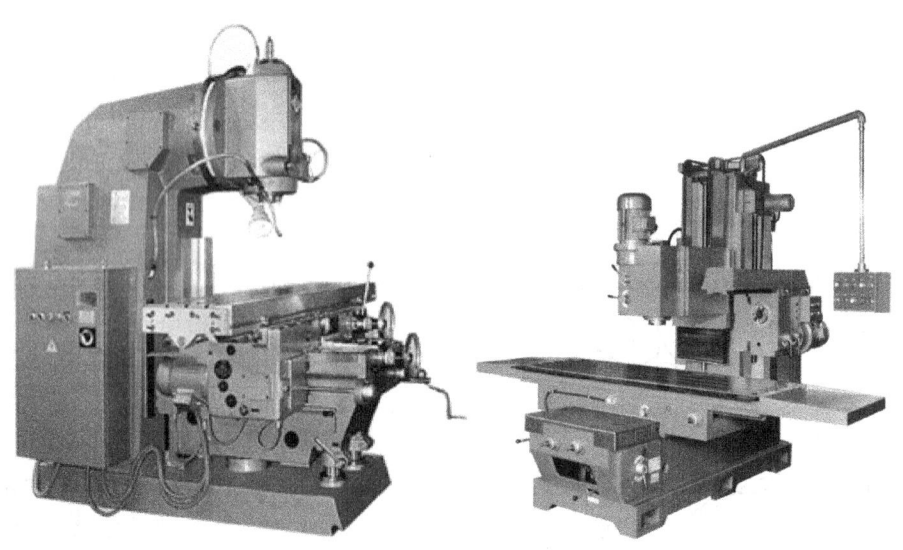

图 6-2 立式铣床

铣削时，铣刀安装在与主轴相连接的刀轴上，绕主轴做旋转运动，工件装夹在工作台上，相对于铣刀运动，完成铣削过程。立式铣床加工范围很广，通常在立式铣床上可以应用面铣刀、立铣刀、特形铣刀等，铣削各种沟槽、表面。另外，利用机床附件，如回转工作台、分度头，还可以在立式铣床加工圆弧、曲线外形、齿轮、螺旋槽、离合器等。当生产批量较大时，在立式铣床上采用硬质合金刀具进行高速铣削，可以大大提高生产率。

立式铣床按立铣头的结构不同，又可分为以下两种：

① 立铣头与机床床身成为一体。这种立式铣床刚性好，但加工范围比较小。

② 立铣头与机床床身之间有一个回转盘，盘上有刻度线，主轴随立铣头可扳转一定的角度，以适应铣削各种角度面、椭圆孔等。由于该种铣床立铣头可回转，所以目前在生产中应用广泛。

2. 立式摇臂万能铣床

如图6-3所示，这类铣床的特点是具有广泛的万用性能。立式摇臂万能铣床可进行以铣削为主的多种切削加工，如立铣、卧铣、镗、钻、磨、插等，还可加工各种斜面、螺旋面、沟槽、弧形槽等，适用于各种维修，尤其适用于生产各种工具、夹具、模具。立式摇臂万能铣床结构紧凑，操作灵活，加工范围广，是一种典型的多功能铣床。

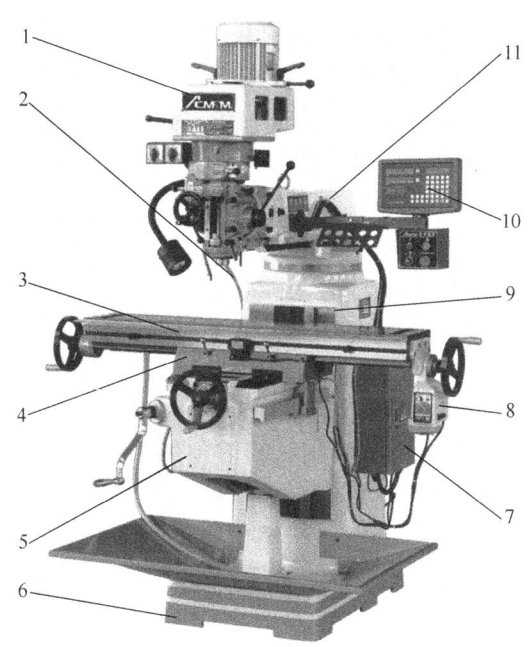

图6-3 X6325型立式摇臂万能铣床

1—立铣头 2—主轴 3—工作台 4—横向滑板 5—升降台 6—床脚 7—电气箱
8—纵向进给器 9—床身 10—电子尺 11—摇臂

3. 龙门铣床

龙门铣床是无升降台铣床的一种类型，属于大型铣床。铣削动力头安装在龙门导轨上，可做横向和升降运动；工作台安装在固定床身上，仅做纵向移动。龙门铣床根据铣削动力头的数量分别有单轴、双轴、四轴等多种形式。

图6-4所示为一台龙门铣床，铣削时，若同时安装多把铣刀，可铣削工件的几个表面，工作效率高，适宜加工大型箱体类工件表面，如机床床身表面等。

图6-4　龙门铣床

4. 卧式铣床

图6-5所示为X6132型卧式万能铣床。其主要特征是铣床主轴轴线与工作台台面平行。因主轴呈横卧位置，所以称为卧式铣床。铣削时，将铣刀安装在与主轴相连接的刀轴上，随主轴做旋转运动，工件安装在工作台面上，相对于铣刀做进给运动，从而完成切削工作。

卧式铣床加工范围很广，可以加工沟槽、平面、特形面、螺旋槽等。卧式万能铣床还带有较多附件，因而加工范围比较广，应用范围也很广泛。

三、铣床型号的编制方法

铣床的型号不仅是一个代号，它可以反映出机床的类别、结构特征、性能和主要的技术规程。机床型号编制是按GB/T 15375—2008《金属切削机床　型号编制方法》执行的。铣床型号由汉语拼音字母和阿拉伯数字按一定规律组合排列而成。这里仅介绍机床类别代号、

图6-5　X6132型卧式万能铣床

机床通用特性代号、铣床类组系代号及主参数或设计顺序号的意义，并举例说明。

1. 各代号的意义

（1）类代号　机床类代号用汉语拼音字母表示。例如"铣床"第一个汉语拼音字母是"X"（读作"铣"），则型号首位用"X"表示。

（2）机床通用特性及结构特性代号　机床通用特性代号用汉语拼音字母表示，位居类代号之后，用来对类型和规格相同而结构不同的机床加以区分。例如"数控铣床"，其通用特性代号用"K"表示，位居类代号"X"之后。如果结构特性不同，也采用汉语拼音字母表示，位居通用特性之后，但具体字母表示意义没有明文规定。

（3）组代号和系代号　机床组代号和系代号用两位阿拉伯数字表示，位于类代号或通用特性代号或结构特性之后。例如型号"X5032"，在"X"之后的两位数字"50"表示立

式升降台式铣床。又如型号"X6132",在"X"之后的两位数字"61"表示卧式万能升降台铣床。

(4) 主参数或设计顺序号　机床型号中的主参数是将实际数值除以10或100,折算后用阿拉伯数字表示的,位居组代号和系代号之后。机床的主参数经过折算后,当折算值大于1时,用整数表示。例如工作台面宽度320mm是"X5032"的主参数,按1/10折算值为32,大于1,则主参数代号用"32"表示。也有一些用1/100进行折算表示,常见于龙门铣床、双柱铣床等较大型的铣床。各种机床的主参数内容有所不同。例如"X5032"型、"X6132"型铣床的主参数都是工作台面的宽度,而键槽铣床的主参数则表示加工槽的最大宽度。

机床的统一名称和组、系划分,以及型号中主参数的表示方法,见标准GB/T 15375—2008中相关内容。

2. 型号举例

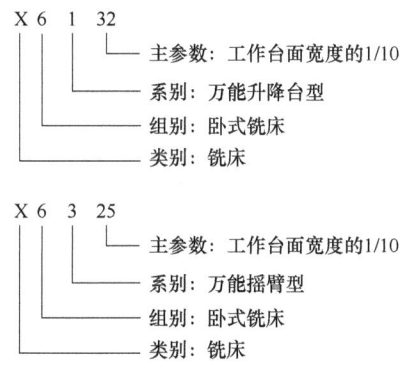

四、X6325型立式摇臂万能铣床主要部件的功用

X6325型立式摇臂万能铣床的外形如图6-3所示,各部件的功用如下:

(1) 立铣头　立铣头的功用是将主电动机(双速电动机)的额定转速通过带传动变换成16种不同的主轴转速,以适应各种铣削加工的需要。立铣头可以绕X方向和Y方向转动。

(2) 主轴　主轴是一根前端带锥孔的空心轴,锥孔的锥度为R8(莫氏锥度4号),用来安装铣刀刀杆和铣刀。主电动机输出的旋转运动,经主轴变速机构驱动主轴连同铣刀一起旋转,实现铣削加工的主运动。

(3) 工作台　工作台用以安装铣床夹具和工件,带动工件实现各种进给运动。

(4) 横向滑板　横向滑板用来带动工作台实现横向进给运动。有些机床配置了横向进给箱,可以使工作台实现横向机动进给。

(5) 升降台　升降台用来支承横向滑板和工作台,带动工作台做上、下移动。

(6) 床脚　床脚用来支持机床主体,承受铣床的全部重量,储存切削液。

(7) 电气箱　电气箱内安装变压器、继电器等各类机床电器。

(8) 纵向进给器　纵向进给器可实现工作台的纵向快速进给及加工时的机动进给,可无级调速。

(9) 床身　床身是机床的主体,用来安装和连接机床的其他部件。床身正面有垂直导轨,可引导升降台做上、下移动。床身顶部有燕尾形水平导轨,用以安装横梁并按需要引导横梁做水平移动。床身内部装有主轴和主轴变速机构。

(10) 电子尺　电子尺可数字显示机床的纵向和横向坐标值，精确到 0.005mm，便于加工时控制工件的尺寸精度。

(11) 摇臂（滑枕）　摇臂可沿床身顶部燕尾形导轨移动及转动，并可按需要调节其伸出长度，从而改变立铣头的加工行程。

五、X6325 型立式摇臂万能铣床的主要技术参数

工作台尺寸：250mm×11120mm；

纵向行程：560mm；

横向行程：200mm；

垂向行程：400mm；

主轴孔锥度：莫氏锥度 4 号；

主轴转速范围：70～4500r/min；

主轴转速级别：16 级；

主电动机功率：2.2kW；

滑枕行程：500mm；

主轴套筒行程：127mm；

铣头回转角度：X 方向：±90°Y 方向：±45°；

进给速度范围：5～300mm/min；

快速移动速度：700～2000mm/min；

机床外形：1675mm×1650mm×2190mm；

冷却系统：内置式；

机床质量：1400kg。

六、铣床的日常维护和保养

铣床维护保养的优劣，与铣床的使用寿命、精度保持性和生产率高低有十分密切的关系。一台长期维护保养得好的铣床，虽使用数年，但还能保持良好的精度和动作灵活准确，并且还能节省大量的机修时间，提高其利用率。因此维护保养好铣床是每个铣工的职责。铣床的维护保养工作主要有以下几个方面：

1）操作之前必须把铣床各部揩拭干净。

2）对铣床的润滑系统，应根据说明书要求按期加油或更换润滑油。对每天要加油的地方，如各注油孔、手拉油泵或按钮式滑阀等，都应按时注油或拉。对丝杠、导轨等，在每天开始和结束时，均应擦清和加注润滑油，在工作中也要经常清除切屑和脏物，保持铣床清洁。对各类油标和油窗，要经常观察是否正常。

3）工作前应先检查铣床各部机构和运动部件是否完好，并检查各手柄和旋钮是否处在合理的位置。

4）工作台和主轴部件不能用硬物敲击，工件和夹具要轻放。工作台上不准乱放工具和毛坯等杂物。

5）严格执行岗位责任制。操作时要集中精力，绝不能在铣床运转时离开工作岗位。

6）不能超负荷工作。工件和夹具的重量不能超过铣床的载重量，如 X62W 型和 X52K 型铣床的载重量不应超过 500kg，X53T 型铣床的载重量不应超过 800kg。

7）及时排除铣床故障。在工作过程中，如发现铣床有异常现象和不规则响声，应立即

停机，并请机修工及时排除故障。

8）精度较高的铣床，切削量不能太大，也不宜用大直径单齿或双齿刀盘做冲击性切削。

9）工作完毕或应把铣床擦拭干净，应用软布和毛刷来清除切屑和油污，切忌用压缩空气吹，以免细小的切屑和灰尘等杂物嵌入运动部分。

10）应做好机床交接班工作。

任务实施

任务一　立铣头的操作

铣床的型号较多，不同型号铣床的技术参数各不相同，如转速及进给可调范围、工作台尺寸、电动机功率以及加工方式等。以下重点介绍 X6325 型立式摇臂万能铣床，其立铣头及操作手柄如图 6-6 所示。

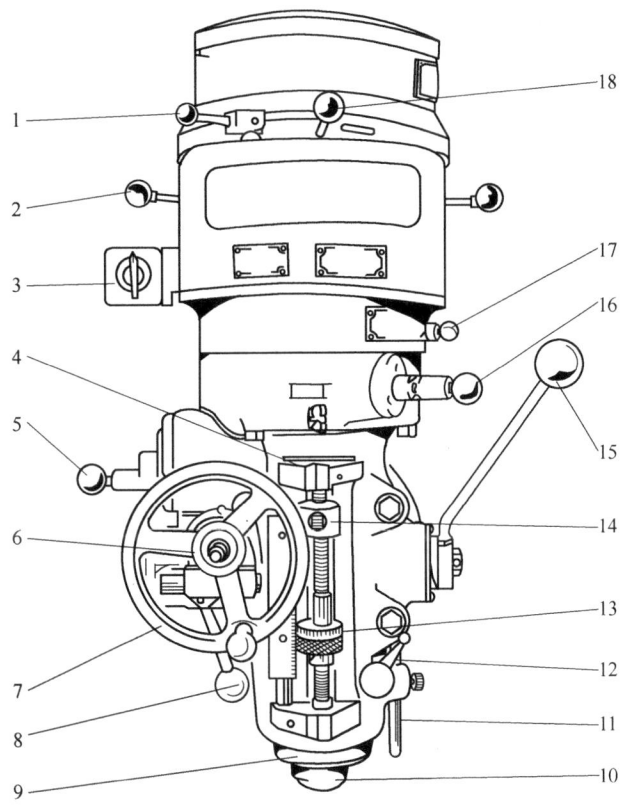

图 6-6　立铣头结构及操作手柄

1—主轴制动及固定杆　2—传动带松紧及变速控制杆　3—开关　4—校准参考面　5—进给量选择手柄　6—进给方向控制钮
7—微量进给手轮　8—进给控制杆　9—升降套筒　10—主轴　11—指示器装置杆　12—升降套筒固定杆
13—深度进给游标刻度环　14—升降套筒停止挡块　15—升降套筒进给把手　16—自动进给驱动柄
17—后列齿轮选择柄　18—主轴离合器杆

1. 立铣头系统的操作方法

起动和制动操作示意如图 6-7 所示。

1）起动。

① 接通电源。
② 扳动头部左侧的开关至所需转向（正转或反转）。
2）制动。
① 停止进行中的进给。
② 关掉电源开关。
③ 扳动主轴制动及固定杆，直到主轴完全停止。

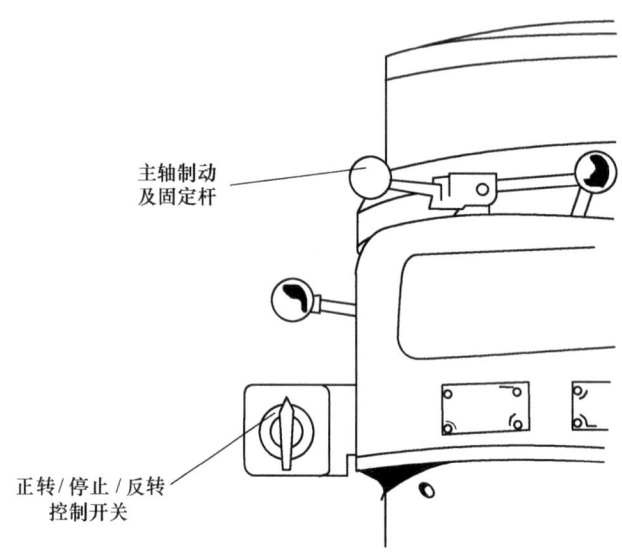

图6-7 起动和制动操作示意图

2. 速度变换（变速前停止电动机）

速度变换操作示意如图6-8所示。

手柄1和手柄2同处A位置时为直接传动带驱动，同处B位置时为后列齿轮传动（手柄1以对好孔为到位，手柄2以扳不动为到位）。

由位置B转为位置A时，要注意离合器切实啮合，听到"咔"一声后再开机。如果开机后有齿轮响声请立即关机，转动传动带使带轮下降，与齿轮啮合后再开机。

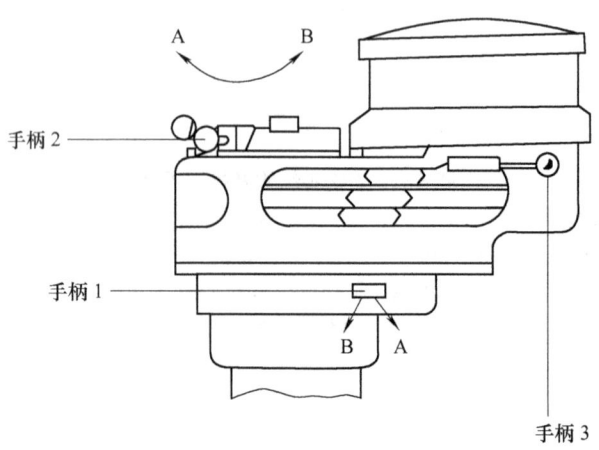

图6-8 速度变换操作示意

(1) 同范围内的变速

1) 关掉电源。
2) 放松电动机固定杆（手柄3）。
3) 向前移动电动机固定杆。
4) 将传动带置入合适的带轮沟内。
5) 将电动机固定杆推向后方，使 V 形带拉紧。
6) 锁紧电动机固定杆。

(2) 从直接驱动变到后齿轮传动

1) 关掉电源。
2) 主轴端面将手柄1置于位置B孔内。
3) 手柄2置于位置B（扳到底）。
4) 转动传动带，使带轮下降。
5) 转动主轴时无异常声音。
6) 主轴转速即由高速变为低速。

3. 手动微量进给

进给机构如图6-9所示。

1) 松开自动进给驱动柄A（图6-6中件16）；
2) 将进给方向控制钮C（图6-6中件6）置于中央（空档）位置。
3) 扳动进给控制杆B（图6-6中件8），使离合器啮合。
4) 此时升降套筒进给，即可用手轮来控制。

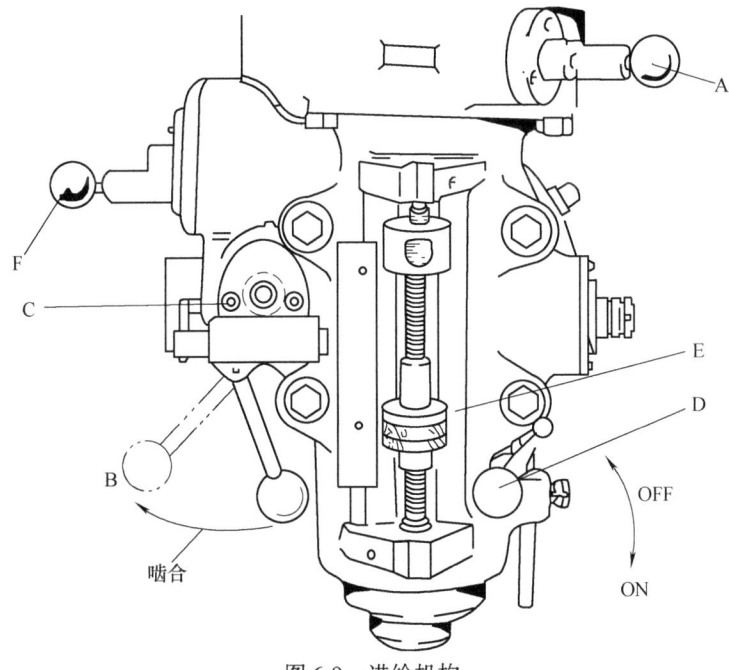

图6-9 进给机构

4. 自动进给

进给机构如图6-9所示。

1）放松升降套筒固定杆 D（图 6-6 中件 12）。
2）调整深度进给游标刻度环 E（图 6-6 中件 13）至所需要的深度。
3）扳动自动进给驱动柄 A（电动机要停止）。
4）由进给量选择手柄 F（图 6-6 中件 5）选择进给量。
5）由进给方向控制钮 C 选定进给方向。
6）将升降套筒进给把手朝下，使升降套筒停止挡块离开限位销。
7）扳动进给控制杆 B，使离合器啮合。
8）这时升降套筒即可自动进给。

注意：①最大钻孔直径为 φ9.5mm（材料：钢）。②当主轴转速超过 3000r/min 时，请勿使用自动进给。

5. 升降套筒快速手动进给

升降套筒快速手动进给操作示意如图 6-10 所示。

1）置手柄于轮壳上。
2）选择最适的位置。
3）推动手柄直至定位销啮合。

任务二 工作台的操作方法

1. 鞍座（含工作台）的横向移动

鞍座（含工作台）的横向手动、机动进给手柄如图 6-11 所示。纵向、横向刻度盘均匀分布呈 120 格，每格示值为 0.05mm，手柄转过一周，工作台移动 6mm。垂向刻度盘均匀分布呈 60 格，每格示值为 0.05mm，手柄转过一周，工作台移动 3mm。

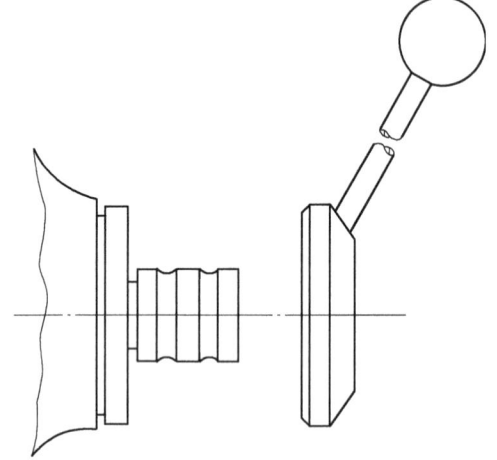

图 6-10 升降套筒快速手动进给操作示意

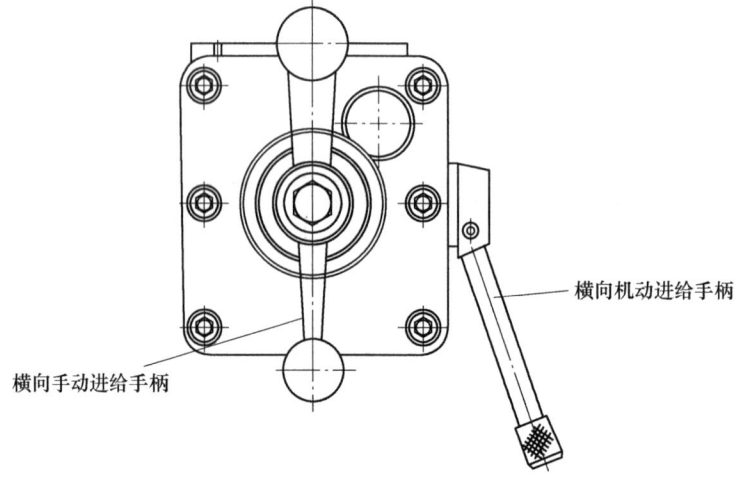

图 6-11 横向手动、机动进给手柄

鞍座与升降座之间的横向固定操作示意如图 6-12 所示。固定时，用适当的压力即可，用力太大会使工作台变形。

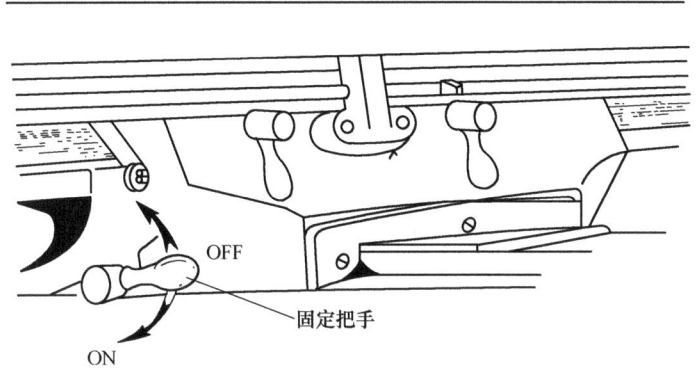

图 6-12　鞍座与升降座之间的横向固定操作示意

2. 工作台的纵向移动

工作台的纵向进给手柄如图 6-13 所示。工作台与鞍座之间的纵向固定操作示意如图 6-14 所示。固定时，用适当的压力即可。

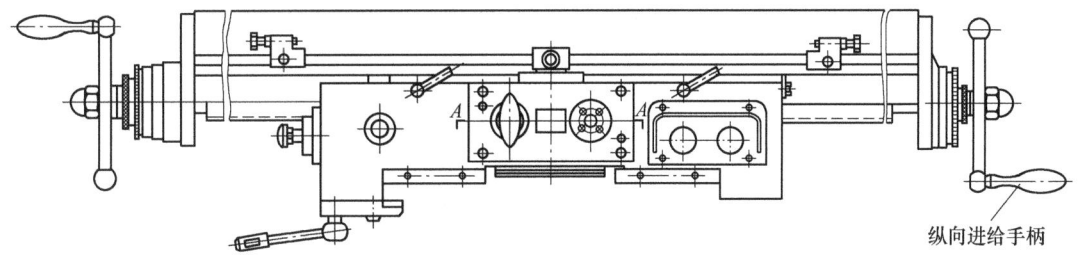

图 6-13　纵向进给手柄

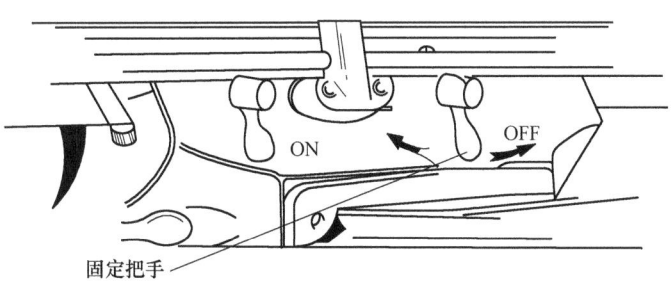

图 6-14　工作台与鞍座之间的纵向固定操作示意

3. 升降座（含鞍座和工作台）的升降移动

升降座与机身之间滑动的操作手柄如图 6-15 所示，固定时，用适当的压力即可。

任务三　转塔和摇臂的操作

1. 转塔的旋转

转塔的旋转操作示意如图 6-16 所示。操作步骤如下：

1）用固定扳手放松 4 个螺栓。
2）旋转至需要的角度。
3）锁紧 4 个螺栓。

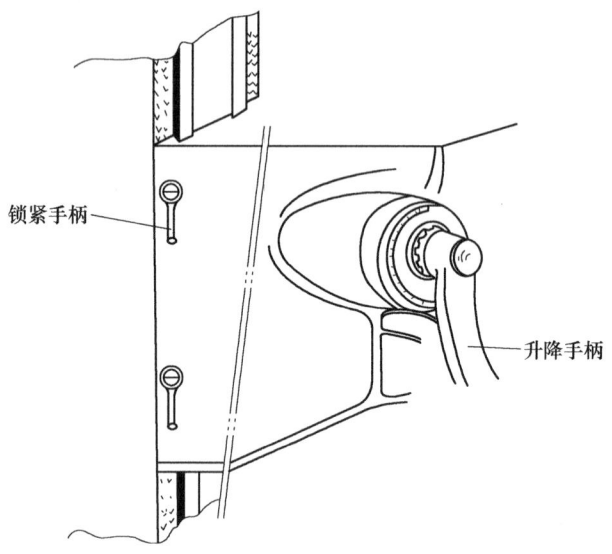

图 6-15　升降座与机身之间滑动的操作手柄

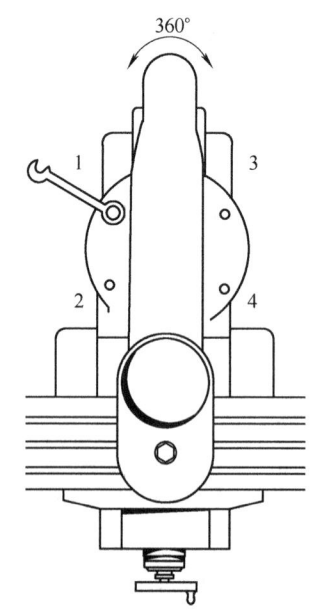

图 6-16　转塔的旋转操作示意

2. 摇臂的移动

摇臂的移动操作示意如图 6-17 所示。操作步骤如下：
1）放松 2 个固定把手杆。
2）转动控制把手至所需要的位置。

3）固定（先固定后面的把手杆）。

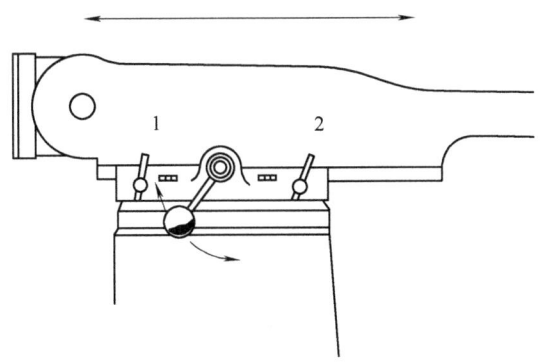

图 6-17 摇臂的移动操作示意

任务四 纵向机动进给操作

立式摇臂万能铣床可根据需要选择使用机械齿轮进给器或电动进给器。

1. 机械齿轮进给器的操作方法

机械齿轮进给器如图 6-18 所示。

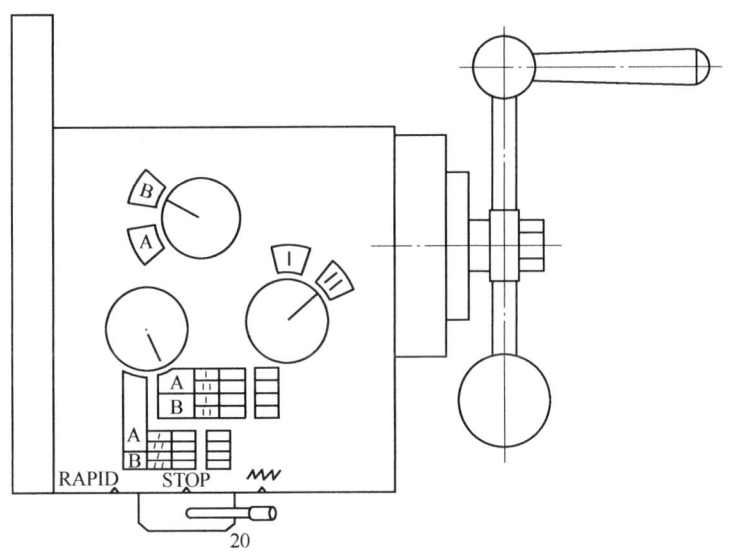

图 6-18 机械齿轮进给器

1）将行程开关手柄位于中间位置（STOP），快速手柄位于中间位置（STOP），即可进行手动操作。

2）接通电源，将行程开关手柄置于左（右），电动机即开始工作。将快速手柄置于左边快速位置（RAPID），工作台将会快速移动；将快速手柄置于右边位置（✓✓），工作台将自动进给，并通过改变齿轮箱面板上的三个变速手柄即可得到 8 种不同的进给速度。例如 X6325 型万能摇臂铣床的进给量可调值只有 8 组数值：18、27、40、58、93、137、200、308。

变换进给速度时必须将快速手柄置于中间位置（STOP），离合器处于脱开状态，工作台不会移动，此时才能进行进给速度的变换，否则会损伤齿轮及其他零件。

3）齿轮箱中有一个超载离合器，用于保护机械齿轮进给器。当受到超大扭矩时，超载离合器打滑空转，从而保护里面的齿轮不致受到损伤。

2. 电动进给器的操作方法

电动进给器如图 6-19 所示。操作时，首先扳动方向选择开关，选择进给（或快速进给）的方向，然后旋转速度调节按钮即可得到所需的进给速度。

电动进给器操作便利，但进给力不大。

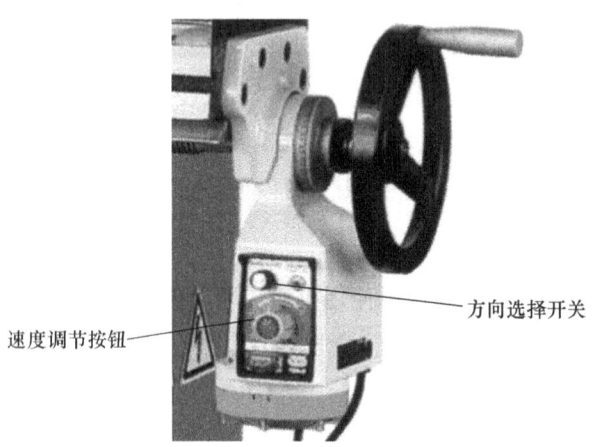

图 6-19　电动进给器

任务五　普通铣床的保养

1. 普通铣床的一级保养内容及要求（表 6-2）

表 6-2　普通铣床的一级保养内容及要求

序　号	保养部位	保养内容及要求
1	外表	① 机床外表清洁及保持各罩盖内外清洁，无锈蚀、无黄袍 ② 清洗各部丝杠 ③ 检查并修补螺钉、手球、手柄、油杯
2	主轴箱	① 清洗过滤器，润滑油应无油泥及切屑，油窗明亮 ② 各变速手柄定位牢靠
3	工作台	① 工作台各部分进行清洁 ② 调整丝杠螺母间隙及轴向窜动量 ③ 调整导轨楔铁的间隙在 0.03~0.06mm 之间 ④ 清洗手压油泵和油毡，保持清洁
4	进给箱	① 润滑油中应无杂物及切屑，保持油路畅通，油窗明亮 ② 各变速手柄应定位牢靠 ③ 调整摩擦片间隙
5	冷却	① 清洗过滤网、切削液槽，无沉淀、无切屑杂物 ② 各部管道应畅通，固定要牢固 ③ 根据情况调换切削液
6	附件	应擦拭清洁，无锈蚀，放置整齐
7	电器	① 清洁，无油污和灰尘 ② 电器限位装置安全可靠

2. 普通铣床的二级保养内容及要求（表6-3）

表6-3 普通铣床的二级保养内容及要求

序　号	保养部位	保养内容和要求
1	床身外表	① 清洗机床外表面及死角，拆洗各罩盖，要求内外清洁，无锈蚀，无黄袍清洗剂，漆见本色，铁见光，刻度清晰 ② 清洗表面，要求无油污 ③ 检查补齐螺钉、螺母、毛球、手柄、灯 ④ 清除导轨面毛刺，清洗干净 ⑤ 检查各转动手柄是否灵敏可靠
2	主轴箱	① 检查油质是否符合标准，油位是否保持在油标上 ② 检查传动轴有无轴向窜动，调整使之适当 ③ 检查油路是否通畅无阻 ④ 对磨损件进行修理或更换
3	工作台升降台	① 清洁，润滑良好 ② 清除导轨面研伤的毛刺，使导轨面清洁无油污 ③ 对磨损件进行修理或更换
4	工作台变速箱	① 清洁 ② 清洗，根据换油周期更换油 ③ 检查传动轴有无轴向窜动，调整使之适当 ④ 对磨损件进行修理或更换
5	冷却系统	① 各部清洁，管路畅通无阻 ② 清洗切削液槽，确保无沉淀切屑 ③ 根据换切削液周期进行更换
6	润滑系统	① 油清洁，油路畅通无阻，油毡有效，油标醒目 ② 清洗油泵，按周期更换润滑油
7	电路系统	① 清扫电动机及电气箱内外尘土 ② 检修电路，根据需要拆洗电动机、更换油脂
8	精度检查	检查并调整使其主要几何精度达到出厂标准或满足生产工艺要求

任务小结

1. 铣床的种类（图6-20）

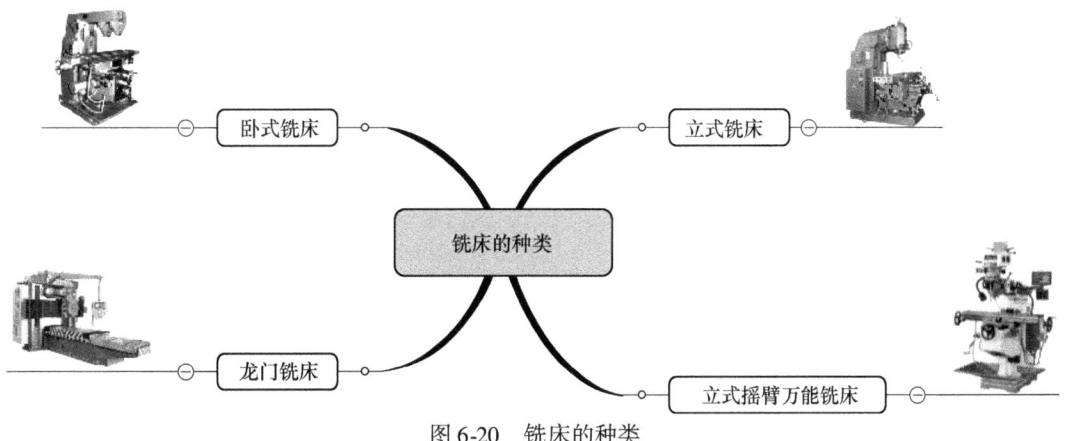

图6-20 铣床的种类

2. 铣床安全、操作及保养规程

(1) 安全规程

1) 工作前对铣床和工件、铣具全面检查,确认无误后方可工作。

2) 严禁戴手套操作,严禁双人操作,女工发辫应挽在帽子里。

3) 工件装夹必须牢固可靠,不得擅自松动三个运动方向极限行程撞块。

4) 主轴运转过程中,严禁变换主轴转速;若安装有附件万能铣头,严禁调整铣头角度。

5) 铣刀上有长屑时,要停机清除,禁止用手拉或用嘴吹,要用铁钩和刷子清除。

6) 三个方向机动进给或快速移动时,注意手柄是否自动脱开,避免受到伤害。

7) 工作台、升降台上不准存放杂物,在使用机床时,操作者注意不要被前后伸出的悬梁及铣床的突出部位碰伤。

(2) 操作规程

1) 开机前检查各手柄是否放在规定的位置上。

2) 打开电源开关,将主轴转速调至低速,空转 2~3min,检查运转声音是否正常。

3) 装好铣刀,夹紧工件,操纵手柄,将刀具快速移动到靠近工件的位置处。

4) 根据需要起动冷却泵,循环切削液,选择合适档速和进给量进行铣削加工。

5) 加工完成,退出刀具,停止主电动机运转,停止冷却泵,取出工件。

6) 将各手柄恢复本位,关闭总电源。

7) 取下铣刀,清除切屑,打扫铣床及周围地面卫生,填写铣床运行记录。

(3) 保养规程

1) 清扫机床外表及死角卫生,拆洗各罩盖,要求内外清洁、无锈蚀。

2) 清洗导轨面及清除工作台面毛刺,检查各手柄灵活可靠性。

3) 检查油品、油质,按要求定期换油。

4) 清洗润滑系统和冷却系统滤网,保持油路、水路畅通,油窗明亮。

5) 调整主轴轴承间隙,保证主轴在 1500r/min 转速下运行 1h,轴承温度不高于 70℃。

6) 铣床长期不用时,导轨、工作台表面应涂防锈油。

 拓展提高

一、铣床易损件更换及机器调整

1. 更换制动环

更换制动环的操作示意如图 6-21 所示。操作步骤如下:

1) 取下 4 个螺钉 A。

2) 取下制动固定杆 B。

3) 从座内推出轴承壳 C。

4) 取下 3 个螺栓 D。

5) 更换制动环。

6) 更换后锁紧螺栓 D,并用垫圈与螺母固定。

2. 更换传动带

更换传动带的操作示意如图 6-22 所示。操作步骤如下:

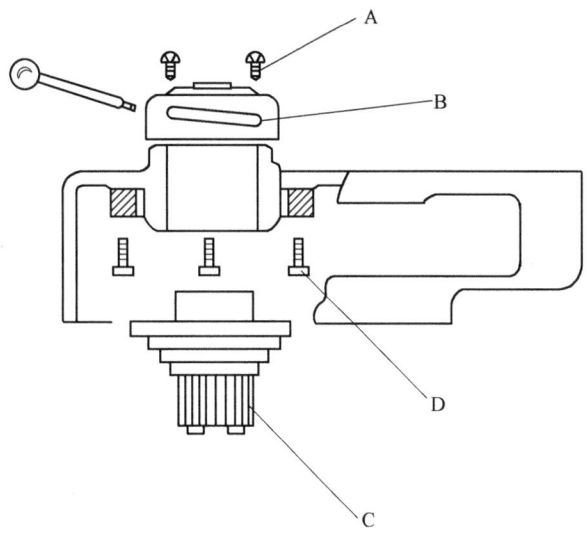

图 6-21 更换制动环的操作示意图

1）关掉电源。
2）取下拉杆。
3）拆下电动机。
4）将升降套筒降至最下方。
5）取下 6 个螺钉 A。
6）取下传动带箱（轻轻敲动使其脱离联接销）。
7）此时即可更换传动带。

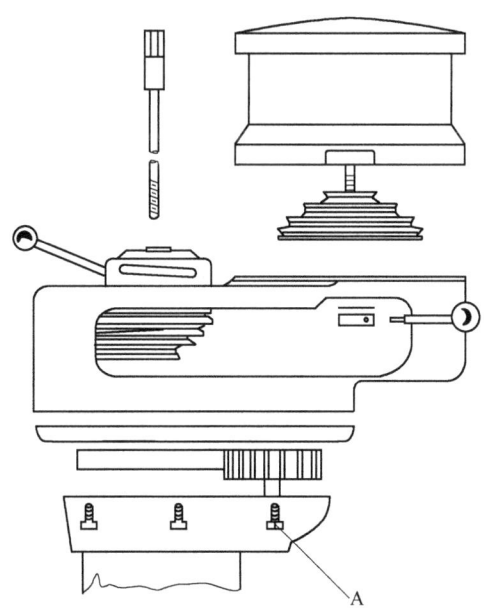

图 6-22 更换传动带的操作示意图

3. 更换回复弹簧

更换回复弹簧的操作示意如图 6-23 所示。操作步骤如下：

1）移动升降套筒于顶部，并固定住。
2）拆下螺钉 A、壳 B、键 C。
3）拆下螺钉 D，慢慢转动座 E 使弹簧张力得以释放。
4）将弹簧的一端从小齿轮轴的钉上提出。
5）逆时针转动座 E。
6）从座内取出弹簧并更换。
7）重新将弹簧组合于座的铸件上，并顺时针转动座，直到弹簧进入小齿轮轴的钉上。

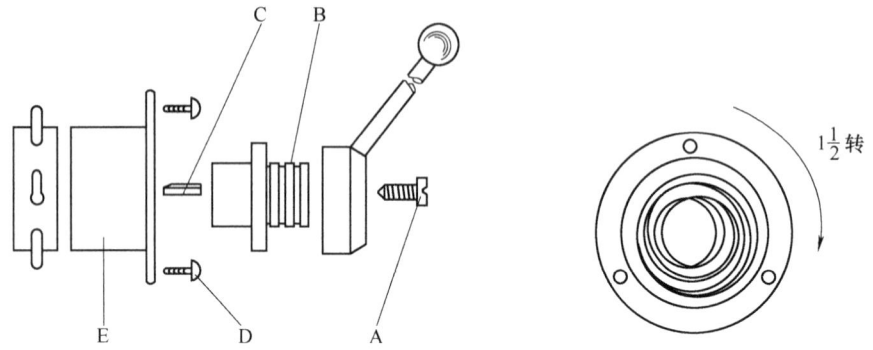

图 6-23　更换回复弹簧的操作示意图

4. 调整楔铁

（1）调整工作台鞍座导轨楔铁　调整工作台鞍座导轨楔铁的操作示意如图 6-24 所示。操作步骤如下：

1）清除所有的切屑。
2）移动工作台时，顺时针转动工作台调整楔铁和调整螺钉，直到感觉轻微阻力即可。

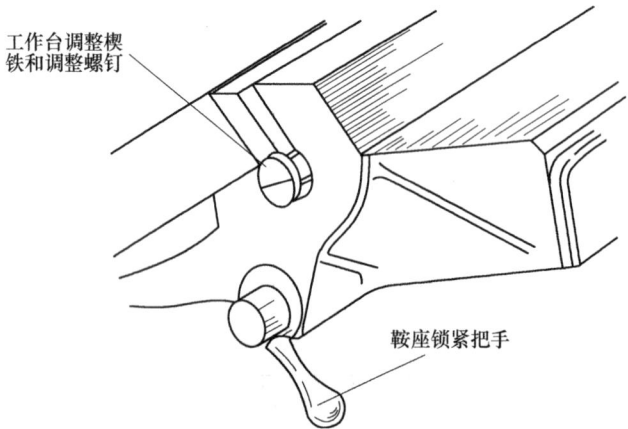

图 6-24　调整工作台鞍座导轨楔铁操作示意图

（2）调整鞍座、升降座导轨楔铁　调整鞍座、升降座导轨楔铁的操作示意如图 6-25 所示。操作步骤如下：

1）清除所有的切屑。
2）拆下挡尘板和刮刷片。

3)移动鞍座时,顺时针转动调整楔铁螺钉,直到感觉轻微阻力为止。
4)重新装上挡尘板和刮刷片。

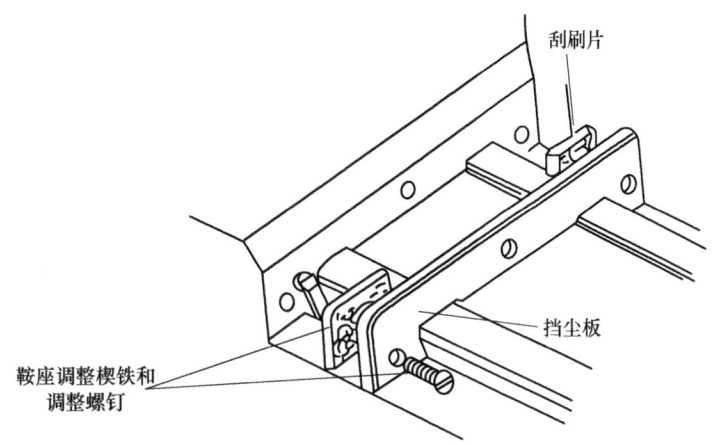

图6-25 调整鞍座、升降座导轨楔铁操作示意

二、立式摇臂万能铣床的常见故障及处理方法

立式摇臂万能铣床的常见故障及处理方法见表6-4。

表6-4 立式摇臂万能铣床的常见故障及处理方法

常见故障	可能原因	处理方法
铣出工件不平整	主轴轴承松动 X轴、Y轴镶条松动 加工量太大 刀具磨损	调整主轴轴承间隙 调整镶条间隙 选择合理的加工量 更换刀具
切削时振动	机器摆放不稳固 切削条件不恰当	重新固定机器 选择适当的切削速度
工作台手感重	调整楔铁紧 丝杠与螺母间隙不当 油路堵塞 油泵无油 油泵不工作	调整楔铁 调整间隙 检查油路并修复 注油 检查油泵及油路
主轴套筒紧	主轴套筒缺油 主轴套筒脏,拉毛	定期加油 清洗套筒及修复
无切削液	液压泵不工作 液压泵反转	检查液压泵 更改液压泵转动方向
主轴进给不顺	升降套筒固定杆未放松	放松固定杆
主轴制动失灵	制动环磨损	更换制动环
主轴不转	开关接触不良 传动带太紧 电动机出问题	检查电源开关 调整或修理传动带 修理电动机
转向错误	电源开关扭转位置不对	转变开关指示位置

项目七　选择铣刀

学习目标

（1）了解各种铣刀的用途、结构、材料和规格。
（2）能根据加工要求正确选用铣刀。
（3）能正确装卸铣刀。

项目描述

前面介绍了铣床加工设备，而铣刀是铣床上必不可少的加工工具。离开了铣刀，铣床无法工作。铣刀是刀齿分布在旋转表面上或端面上的多刃刀具，由于其参加切削的齿数多、切削刃长，并能采用较高的切削速度，故生产率较高，加工范围也很广泛。缺点是：铣削是断续切削，刀齿切入和切出都会产生振动和冲击；刀齿多，容屑和排屑条件差，切削刃的刃口圆弧面排挤金属，在已加工表面上滑动，使刀具磨损加剧，加工表面变粗糙。图7-1 所示为常用铣刀。

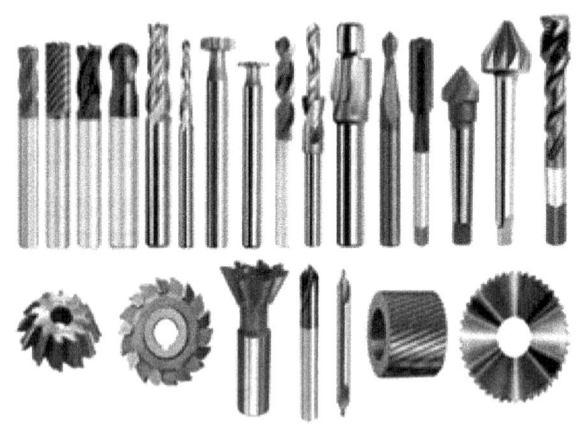

图7-1　常用铣刀

知识链接

一、铣刀材料

1. 铣刀切削部分材料的基本要求

（1）高硬度和耐磨性　在常温下，铣刀切削部分的材料必须具备足够的硬度才能切入工件；只有具有高的耐磨性，刀具才不易磨损，刀具使用寿命才能延长。

（2）好的耐热性　刀具在切削过程中会产生大量的热量，尤其在切削速度较高时，温度会很高。因此，铣刀材料应具备好的耐热性，即在高温下仍能保持较高的硬度，有继续进行切削的性能。这种具有高温硬度的性质，又称为热硬性。

（3）高的强度和好的韧性　在切削过程中，刀具要承受很大的冲击力，所以铣刀材料应具有较高的强度，否则易断裂和损坏。由于铣刀会受到冲击和振动，因此，铣刀材料还应具备好的韧性，才不易崩刃、碎裂。

（4）工艺性能好　材料工艺性能好，能顺利制造各种形状和尺寸的刀具。

2. 铣刀常用材料

(1) 高速工具钢 高速工具钢有通用高速工具钢和特殊用途高速工具钢两种。其具有以下特点：

1) 合金元素钨、铬、钼、钒的含量较高，淬火硬度可达到 62～70HRC，在 6000℃ 高温下仍能保持较高的硬度。

2) 刃口强度和韧性好，抗振性强，可用于制造切削速度一般的工具，对于刚性较差的机床，采用高速钢铣刀，仍能顺利切削。

3) 工艺性能好，锻造、加工和刃磨都比较容易，还可以制造形状较复杂的刀具。

4) 与硬质合金材料相比，具有硬度较低、热硬性和耐磨性较差等缺点。

通用高速工具钢可用于制作加工一般金属材料用的高速钢铣刀，其牌号有 W18Cr4V、W6Mo5Cr4V2 和 W6Mo5Cr4V3Co8 等。W18Cr4V 是钨系高速工具钢，具有较好的综合性能。该材料常温硬度为 62～65HRC，高温硬度（在 600℃ 时）约为 51HRC，抗弯强度约为 3500N/mm^2，磨锐性能好。因此，各种铣刀基本上都用这种材料制造。

(2) 硬质合金 硬质合金是金属碳化物碳化钨、碳化钛和以钴为主的金属粘结剂经粉末冶金工艺制造而成的，其主要特点如下：

1) 耐高温，在 800～10000℃ 仍能保持良好的切削性能。切削时可选用比高速钢铣刀高 4～8 倍的切削速度。

2) 常温硬度高，耐磨性好。

3) 抗弯强度低，冲击韧度差，切削刃不易刃磨得很锋利。

近年来出现的表面涂层硬质合金刀片，是以韧性较好的硬质合金为基体，以硬度、耐磨性和耐热性很高的材料（如碳化钛、氮化钛）作为涂层，用化学气相沉积等工艺涂覆制成的。涂层刀片的寿命很高，比一般硬质合金的寿命要高 1～3 倍，而成本增加却很少。

二、铣刀的种类及标记

1. 铣刀的种类很多，分类方法也较多，现介绍几种常见的分类方法，见表 7-1。

表 7-1 铣刀的分类方法

分类方法	种 类	特 点	图 例
按铣刀切削部分的材料分类	高速钢铣刀	这类铣刀有整体和镶齿式两种结构，一般形状较复杂的铣刀都是高速钢铣刀	
	硬质合金铣刀	这类铣刀大都不是整体的，硬质合金刀片以焊接或机械夹固的方式镶装在铣刀刀体上	
按铣刀的用途分类	加工平面用的铣刀	加工平面用的铣刀主要有面铣刀和圆柱铣刀。加工较小的平面时也可用立铣刀和三面刃铣刀	

（续）

分类方法	种类	特点	图例
按铣刀的用途分类	加工沟槽用的铣刀	加工直角沟槽用的铣刀主要有立铣刀、三面刃铣刀、键槽铣刀、盘形槽铣刀和锯片铣刀等。加工特形槽的铣刀有T形槽铣刀、燕尾槽铣刀和角度铣刀等	
	加工特形面用的铣刀	这种铣刀是根据特形面的形状而专门设计的成形铣刀，所以又称为特形铣刀	
按铣刀刃齿的构造分类	尖齿铣刀	尖齿铣刀在垂直于切削刃的截面上，其齿背的截面形状是由直线或折线组成的。这类铣刀制造和刃磨均较容易，刃口较锋利，用钝后重磨刀齿的后刀面	
	铲齿铣刀	这种铣刀在刀齿截面上，其齿背的截取形状是一条阿基米德螺旋线，齿背必须在铲齿机上铲出。用钝后则重磨前刀面	

2. 铣刀的标记

铣刀的标记是为了便于辨别铣刀的规格、材料、制造单位等刻制的，其主要内容包括以下几个方面：

1）制造厂的商标。

2）制造铣刀的材料。一般均用材料的牌号表示，如W18Cr4V。

3）铣刀尺寸规格的标记。随铣刀的形状不同，铣刀尺寸规格的标记略有区别。圆柱铣刀、三面刃铣刀和锯片铣刀等均以"外圆直径×宽度×内孔直径"来表示，如在圆柱铣刀上标有"80×100×32"。立铣刀和键槽铣刀等一般只标记外圆直径。角度铣刀和半圆铣刀等，一般以"外圆直径×宽度×内孔直径×角度（或圆弧半径）"表示，如在角度铣刀上标有"75mm×20mm×27mm×600"。

注意：铣刀上所标的尺寸均为公称尺寸，在使用和刃磨后，往往会产生变化。

三、铣刀的结构

铣刀的结构分为4种，见表7-2。

表7-2 铣刀的结构分类

结构形式	结构特点	图例
整体式	刀体和刀齿制成一体	

(续)

结构形式	结构特点	图 例
整体焊齿式	刀齿用硬质合金或其他耐磨刀具材料制成并钎焊在刀体上	
镶齿式	刀齿用机械夹固的方法紧固在刀体上	
可转位式	刀片可转位使用。这种结构已广泛用于面铣刀、立铣刀和三面刃铣刀等	

任务实施

1. 认识常用铣刀

通过表7-3认识各种常用铣刀,观察其结构和切削刃形状特征,掌握它们的特性和用途。

表7-3 常用铣刀

工艺内容	加工图示意图	加工所用刀具
圆柱铣刀铣平面		
套式铣刀铣台阶面		

(续)

工艺内容	加工图示意图	加工所用刀具
面铣刀铣平面		 
立铣刀铣凹平面	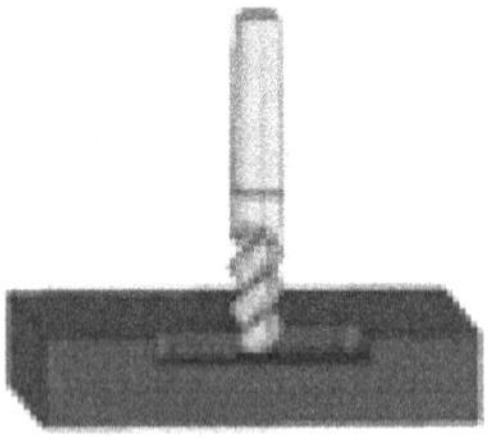	
三面刃铣刀铣直角槽		 
角度铣刀铣V形槽	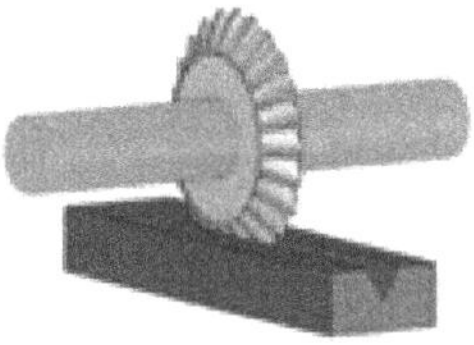	
燕尾槽铣刀铣燕尾槽	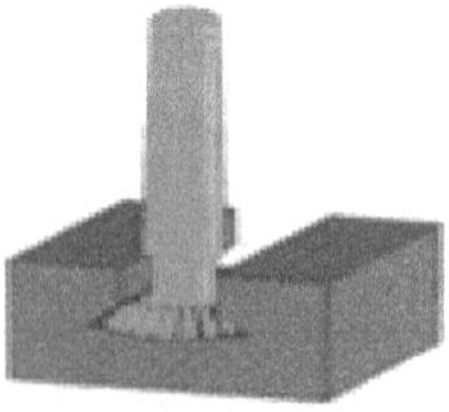	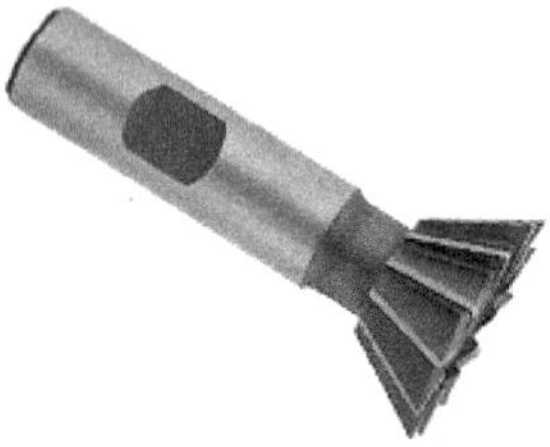
T形槽铣刀铣T形槽	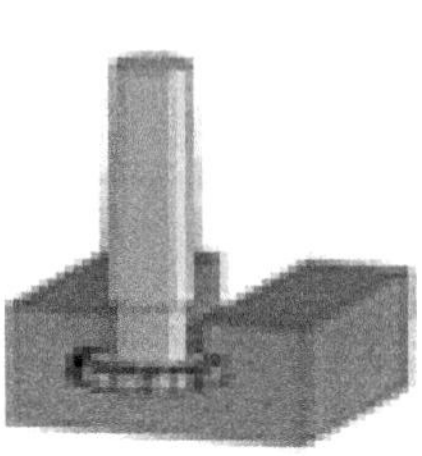	 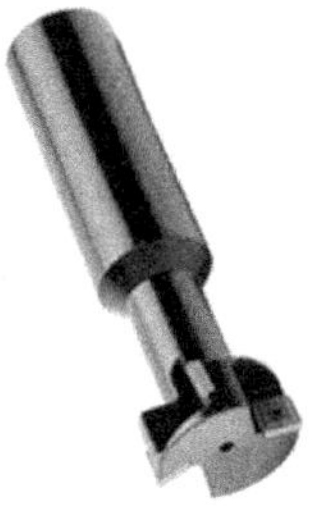

(续)

工艺内容	加工图示意图	加工所用刀具
键槽铣刀铣键槽		
半圆键槽铣刀铣半圆键槽		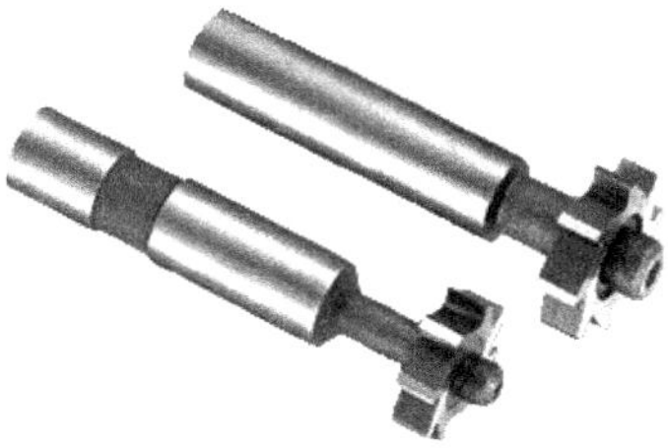
凸半圆铣刀铣凹圆弧面		
凹半圆铣刀铣凸圆弧面		
齿轮铣刀铣齿轮		
角度铣刀铣螺旋槽		

（续）

工艺内容	加工图示意图	加工所用刀具
锯片铣刀切断	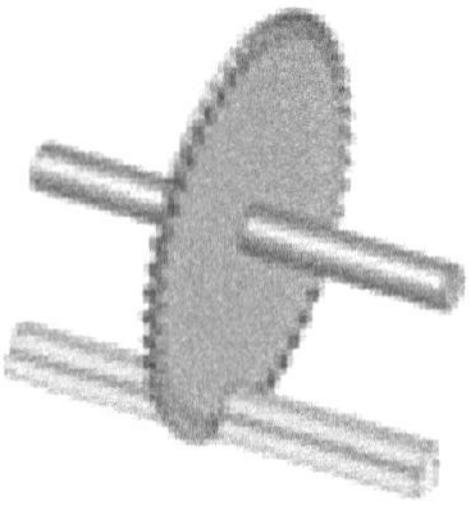	

2. 识别常用铣刀

根据表 7-4 给出的铣加工图片，说出加工工艺内容及所用刀具。

表 7-4 铣加工

加工图片	加工工艺内容	所用刀具

(续)

加 工 图 片	加工工艺内容	所 用 刀 具

(续)

加工图片	加工工艺内容	所用刀具

3. 装卸铣刀

（1）带孔铣刀的装卸　圆柱形铣刀、三面刃铣刀、锯片铣刀等带孔的铣刀是借助铣刀杆安装在铣床主轴上的。

1）铣刀杆。铣刀杆及其结构如图7-2所示。其锥柄的锥度为7:24，与铣床主轴锥孔相配合。锥柄尾端有内螺纹孔，通过拉紧螺杆将铣刀杆拉紧在主轴锥孔内。前端有一个带两个缺口的凸缘，与主轴轴端的凸键相配合。铣刀杆中部是长度为 L 的光轴，用来安装铣刀和垫圈，其上有键槽，用来安装定位键，将转矩传递给铣刀。铣刀杆右端是螺纹和支承轴颈。其中，螺纹用来安装紧刀螺母以紧固铣刀，轴颈与挂架轴承孔配合，以支承铣刀杆的右端。铣刀杆光轴直径与带孔铣刀的孔径相对应有多种规格，常用的有 φ22mm、φ27mm、φ32mm 三种。铣刀杆的光轴长也有多种规格，可按工作需要选用。

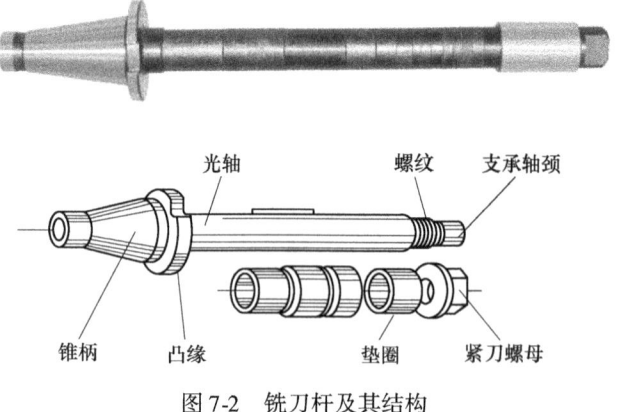

图7-2　铣刀杆及其结构

2）安装带孔铣刀。根据表7-5给出的参考步骤正确安装带孔铣刀。

表7-5　带孔铣刀的安装

步骤	作业内容	图例说明	备注
1	松开铣床横梁的紧固螺母，适当调整横梁的伸出长度，使其与铣刀杆长度相适应，然后将横梁紧固		根据铣刀孔径选择相应直径的铣刀杆，铣刀杆长度在满足安装铣刀后不影响铣削正常进行的前提下尽量选择短一些的，以增强铣刀杆的刚性

(续)

步骤	作业内容	图例说明	备注
2	擦净铣床主轴锥孔和铣刀杆的锥柄，以免脏物影响铣刀杆的安装精度	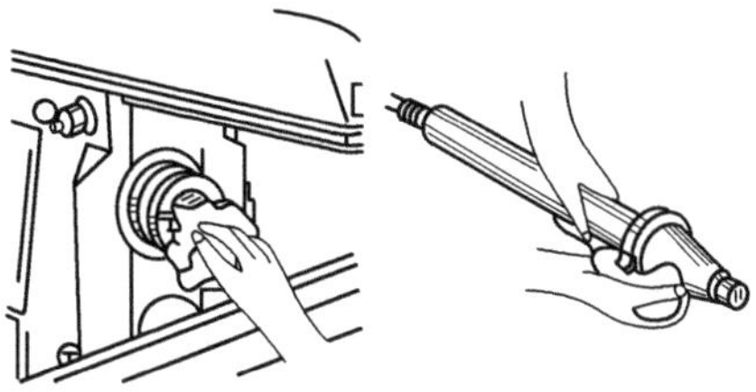	
3	安装铣刀杆。右手将铣刀杆的锥柄装入主轴锥孔	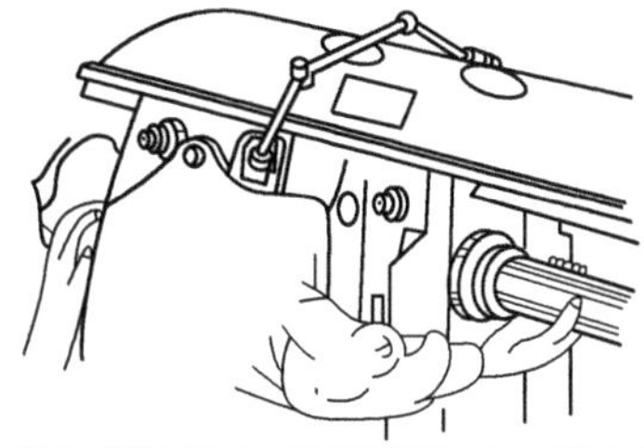	将铣床主轴转速调整到最低，或将主轴锁紧
4	用扳手旋紧拉紧螺杆上的背紧螺母，将铣刀杆拉紧在主轴锥孔内	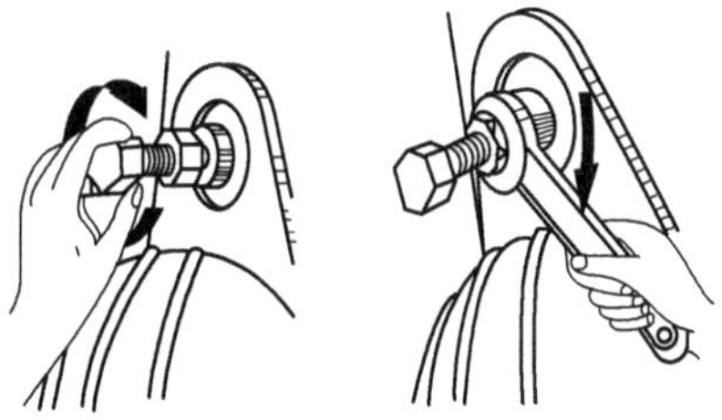	用拉杆将铣刀杆在主轴上拉紧
5	将垫圈和铣刀装入铣刀杆，使铣刀在预定的位置上	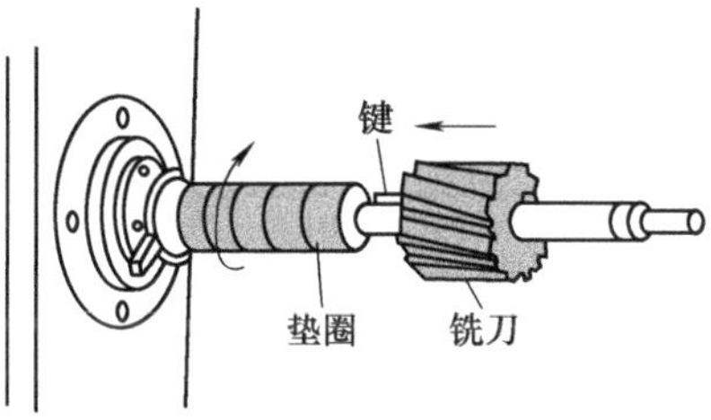 键　垫圈　铣刀	擦净铣刀杆、垫圈和铣刀，确定铣刀在铣刀杆上的轴向位置，铣刀应尽可能地靠近主轴，以减少刀杆的变形，提高加工精度
6	旋入紧刀螺母，注意铣刀杆的支承轴颈与挂架轴承孔应有足够的配合长度	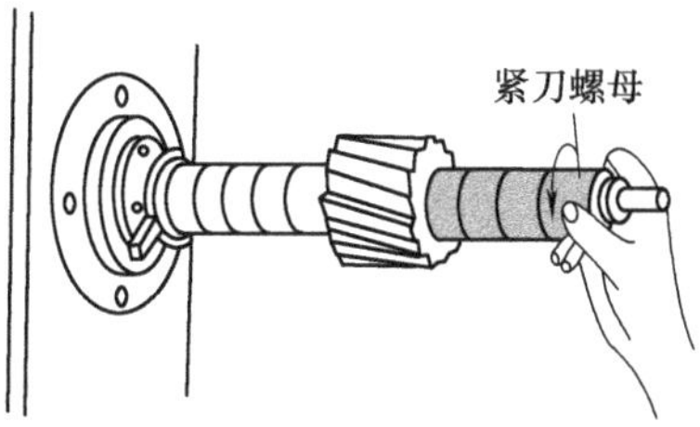 紧刀螺母	套筒的端面和铣刀的端面必须擦干净，以减小铣刀的跳动
7	擦净挂架轴承孔和铣刀杆的支承轴颈，注入适量润滑油，调整挂架轴承，将挂架装在横梁导轨上	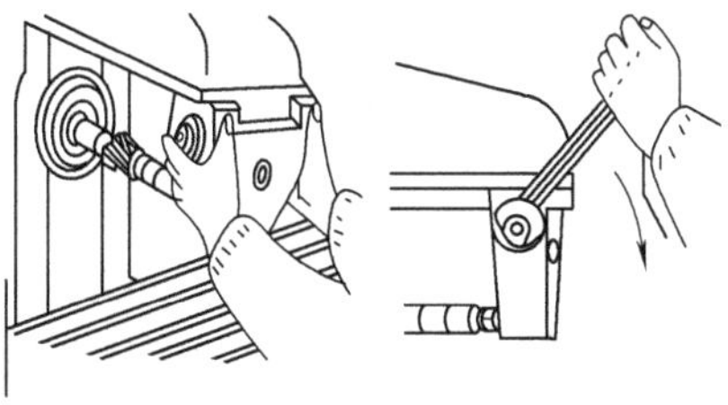	适当调整挂架轴承孔与铣刀杆支承轴颈的间隙，然后紧固挂架

109

(续)

步骤	作业内容	图例说明	备注
8	旋紧铣刀杆紧刀螺母，通过垫圈将铣刀夹紧在铣刀杆上		拧紧铣刀杆的紧刀螺母时，必须先装上吊架，以防刀杆受力弯曲

3）铣刀和铣刀杆的拆卸。

① 将铣床主轴转速调到最低，或将主轴锁紧。

② 反向旋转铣刀杆紧刀螺母，松开铣刀。

③ 调节挂架轴承，然后松开并取下挂架。

④ 旋下铣刀杆紧刀螺母，取下垫圈和铣刀。

⑤ 松开拉紧螺杆的锁紧螺母，然后用锤子轻轻敲击拉紧螺杆端部，使铣刀杆锥柄在主轴锥孔中松动，右手握铣刀杆，左手旋出拉紧螺杆，取下铣刀杆。

⑥ 铣刀杆取下后，洗净、涂油，然后垂直放置在专用的支架上，以免弯曲变形。

(2) 套式面铣刀的安装　套式面铣刀有内孔带键槽和端面带槽的两种结构形式，安装时分别采用带纵键的铣刀杆和带端面键的铣刀杆，安装方法见表7-6。

表7-6　套式面铣刀的安装方法

类型	安装示意图	备注
内孔带键槽的套式面铣刀的安装		铣刀杆的安装方法与前面相同。安装铣刀时，擦净铣刀内孔、端面和铣刀杆圆柱面，使铣刀内孔的键槽对准铣刀杆的键或使铣刀端面上的槽对准铣刀杆上凸缘端面上的凸键，装入铣刀，然后旋入紧刀螺钉，并用叉形扳手将铣刀紧固
端面带槽的套式面铣刀的安装		

(3) 带柄铣刀的安装　立铣刀、T形槽铣刀、键槽铣刀等有锥柄和直柄两种。锥柄铣刀柄部一般采用莫氏锥度，有莫氏1号、莫氏2号、莫氏3号、莫氏4号、莫氏5号共五种，按铣刀直径的大小不同，制成不同号数的锥柄。带柄铣刀的安装方法见表7-7。

表 7-7　带柄铣刀的安装方法

类　型		安装示意图	备　注
锥柄铣刀的安装	柄部的锥度和主轴锥孔锥度相同		擦净主轴锥孔和铣刀锥柄，垫上棉纱并用左手握住铣刀，将铣刀锥柄穿入主轴锥孔，然后用拉紧螺杆扳手旋紧拉紧螺杆，紧固铣刀
	柄部的锥度和主轴锥孔锥度不同		中间锥套的外圆锥度与主轴锥孔锥度相同，而内孔锥度与铣刀锥柄锥度一致。安装时，先将铣刀插入中间锥套锥孔，然后将中间锥套连同铣刀一起穿入主轴锥孔，旋紧拉紧螺杆，紧固铣刀
直柄铣刀的安装	弹簧夹头安装		铣刀的直柄插入弹簧套的孔中，用螺母压弹簧套的端面，使弹簧套的外锥面受压而孔径缩小，即可将铣刀抱紧
			弹簧套上有 3 个开口，故受力时能收缩。弹簧套有多种孔径，以适应各种尺寸的铣刀
	钻夹头安装		

（4）铣刀安装后的检查

1）铣刀安装后，应做以下几方面的检查：

① 检查铣刀装夹是否牢固可靠。

② 检查挂架轴承孔与铣刀杆支承轴颈的配合间隙是否合适。一般情况下以铣削时不振动、挂架轴承不发热为宜。

③ 检查铣刀旋转方向是否正确。

④ 检查铣刀刀齿的径向圆跳动和轴向圆跳动是否符合加工要求。

2）铣刀安装过程中的注意事项

① 若切削力较大，应在刀杆和铣刀之间采用平键联接；若切削力较小，不采用键联接时，应注意使铣刀旋转方向与刀杆紧刀螺母的旋紧方向相反，否则在铣削过程中会因切削抗力引起刀具松动。

② 铣刀安装时，各接合面之间必须保持清洁，如刀杆的外锥面与主轴的内锥面之间，铣刀内孔与刀杆外圆表面之间等。若各接合面之间不清洁，将会产生铣刀的轴向圆跳动和径向圆跳动等弊病。

③ 铣刀安装完毕后，应检查铣刀的跳动情况。如跳动量超出要求，除检查各接合面之间是否清洁外，还须检查刀轴、垫圈的变形情况和铣刀的刃磨质量等，分析并找出原因。

任务小结

铣刀分类如图 7-3 所示。

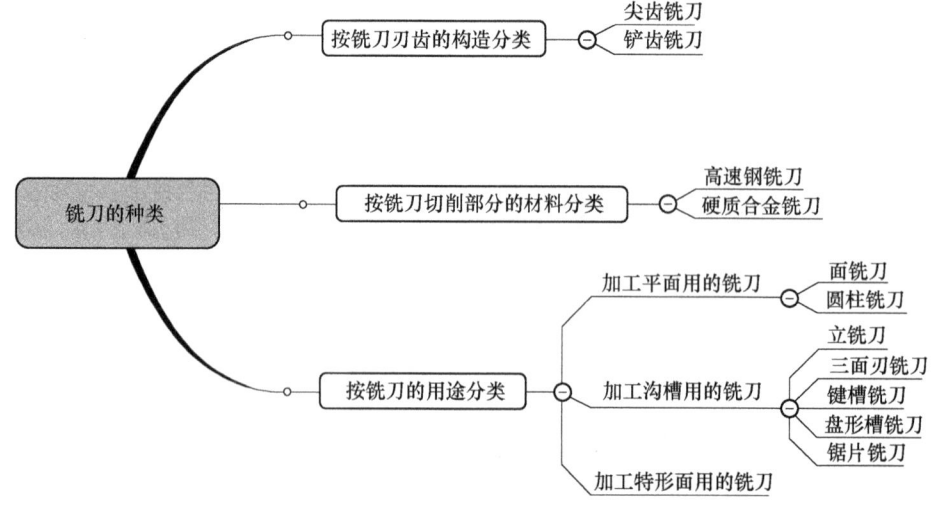

图 7-3　铣刀分类

拓展提高

第三届切削刀具用户"用户满意刀具品牌"（摘自第三届切削刀具用户调查发布会）

由金属加工杂志社和中国机械工业金属切削刀具技术协会联合主办的第三届切削刀具用户"用户满意刀具品牌"评选结果揭晓。颁奖典礼于 2014 年 2 月 26 日在上海举行。

不断追求劳动生产率的提高，是制造业永恒的主题。而刀具是工业的"牙齿"，是提高生产率和产品质量最关键的因素之一，尤其在机械制造业转型升级的今天，现代高效刀具的应用显得更加重要。表 7-8 为第三届切削刀具用户"用户满意刀具品牌"，排名不分先后。

表 7-8　第三届切削刀具用户"用户满意刀具品牌"

刀具品牌	品 牌 简 介
ZCC·CT 株洲钻石切削刀具股份有限公司	"利天下器，善天下事；拓展人类能力，创造共有价值"，作为中国民族刀具品牌的一面旗帜，"振兴中国刀具工业""引领中国刀具发展"。这些在一般人看来只是"口号"的词句，却堂堂正正地写进了株洲钻石的工作报告，实实在在地体现在株钻人的行动上，驱动着株钻人勇往直前，永不停步，一步一个新跨越
GESAC 厦门金鹭特种合金有限公司	从创新的高科技钨粉末材料，到硬质合金材质研发，再到精密切削工具，基于全产业链的产品集成开发，厦门金鹭实现了跨越式发展。每年两次的 G-PAK 发布会，推出数百种刀具新品。随着产品线的不断丰富，厦门金鹭正在成为国产刀具的一支重要力量
LINKS 哈尔滨量具刃具集团 有限责任公司	哈尔滨量具刃具集团有限责任公司创建于 1952 年，是我国"一五"期间 156 项重点工程中唯一制造工量具产品的企业，被称为"共和国工具制造业的骄子"。经过近六十年的创新发展，哈量集团已成为中国最大的精密工量具制造企业之一，为国家装备工业的发展做出了历史性贡献
成都成量工具集团有限公司	"成于坚韧，量出完美"，作为国家"一五"时期重点建设项目，始建于 1956 年的成都成量工具集团有限公司，长期以来一直是国家工量具重点生产企业，在大力发展工量具、测量仪器、数控及硬质合金刀具的同时，还致力于汽车、摩托车刀具、检具、模具零部件的生产和国产化改造，不断开拓，努力争取企业更大的发展空间，创造更大社会效益和经济效益
成都工具研究所有限公司	成都工具研究所有限公司是原国家机械工业部直属的我国工具行业唯一的综合性科研机构，一直是我国工具行业的技术归口单位、"国家精密工具工程技术研究中心"的依托单位，在精密切削刀具、刀具材料、精密测量仪器和表面改性技术等领域的共性基础技术研究及高技术产品开发和生产方面成就显著
上海工具厂有限公司	"高性价比的典范"是上工的品牌标签。上工以品牌立信，以品牌兴企，珍惜顾客及社会公众对上工的信任与支持，不断赋予"上☆工"品牌以科技含量、时代内涵和品牌价值。在新的发展时期，公司"S☆G"品牌为企业进一步走向全球化，实现国际化的发展战略，构筑了牢固的品牌根基
EGNC 森泰英格（成都）数控刀具股份有限公司	"一点一滴精铸，一丝一毫细砺"，作为第一届、第二届"全国数控技能大赛"工具系统的独家赞助商，森泰英格产品涵盖了各类模块式和整体式高性能工具系统，在可转位刀具、刀片和整体硬质合金刀具研发和生产方面，同样成就显著。在全面打造"高端刀具国产化"的同时，还根据顾客的需求，以"提供快捷、高品质的顾客体验及增值服务"为准则，为客户提供与机加工生产相关的全套技术服务

(续)

刀具品牌	品牌简介
哈尔滨第一工具制造有限公司	"以人为本、创新发展、诚达天下",作为全国最大的精密复杂刀具、数控刀具生产和科研基地之一,哈一工在60年的发展进程中,为国家装备制造业的发展和壮大做出过重大的历史性贡献。今天,勤劳、智慧的哈一工人在新的发展平台上,将继续发扬"一丝不苟,工于精湛"的企业精神,书写出哈一工辉煌的新篇章
苏州阿诺精密切削技术有限公司	苏州阿诺是我国刀具专业修磨行业的缔造者和领头羊,在全国设立了10个刀具专业修磨中心。阿诺公司为客户提供的不仅仅是高品质的刀具,还有客户真正需要的技术支持和技术服务。金属切削的整体解决、非标刀具的快速制造、刀具的专业修磨、刀具的外包管理,用一流的服务让自己变为"客户的刀具车间"是阿诺人的共同追求
恒锋工具股份有限公司	作为全国刀具标准化技术委员会复杂刀具分会副主任单位和全国量具量仪标准化技术委员会花键量具工作组召集单位,恒锋工具的拉刀、搓齿刀、花键量具、滚刀及成形铣刀等产品在业内享有盛誉,产品广泛应用于汽车零部件制造、电站设备制造、飞机零部件制造、精密机械制造等领域。内外花键加工及测量全套解决方案、成形拉削解决方案受到广大用户欢迎和好评
山特维克可乐满	"高山仰止,景行行止"。山特维克可乐满凭借在刀具材质开发、刀具设计等方面的一系列革命性技术创新,翻越了金属切削领域的一座座高山。这些最新的产品和解决方案在服务于客户的生产同时,也推动了刀具行业整体的技术进步。自1950年起,可乐满刀具就一直服务于中国的机加工行业,面向各用户领域的应用中心和效率中心,真正能够给客户提供完善的解决方案,提高切削质量和生产率
伊斯卡公司	作为沃伦·巴菲特旗下的主要子公司和世界上最大的金属切削刀具生产厂家之一,伊斯卡相信"强大来自于永不停息的产品创新和服务优化",只有依靠独创的产品才能跻身世界先进刀具产品市场。在伊斯卡创建60周年之际,基于伊斯卡的新理念"以智造改变制造"的IQ系列刀具更突显出世界刀具巨头的激情和活力
肯纳金属公司	从发明碳化钨硬质合金的美国公司,到如今每年申请40多项专利的全球企业,肯纳金属公司的每一项成功都离不开创新。从交通运输到航空航天,从食品加工到能源,肯纳金属公司通过不断创新,实践着众多领域的技术突破。密切关注客户,根据客户的需求提供创新的产品,用以提供客户的生产效率,这是肯纳金属公司成功的根本
瓦尔特公司	无论是能够实现高效切削的银虎刀片,还是新一代黑锋侠铣刀,瓦尔特总能以市场上独一无二的产品令人信服。在中国市场,为了适应不断增强的亚太地区的经济地位,并更有针对性地为当地客户解决难题,瓦尔特于2011年在上海建立了除图宾根以外的另一个总部,更好地为中国地区的客户提供全方位技术服务
泰珂洛公司	作为亚洲最早的硬质合金开发者,早在1929年,泰珂洛公司前身——芝浦制作所和东京电气开发了钨系硬质合金。泰珂洛品牌从东芝集团独立出来,加入IMC集团以后,短短数年之间便跻身世界一流刀具生产企业阵营。从采购、开发、制造、销售直至回收利用,在注重技术创新的同时,泰珂洛还非常注重减轻环境负荷,保护地球环境,实现可持续发展
山高刀具公司	"与客户紧密合作,直接面向解决方案"是山高刀具发展的战略基础。山高刀具致力于降低客户的生产总成本,发展与客户之间的长期合作关系。刀具技术支持、加工演示、加工新理念以及实践经验等刀具综合服务是山高刀具的另一战略中心要素,山高刀具内在的质量与创新正在成为各行业客户实现生产盈利的关键

（续）

刀具品牌	品牌简介
三菱综合材料集团	三菱综合材料集团长年积累的金属加工方面的技术和专利知识，支持着各领域产业的发展。在中国的刀具市场，三菱的刀片、超硬工具、金刚石工具，以其稳定的质量和出色的性价比，赢得了广大用户的信赖。从高要求的化学、精细化工、钢铁、汽车、电子机械产业，到需要有绝对可靠性的宇宙航空领域、核能发电领域都能看到三菱刀具的"身影"
欧士机株式会社	欧士机株式会社成立于1938年，在欧洲、美国、亚洲等地成立了四十多个分支机构，是刀具行业领先的跨国性集团公司。欧士机产品主要为螺纹加工工具、孔加工工具和铣削工具。2013年欧士机推出 A-Tap 系列全能丝锥，无论是在汽车制造行业，还是航天航空行业，都能发挥其'全能'的优势，使其成为引领时代潮流的丝锥产品
大昭和精机株式会社	大昭和的使命就是追求质量，以卓越的技术做后盾，汇聚每一名优秀员工的力量，向全世界用户提供高质量的产品。截止到2014年1月，全球共有149家机床和主轴厂商采用了大昭和的 BIG-PLUS 两面定位系统。在取得如此佳绩的基础上，大昭和将继续迎接挑战，寻求精密制造的未来
玛帕集团	玛帕集团是全球领先的孔加工整体解决方案专家，从创新的制造工艺到周到的服务，以及针对性的应用经验，玛帕与客户之间形成了完善的互动关系。"走进客户，与之交流，组织团队满足客户具体需求。以质量的可靠性和创新力的日复一日为客户服务"，这是玛帕的经营理念，同时也成就了金属加工领域广为人知的"玛帕效应"
赣州澳克泰工具技术有限公司	赣州澳克泰工具技术有限公司是崇义章源钨业股份有限公司全资子公司，公司总投资达5亿元人民币，其涂层刀片生产线按照"技术、装备、自动化水平程度、产品质量水平世界一流"的标准建设。从硬质合金材质开发，到涂层刀具设计与生产，赣州澳克泰集成全产业链优势，正在成为中国刀具行业一颗冉冉升起的新星
上海松德数控刀具制造有限公司	"松立万仞，德行天下"。上海松德数控刀具制造有限公司立志于打造民族镗刀第一品牌。公司成立伊始，就确立了"精心研制，缔造精品，服务客户"的经营宗旨，从开发出国内首款调整精度0.01mm的精镗刀开始，经过多年的积累和磨砺，公司的产品已逐步形成了以精密镗刀为主的五大系列产品。展望明天，全体松德人正以坚定的信念、饱满的热情，不断地书写民族企业发展壮大的新篇章
株洲华锐硬质合金工具有限责任公司	"积跬步，汇细流，与千万中小企业的共同成长"。株洲华锐硬质合金工具有限责任公司以技术立本，是为数不多的能够完全实现产品自主设计、开发、生产的民营刀具企业，数控刀片生产规模达到年产1200万片。做用户的优质供应商，与中国千千万万的中小企业客户同舟共济，共同成长，将会是株洲华锐一直追求的目标
宁波三韩精密刀具制造有限公司	宁波三韩刀具制造有限公司位于"书藏古今，港通天下"的宁波，从最初的数控车削刀具，到后来的螺纹刀片，再到刚刚推出铣削系列新品，经过多年不懈的努力，逐级攻克技术难关，公司在车削、螺纹加工、铣削、钻削等领域全面开花结果，目前已经具备了满足各种材料加工需求和系统化切削加工方案的能力
成都锋宜精密工具制造有限公司	成都锋宜精密工具制造有限公司创建于1997年。以螺纹刀具为主要发展方向，多年来对石油管螺纹刀具、数控可转位刀具、轴承刀具及非标成形刀具进行不断的研究开发，发扬"一心专注，精心磨砺"的工作作风，以国际优秀螺纹刀具供应商为目标，不断提高产品质量，创硬质合金螺纹刀具优质品牌，以满足国内外用户的需求
江西杰浩硬质合金工具有限公司	"坚持科学发展，争当行业新星"，江西杰浩硬质合金工具有限公司专业研发与生产整体硬质合金立铣刀、钻头、铰刀、丝锥，产品广泛应用于航天航空、造船、汽车、化工、IT等领域。江西杰浩硬质合金工具有限公司以"塑硬质企业，扬合金精神，筑杰浩辉煌"为经营理念，致力于打造国内外一流的硬质合金刀具制造企业，用杰浩工具改造世界的每一个角落

项目八　用普通铣床加工零件

学习目标

（1）通过铣削平面熟悉机床操作。
（2）严格按照"安全操作规范"掌握普通铣床的操作要领。
（3）掌握常用铣床附件（平口钳、分度头、回转工作台）的功能及应用。
（4）能用普通铣床按照工艺规程加工简单零件。

项目描述

铣削是在铣床上用旋转的铣刀对移动的工件进行切削加工的方法，铣刀的旋转运动为主运动，工件的移动为进给运动。它可以加工平面、沟槽、螺旋槽、凸轮、离合器、切断等，还可以加工成形表面及齿轮等。图 8-1 所示为常用的铣削方式。

铣削使用旋转的多刃刀具，不但可以提高生产率，而且还可以获得较小的表面粗糙度值。因此，在机器制造业中，铣削加工占有相当大的比重。

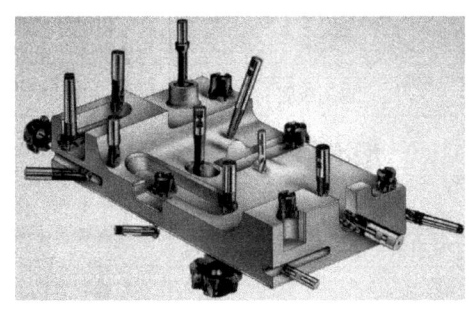

图 8-1　常用的铣削方式

知识链接

一、铣削用量

铣削时的铣削用量由切削速度、进给量、背吃刀量（铣削深度）和侧吃刀量（铣削宽度）四要素组成，如图 8-2 所示。

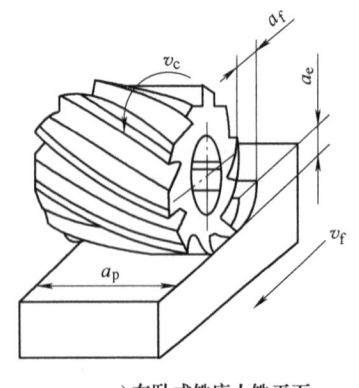
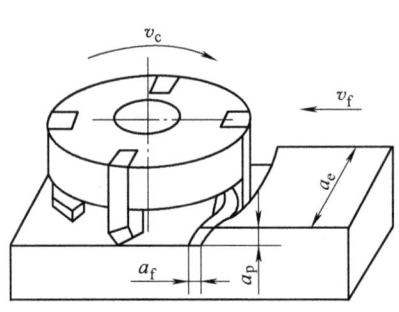

a）在卧式铣床上铣平面　　b）在立式铣床上铣平面

图 8-2　铣削运动及铣削用量

(1) 切削速度 v_c　切削速度即铣刀最大直径处的线速度，可由下式计算：

$$v_c = \frac{\pi d n}{1000}$$

式中　v_c——切削速度（m/min）；

　　　d——铣刀直径（mm）；

　　　n——铣刀每分钟转数（r/min）。

表 8-1 为常用铣削速度推荐表。

表 8-1　常用铣削速度推荐表

工件材料		硬度/HBW	铣削速度 v_c/（m/min）	
			高速钢铣刀	硬质合金铣刀
低、中碳钢		<220	21~40	60~150
		225~290	15~36	54~115
		300~425	9~15	36~75
高碳钢		<220	18~36	60~130
		225~325	14~21	53~105
		325~375	8~21	36~48
		375~425	6~10	35~45
合金钢		<220	15~35	55~120
		225~325	10~24	37~80
		325~425	5~9	30~60
工具钢		200~250	12~23	45~83
灰铸铁		110~140	24~36	110~115
		150~225	15~21	60~110
		230~290	9~18	45~90
		300~320	5~10	21~30
可锻铸铁		110~160	42~50	100~200
		160~200	24~36	83~120
		200~240	15~24	72~110
		240~280	9~11	40~60
铸钢	低碳铸钢	100~150	18~27	68~105
	中碳铸钢	100~160	18~27	68~105
		160~200	15~21	60~90
		200~240	12~21	53~75
	高碳铸钢	180~240	9~18	53~80
铝合金			180~300	360~600
铜合金			45~100	120~190
镁合金			180~270	150~600

(2) 进给量 f　铣削时，工件在进给运动方向上相对刀具的移动量即为铣削时的进给量。由于铣刀为多刃刀具，计算时按单位时间不同，有以下三种度量方法：

1) 每齿进给量 f_z。指铣刀每转过一个刀齿时，工件对铣刀的进给量（即铣刀每转过一个刀齿，工件沿进给方向移动的距离），其单位为每齿 mm/z。

2) 每转进给量 f。指铣刀每一转，工件对铣刀的进给量（即铣刀每转一转，工件沿进给方向移动的距离），其单位为 mm/r。

3) 每分钟进给量 v_f。又称进给速度，指工件对铣刀每分钟进给量（即每分钟工件沿进给方向移动的距离），其单位为 mm/min。

上述三者的关系为

$$v_f = fn = f_z zn$$

式中　z——铣刀齿数；

　　　n——铣刀每分钟转数（r/min）。

表 8-2 为常用铣刀的每齿进给量 f_z 推荐值。

表 8-2　铣刀的每齿进给量 f_z 推荐值　　　　　　　　　　（单位：mm/z）

工件材料	硬度（HBW）	高速钢铣刀		硬质合金铣刀	
		立铣刀	面铣刀	立铣刀	面铣刀
低碳钢	<150	0.04~0.20	0.15~0.30	0.07~0.25	0.20~0.40
	150~200	0.03~0.18	0.15~0.30	0.06~0.22	0.20~0.35
中、高碳钢	<220	0.04~0.20	0.15~0.25	0.06~0.22	0.15~0.35
	225~235	0.03~0.15	0.10~0.20	0.05~0.20	0.12~0.25
	325~425	0.03~0.12	0.08~0.15	0.04~0.15	0.10~0.20
灰铸铁	150~180	0.07~0.18	0.20~0.35	0.12~0.25	0.20~0.50
	180~220	0.05~0.15	0.15~0.30	0.10~0.20	0.20~0.40
	220~300	0.03~0.10	0.10~0.15	0.08~0.15	0.15~0.30
可锻铸铁	110~160	0.08~0.20	0.20~0.40	0.12~0.20	0.20~0.50
	160~200	0.07~0.18	0.20~0.35	0.10~0.20	0.20~0.40
	200~240	0.05~0.15	0.15~0.30	0.08~0.15	0.15~0.30
	240~280	0.02~0.08	0.10~0.20	0.05~0.10	0.10~0.25
合金钢	<220	0.05~0.18	0.15~0.25	0.08~0.20	0.12~0.40
	220~280	0.05~0.15	0.12~0.20	0.06~0.15	0.10~0.30
	280~320	0.03~0.12	0.07~0.12	0.05~0.12	0.08~0.20
	320~380	0.02~0.10	0.05~0.10	0.03~0.10	0.06~0.15
工具钢	退火状态	0.05~0.10	0.12~0.20	0.08~0.15	0.15~0.50
	<36HRC	0.03~0.08	0.07~0.12	0.05~0.12	0.12~0.25
	35~46HRC			0.04~0.10	0.10~0.20
	46~56HRC			0.03~0.08	0.07~0.10
铝镁合金	95~100	0.05~0.12	0.20~0.30	0.08~0.30	0.15~0.38

（3）背吃刀量（又称铣削深度）a_p　背吃刀量为平行于铣刀轴线方向测量的切削层尺寸（切削层是指工件上正被切削刃切削着的那层金属），单位为 mm，如图 8-3 所示。因周铣与端铣时相对于工件的方位不同，故背吃刀量的表示也有所不同。一般立铣刀粗铣时的背吃刀量以不超过铣刀半径为原则，一般不超过 7mm，以防背吃刀量过大而造成刀具损坏；精铣时背吃刀量为 0.05~0.3mm。面铣刀粗铣时背吃刀量为 2~5mm，精铣时背吃刀量为 0.1~0.5mm。

（4）侧吃刀量（又称铣削宽度）a_e　侧吃刀量是垂直于铣刀轴线方向测量的切削层尺寸，

单位为 mm，如图 8-3 所示。一般立铣刀和面铣刀的侧吃刀量为铣刀直径的 50%～60%。

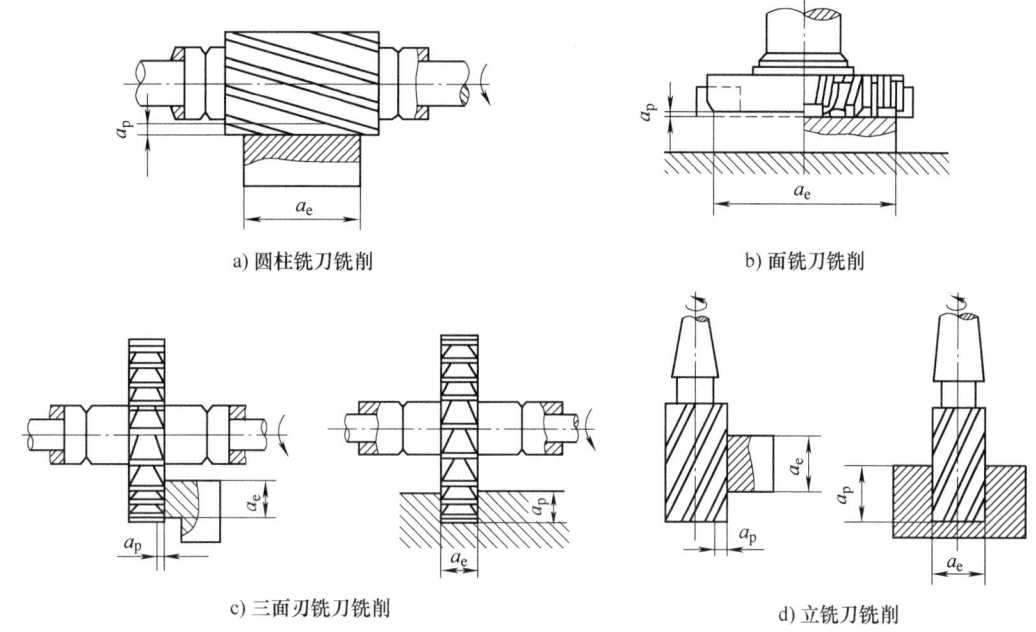

a) 圆柱铣刀铣削　　b) 面铣刀铣削

c) 三面刃铣刀铣削　　d) 立铣刀铣削

图 8-3　背吃刀量和侧吃刀量

（5）铣削用量选择的原则　通常粗加工时，为了保证必要的刀具寿命，应优先采用较大的侧吃刀量或背吃刀量，其次是加大进给量，最后才是根据刀具寿命的要求选择适宜的切削速度，这样选择是因为切削速度对刀具寿命影响最大，进给量次之，侧吃刀量或背吃刀量影响最小。精加工时，为了减小工艺系统的弹性变形，必须采用较小的进给量；同时为了抑制积屑瘤的产生，对于硬质合金铣刀应采用较高的切削速度，对高速钢铣刀应采用较低的切削速度；如果铣削过程中不产生积屑瘤时，也应采用较大的切削速度。

二、铣削方式

1. 周铣和端铣

用刀齿分布在圆周表面的铣刀而进行铣削的方式称为周铣（图 8-2a）；用刀齿分布在圆柱端面上的铣刀进行铣削的方式称为端铣（图 8-2b）。与周铣相比，端铣铣平面时较为有利，原因是：①面铣刀的副切削刃对已加工表面有修光作用，能使表面粗糙度值减小。周铣获得的工件表面则有波纹状残留面积。②同时参加切削的面铣刀齿数较多，切削力的变化程度较小，因此工作时振动较周铣小。③面铣刀的主切削刃刚接触工件时，切削厚度不等于零，使切削刃不易磨损。④面铣刀的刀杆伸出较短，刚性好，刀杆不易变形，可用较大的切削用量。由此可见，端铣的加工质量较好，生产率较高，所以铣削平面大多采用端铣。但是，周铣对加工各种型面的适应性较广，而有些型面（如成形面等）则不能用端铣。

2. 逆铣和顺铣

周铣有逆铣（图 8-4a）和顺铣（图 8-4b）之分。逆铣时，铣刀的旋转方向与工件的进给方向相反；顺铣时，铣刀的旋转方向与工件的进给方向相同。逆铣时，切屑的厚度从零开始渐增。实际上，铣刀的切削刃开始接触工件后，将在表面滑行一段距离才真正切入金属，这就使得切削刃容易磨损,并增大加工表面的表面粗糙度值。逆铣时,铣刀对工件有上抬的切削分力,影响工件安装在工作台上的稳固性。

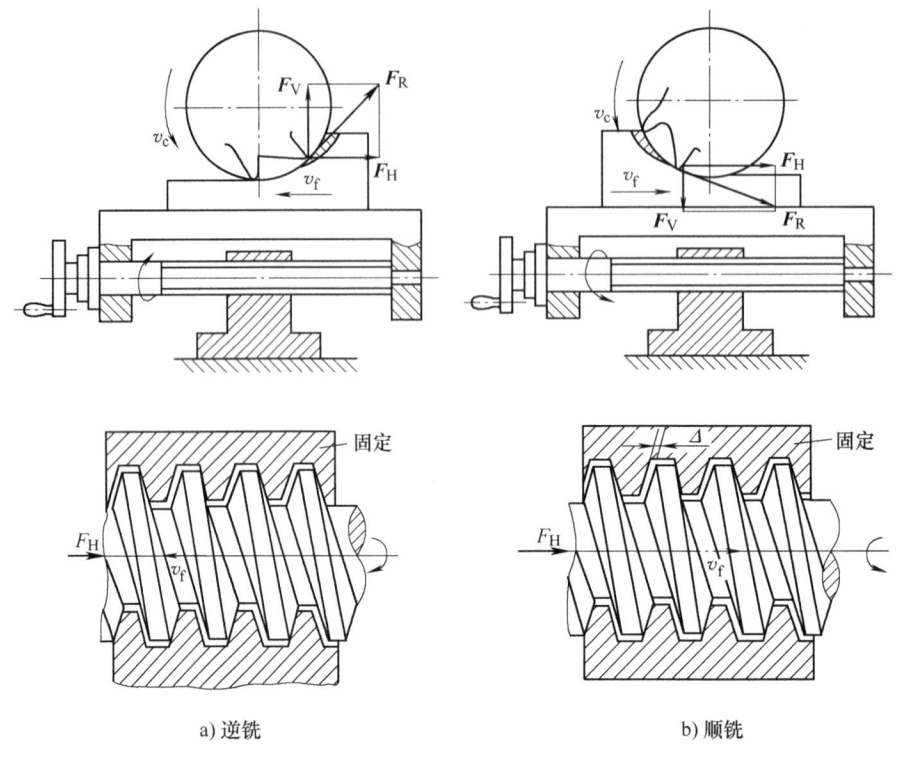

图 8-4 逆铣和顺铣

顺铣则没有上述缺点。但是,顺铣时工件的进给会受工作台传动丝杠与螺母之间间隙的影响。因为铣削的水平分力与工件的进给方向相同,铣削力忽大忽小,就会使工作台窜动和进给量不均匀,甚至引起打刀或损坏机床。因此,必须在纵向进给丝杠处有消除间隙的装置才能采用顺铣。但一般铣床上是没有消除丝杠螺母间隙装置的,只能采用逆铣法。另外,对铸件和锻件表面的粗加工,顺铣因刀齿首先接触黑皮,将加剧刀具的磨损,此时也是以逆铣为妥。

三、铣床主要附件

各种不同类型和形状的铣刀加上附件,可以使铣削范围更广。铣床的主要附件有机用平口钳、回转工作台、分度头等。

1. 机用平口钳

机用平口钳是一种通用夹具,常用的机用平口钳有非回转式机用平口钳、回转式机用平口钳和万向机用平口钳,如图 8-5 所示。图 8-6 所示为回转式机用平口钳,主要由固定钳口、活动钳口、底座等组成。钳身可在底座上扳转任意角度。机用平口钳由于其钳口结构和尺寸的关系,多用于安装尺寸较小、形状较规则的零件。使用时,应先找正其在工作台上的位置,然后再夹紧工件。

平口钳的找正方法有三种

1) 用百分表找正固定钳口与铣床主轴轴线垂直或平行,如图 8-7a 所示。找正精度较高，一般用于精找正。

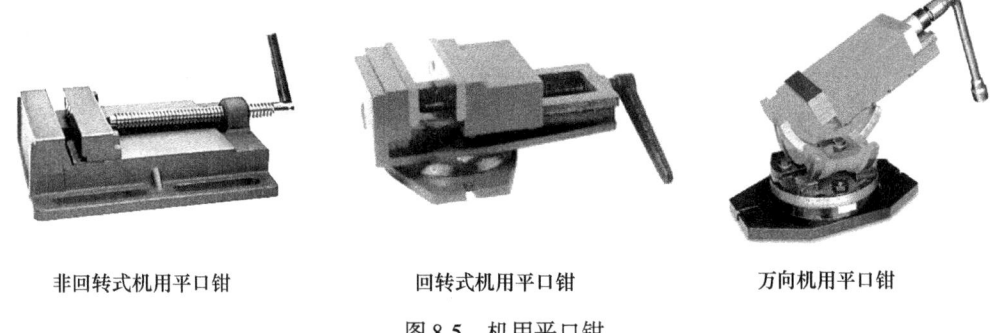

非回转式机用平口钳　　　回转式机用平口钳　　　万向机用平口钳

图 8-5　机用平口钳

2）用划针找正固定钳口与铣床主轴轴线垂直，如图 8-7b 所示。找正精度较低，一般只做粗找正。

3）用角度找正固定钳口与铣床主轴轴线平行。找正精度一般，一般只做粗找正。

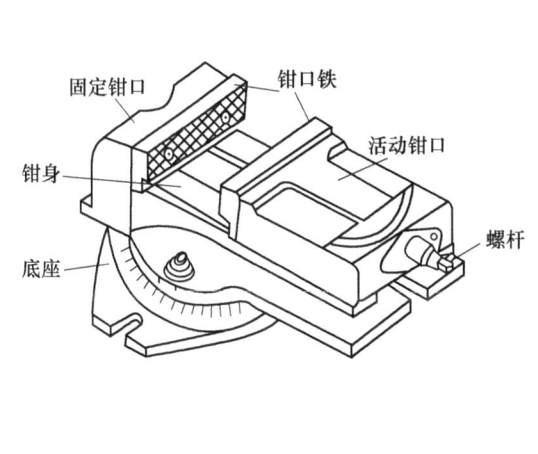

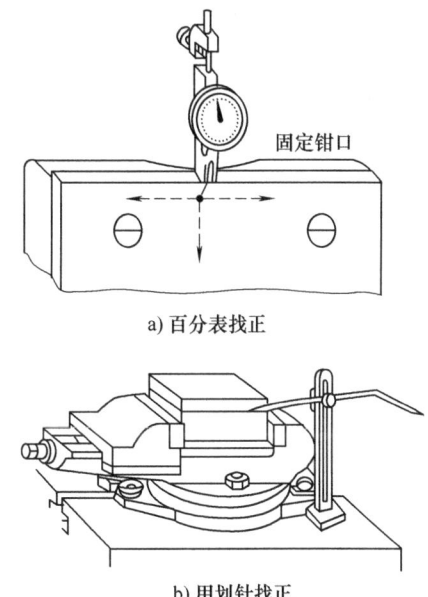

图 8-6　回转式机用平口钳　　　　图 8-7　机用平口钳的找正方法

2. 回转工作台

回转工作台又称圆形工作台，它是卧式万能升降台铣床特有的附件。其外形如图 8-8 所示，其结构如图 8-9a 所示。回转工作台主要用于装夹中、小型工件，进行圆周分度及做圆周进给，如有角度、分度要求的孔或槽、工件上的圆弧槽。回转工作台周围有刻度，用来观察和确定其位置，从手轮上的刻度盘也可读出回转工作台的准确位置。图 8-9b 所示为在回转工作台上铣圆弧槽的情况，即利用螺栓压板把工件夹紧在回转工作台上，铣刀旋转后，摇动手轮使回转工作台带动工件进行圆周进给。铣削中，由于利用回转工作台能够回转角度，因此扩大了其加工范围。

图8-8 回转工作台

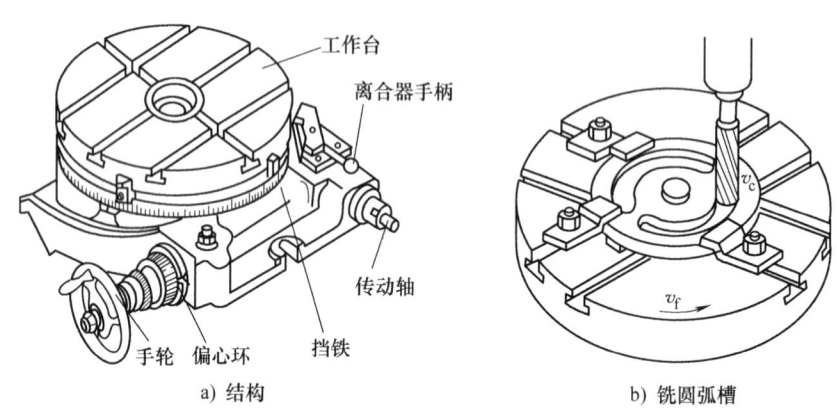

a) 结构　　　　　　b) 铣圆弧槽

图8-9 回转工作台结构及其应用

3. 分度头

在铣削加工中，常会遇到铣六方、齿轮、花键和刻线等工作。这时就需要利用分度头分度。因此，分度头也是万能铣床上的重要附件。

(1) 分度头的作用

1) 能使工件实现绕自身的轴线周期地转动一定的角度，即进行分度。

2) 利用分度头主轴上的卡盘夹持工件，使被加工工件的轴线相对于铣床工作台在向上90°和向下10°的范围内倾斜成需要的角度，以加工各种位置的沟槽、平面等，如铣锥齿轮。

3) 与工作台纵向进给运动配合，通过交换齿轮，能使工件连续转动，以加工螺旋沟槽、斜齿轮等。

万能分度头由于具有广泛的用途，在单件小批生产中应用较多。

(2) 分度头的结构　分度头的主轴是空心的，两端均为锥孔，前锥孔可装入顶尖（莫氏4号），后锥孔可装入心轴，以便在差动分度时通过交换齿轮把主轴的运动传给侧轴，带动分度盘旋转。主轴前端外部有螺纹，用来安装自定心卡盘。

如图8-10所示，松开壳体上部的两个螺钉，主轴可以随回转体在壳体的环形导轨内转动，因此主轴除安装成水平外，还能扳成倾斜位置。当主轴调整到所需的位置后，应拧紧螺钉。主轴倾斜的角度可以从刻度上看出。

在壳体下面固定有两个定位块，以便与铣床工作台面的T形槽相配合，用来保证主轴轴线准确地平行于工作台的纵向进给方向。

手柄用于紧固或松开主轴，分度时松开，分度后紧固，以防在铣削时主轴松动。另一个手柄（图8-10中未示出）是控制蜗杆的手柄，它可以使蜗杆和蜗轮联接或脱开（即分度头内部的传动切断或结合）。在切断传动时，可用手转动分度的主轴。蜗轮与蜗杆之间的间隙可用螺母调整。

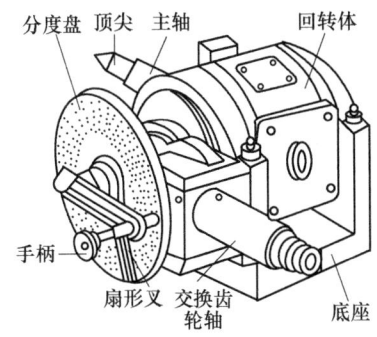

图8-10 分度头的结构

（3）分度方法　分度头的传动原理如图8-11a所示。转动分度手柄，通过传动机构（传动比为1:1的齿轮传动，1:40的蜗杆传动），使分度头主轴带动工件转动一定角度。手柄转一圈，主轴带动工件转1/40圈。

如果要将工件的圆周等分为z等份，则每次分度工件应转过1/z圈。设每次分度手柄的转数为n，则手柄转数n与工件等分数z之间有如下关系：

$$1:40 = \frac{1}{z}:n$$

$$n = \frac{40}{z}$$

分度头的分度方法有直接分度法、简单分度法、角度分度法和差动分度法等。这里仅介绍常用的简单分度法。例如，铣齿数z=35的齿轮，需对齿轮毛坯的圆周做35等份，每一次分度时，手柄转数为

$$n = \frac{40}{z} = \frac{40}{35} = 1\frac{1}{7}(圈)$$

分度时，如果求出的手柄转数不是整数，可利用分度盘上的等分孔距来确定。分度盘如图8-11b所示，一般备有两块分度盘。分度盘的两面各钻有不通的许多圈孔，各圈孔数均不相等，然而同一孔圈上的孔距是相等的。

分度头第一块分度盘正面各圈孔数依次为24、25、28、30、34、37；反面各圈孔数依次为38、39、41、42、43。

第二块分度盘正面各圈孔数依次为46、47、49、51、53、54；反面各圈孔数依次为57、58、59、62、66。

按上例计算结果，即每分一齿，手柄需转过$1\frac{1}{7}$圈，其中1/7圈需通过分度盘（图8-11b）来控制。用简单分度法需先将分度盘固定。再将分度手柄上的定位销调整到孔数为7的倍数（如28、42、49）的孔圈上，如在孔数为28的孔圈上。此时分度手柄转过1整圈后，再沿

孔数为 28 的孔圈转过 4 个孔距，即 $n = 1\frac{1}{7} = 1\frac{4}{28}$。

为了确保手柄转过的孔距数可靠，可调整分度盘上的扇形条 1、2 间的夹角，使之正好等于分子的孔距数，这样依次进行分度时就可做到准确无误。

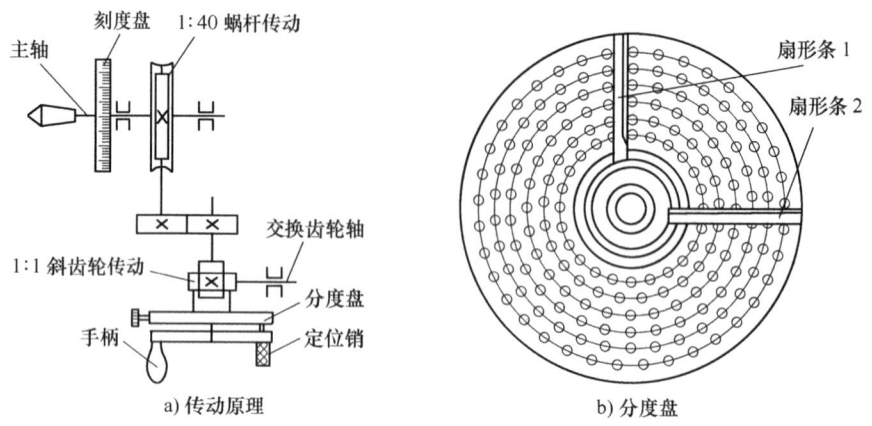

图 8-11 分度头的传动

四、工件的装夹

在铣床上加工小型工件时，一般都采用机用平口钳装夹；对中型和大型工件，则很多采用压板装夹。在成批大量生产时，应采用专用夹具装夹。当然还可以利用分度头和回转工作台装夹等。不论用哪种夹具和哪种方法装夹，其共同目的是：必须使工件装夹稳固；不致使工件产生变形和损坏已加工表面。否则会影响加工质量，甚至发生损坏铣刀、铣床和人身事故。

1. 用机用平口钳装夹工件

在铣削加工时，常使用机用平口钳夹紧工件，如图 8-12a 所示。它具有结构简单、夹紧牢靠等特点，所以使用广泛。机用平口钳的尺寸规格是以其钳口宽度来区分的。X62W 型铣床配用的机用平口钳为 160mm，用两个 T 形螺栓固定在铣床上，底座上还有一个定位键，它与工作台上中间的 T 形槽相配合，以提高安装时的定位精度。图 8-12b 所示为一种错误装夹方案。

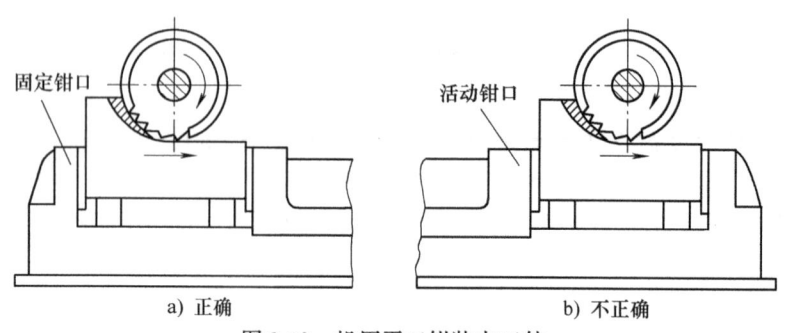

图 8-12 机用平口钳装夹工件

2. 用压板和螺栓装夹工件

对于大型工件或机用平口钳难以装夹的工件，可用压板、螺栓和垫铁将工件直接固定在工作台上，如图 8-13a 所示。

注意事项：

1）压板的位置要安排得当，压点要靠近切削面，压紧力大小要适合。粗加工时，压紧力要大，以防止切削中工件移动；精加工时，压紧力要合适。注意防止工件发生变形。

2）工件如果放在垫铁上，要检查工件与垫铁是否贴紧。若没有贴紧，必须垫上铜皮或纸，直到贴紧为止。

3）压板必须压在垫铁处，以免工件因受压紧力而变形。

4）安装薄壁工件，在其空心位置处，可用活动支承（千斤顶等）增加刚性。

5）工件压紧后，要用划针盘复查加工线是否仍然与工作台平行，避免工件在压紧过程中变形或走动。

3. 用分度头装夹工件

分度头装夹工件一般用在等分工作中。既可以用分度头卡盘（或顶尖）与尾座顶尖一起使用装夹轴类零件（图 8-13b），也可以只使用分度头卡盘装夹工件。由于分度头的主轴可以在垂直平面内转动，因此可以利用分度头卡盘在水平、垂直及倾斜位置装夹工件。图 8-13c、d 所示方法中，分度头卡盘位于垂直和倾斜位置。

当零件的生产批量较大时，可采用专用夹具或组合夹具装夹工件，这样既能提高生产率，又能保证产品质量。

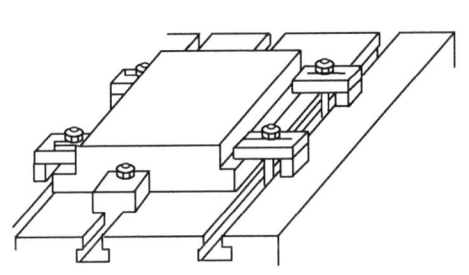

a) 用压板和螺栓装夹工件

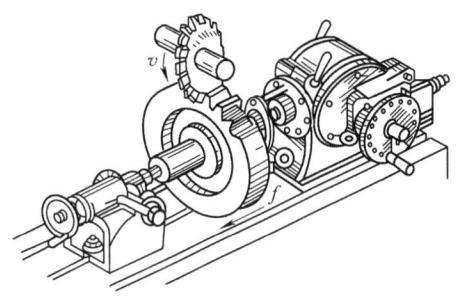

b) 用分度头装夹工件

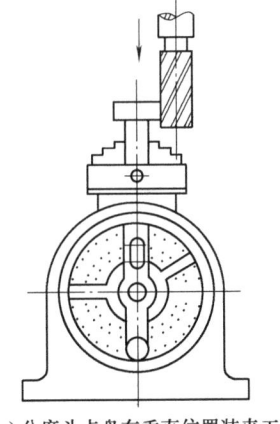

c) 分度头卡盘在垂直位置装夹工件

d) 分度头卡盘在倾斜位置装夹工件

图 8-13 工件在铣床上常用的装夹方法

4. 用夹具装夹工件

在机械加工中，特别是成批加工工件时，要求能将工件迅速、准确地装夹在机床上，并保证加工时工件表面相对于刀具之间有一个准确而可靠的加工位置，这就需要一种工艺装置来配合。这种用来使工件定位和夹紧的装置称为夹具，如图8-14所示。在机械加工中使用夹具的优点是：① 能保证工件的加工精度。② 减少辅助时间，提高劳动生产率。③ 扩大了通用机床的使用范围。④ 能使低等级技术工人完成复杂的加工任务。⑤ 减轻操作者的劳动强度，并有利于安全生产。

图8-14 铣加工夹具

（1）夹具的分类 根据使用范围不同，夹具分为通用夹具、专用夹具、组合夹具、通用可调夹具和成组夹具等类型，见表8-3。

表8-3 夹具的分类

夹具类型	应用范围
通用夹具	通用性强，广泛应用于单件小批生产
专用夹具	专为某一工序设计，结构紧凑、操作方便、生产率高、加工精度容易保证，适用于定型产品的成批和大量生产
组合夹具	由一套预先制造好的标准元件和合件组装而成的专用夹具
通用可调夹具	不对应特定的加工对象，适用范围宽，通过适当的调整或更换夹具上的个别元件，即可用于加工形状、尺寸和加工工艺相似的多种工件
成组夹具	专为某一组零件的成组加工而设计，加工对象明确，针对性强，通过调整可适应多种工艺及加工形状、尺寸

（2）夹具的组成 由于工件的形状、尺寸等不同，夹具的形式也随之不同，但不管是哪一种形式的夹具，其组成夹具的元件和装置均有许多共同之处。为了确定工件在夹具中的位置，夹具上必须有定位元件；为了使工件在加工时始终保持确定的定位位置，夹具上应有夹紧元件或夹紧装置；为了把各种元件和辅助装置装配成一个完整的夹具，任何夹具都有一个夹具本体。此外，还可以通过一些辅助元件，如螺钉、销钉等联接件，把这些元件和装置按设计的尺寸要求紧固在夹具本体上。所以，定位元件、夹具元件和夹具本体是组成各种类型夹具的基本组成部分。另外，根据各工序的不同要求，夹具上有时还有对刀装置、分度装置和靠模装置以及气、液传动装置等，见表8-4。

表 8-4　夹具的组成

序号	夹具组成	元件作用	夹具示例
1	夹具体	夹具体是机床夹具的基础件，通过它将夹具的所有部分连接成一个整体	
2	定位元件	定位元件的作用是确定工件在夹具中的正确位置。例如夹具上的圆柱销、菱形销和支承板都是定位元件，通过它们使工件在夹具中占据了正确的位置	
3	夹紧装置	夹紧装置的作用是将工件夹紧夹牢，保证工件在加工过程中的正确位置不变。夹紧装置包括夹紧元件或其组合以及动力源	
4	对刀及导向装置	对刀及导向装置的作用是迅速确定刀具与工件间的相对位置，防止加工过程中刀具的偏斜。例如钻套与钻模板就是为了引导钻头而设置的导向装置	
5	其他装置或元件	机床夹具除有上述部分外，还有一些根据需要设置的其他装置或元件，如分度装置、夹具与机床之间的联接元件等	

（3）工件定位和定位元件　根据工件的尺寸、形状和本工序的加工要求，准确地选择定位方式和定位元件，在保证工件的工艺要求下，得到准确的定位，这是在考虑和选择夹具时必须首先应解决的问题。

根据支承点对工件限制自由度的情况不同，工件的定位可有几种情况，见表 8-5。

表 8-5　定位情况

序号	定位情况	限制的自由度
1	完全定位	工件的六个自由度全部被限制时的定位
2	不完全定位	即在满足工件加工要求的条件下，所限制的自由度数不满六个的定位，如在矩形工件上铣平行面，只需限制三个自由度
3	欠定位	是指根据工件的加工要求，应该限制的自由度未被限制的定位，这将导致无法保证工序所规定的加工要求，决不允许有欠定位的现象产生
4	过定位	是指由两个或两个以上的支承点限制同一个自由度的定位，重复定位有可能对加工产生不利影响，因此在生产中应该设法加以处理或消除

根据工件形状和加工要求的不同，定位元件的结构、形状、尺寸及布置形式等也有很多种。现按工件不同的定位基准面分别介绍其所用定位元件的结构形式，见表 8-6。

表 8-6 常见定位元件

定位基准面	定位元件		定位示意图	作　　用
工件以平面定位	固定支承	支承钉		适用于经过加工的面积较小的平面的定位
		支承板	a) b)	
	自位支承			能使两个或三个支承点只起一个支承点的作用,提高工件的安装刚性和稳定性
	可调支承		1—可调支承螺钉　2—锁紧螺母	尺寸可按需要进行调节的支承
	辅助支承		1—支承钉　2—调节螺钉　3—手轮　4—楔块	辅助支承是在工件实现定位后才参与支承的定位元件,不起定位作用,只能提高工件加工时的刚性或起辅助定位作用
工件以外圆柱面定位	V形块			常取 60°、90° 和 120° 三种,其中应用最多的是 90°。它的最大特点是对中性好,即容易保证工件圆柱表面的通过轴线的对称平面,与V形块的对称平面重合

(续)

定位基准面	定位元件	定位示意图	作 用
工件以外圆柱面定位	定位套		工件外圆柱面在圆孔中定位，也是常见的定位方法
	半圆套		下半圆起定位作用，上半圆起夹紧作用，主要用于大型轴类和曲轴等不宜以整个圆孔定位的场合
	圆锥套	1—夹具体锥柄 2—传动螺钉 3—定位圆锥套 4—工件 5—后顶尖	工件以圆柱面为定位基准面在圆锥孔中定位时，常与后顶尖（反顶尖）配合使用
工件以孔定位	定位销	$d<10$　$d=10\sim18$　$d>18$　$d>10$	圆柱定位销，其工作部分直径 d 通常根据加工要求和考虑便于装夹，按 g5、g6、f6 或 f7 制造
	定位心轴	a) b)	主要用于套筒类和空心盘类工件的车、铣、磨及齿轮加工

定位元件一般应具备下列几点基本要求：

1) 足够的精度。定位元件的精度将直接影响工件的定位精度，从而影响加工精度。具体可参考有关资料，确定其制造公差和表面粗糙度。精度过低，保证不了工件的加工要求；精度过高，又增加制造费用或使制造困难。

2) 耐磨性好。由于定位元件的工作表面经常与工件接触和摩擦，容易磨损，为此要求定位元件工作表面的耐磨性要好，以便能够长期使用并保持定位精度。根据定位元件的形状、尺寸和工件数量，可采用 20 钢渗碳淬火，用 T7A、T8A 工具钢淬火，或用 45 钢调质处理等。此外，使用时应尽量使定位元件工作表面全部与工件接触，或各部的接触机会尽量均等，以免产生局部磨损而影响定位精度。

3）足够的强度和刚性。定位元件在受工件重力、夹紧力、切削力的作用下，不应变形和损坏而影响定位精度。

4）工艺性好，便于制造、装配和维修，便于清除切屑。定位元件工作表面的形状应有利于清除切屑，以免因切屑而影响定位精度。

（4）工件的夹紧及夹紧机构

1）对夹紧装置的基本要求。工件定位以后，由于在整个加工过程中还要受到切削力、惯性力以及工件自重等作用，有时会产生振动甚至移动，从而不能保持准确的位置。因此，要求夹紧机构以适当的夹紧力把工件夹紧，使工件在加工过程中始终固定在定位元件上。

夹紧方法和夹紧机构的选择和设计的好坏，不但直接关系到工件的加工质量，而且对生产率和操作者的劳动条件都有很大的影响。所以在考虑夹紧方案时，一般应满足下列几点要求：

① 保证工件的定位精度，即夹紧时不得破坏工件的准确定位，应使工件在加工过程中产生的振动尽可能地小和工件受压后变形小，为此必须正确选择夹紧力的方向、作用点和力的大小。

② 夹紧机构要有自锁装置，即当原始作用力消除后，夹紧元件对工件仍能保持夹紧状态，不会自动松开。

③ 夹紧机构要结构简单、紧凑，并且要有足够的刚性。

④ 夹紧机构操作时要安全省力，迅速方便，以减轻操作者的劳动强度、缩短辅助时间、提高生产率为目的。

2）简单夹紧机构。生产中常用的简单夹紧机构主要是指手动的夹紧机构。在这些夹紧机构中，起到基本夹紧作用的元件主要有螺旋装置、楔块、偏心轮和杠杆等。

① 螺旋夹紧机构。采用螺旋装置直接夹紧或与其他元件组合实现夹紧的机构，统称为螺旋夹紧机构。螺旋夹紧机构结构简单，容易制造。由于螺旋升角小，螺旋夹紧机构的自锁性能好，夹紧力和夹紧行程都较大，在手动夹具上应用较多。

螺旋夹紧机构可以看作是绕在圆柱表面上的斜面，将它展开就相当于一个斜楔。

图8-15a所示为一个最简单的螺旋夹紧机构，螺钉头部直接压紧工件表面。这种结构在使用时容易压坏工件表面，而且拧动螺钉时容易使工件产生转动，破坏工件的定位，一般应用较少。图8-15b中螺杆的头部通过活动压块与工件表面接触，拧动螺杆时，压块不随螺杆转动，故不会带动工件转动；用压块压紧工件，由于承压面积大，故不会压坏工件表面；采用衬套可以提高夹紧机构的使用寿命，螺纹磨损后通过更换衬套可迅速恢复螺旋夹紧功能。

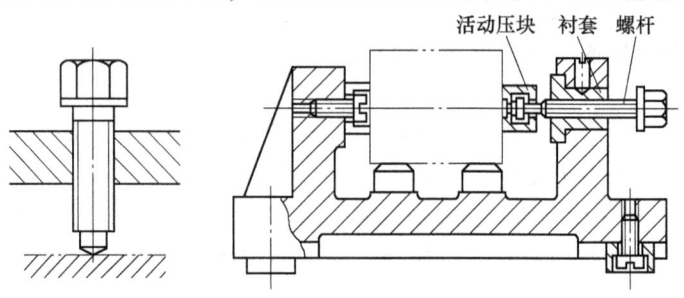

a）最简单的螺旋夹紧机构　　b）改良后的螺旋夹紧机构

图8-15　螺旋夹紧机构

图 8-16 所示为螺旋压板夹紧机构。在图 8-16a 中，拧动螺母，通过压板压紧工件表面。采用螺旋压板组合夹紧时，由于被夹紧表面的高度尺寸有误差，压板位置不可能一直保持水平，在螺母端面和压板之间设置球面垫圈和锥面垫圈，可防止在压板倾斜时，螺栓不致因受弯矩作用而损坏。图 8-16b 所示螺旋压板夹紧机构中，通过锥面垫圈将夹紧力均匀地作用在薄壁工件上，可减少夹紧变形。

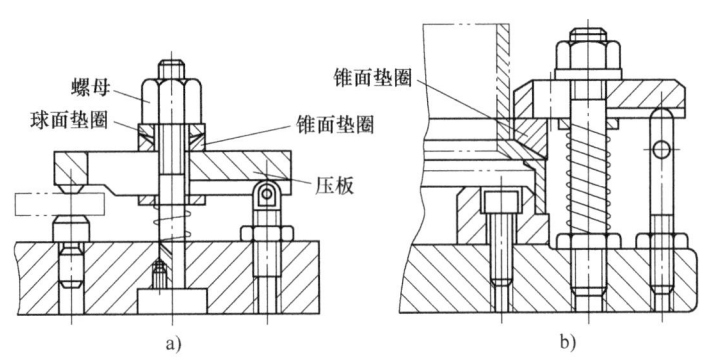

图 8-16 螺旋压板夹紧机构

② 偏心夹紧机构。如图 8-17 所示，偏心夹紧机构是斜楔夹紧机构的一种变型，它是通过偏心轮直接夹紧工件或与其他元件组合夹紧工件的。常用的偏心件有圆偏心和曲线偏心。圆偏心夹紧机构具有结构简单、夹紧迅速等优点，但它的夹紧行程小、增力倍数小、自锁性能差，故一般只在被夹紧表面尺寸变动不大和切削过程振动较小的场合应用。铣削加工属于断续切削，振动较大，铣床夹具一般都不采用偏心夹紧机构。

③ 铰链夹紧机构。铰链夹紧机构是一种增力装置，它具有增力倍数较大、摩擦损失较小的优点，广泛应用于气动夹具中。图 8-18 所示为一个应用实例，压缩空气进入气缸后，气缸经铰链扩力机构推动压板，将工件夹紧。

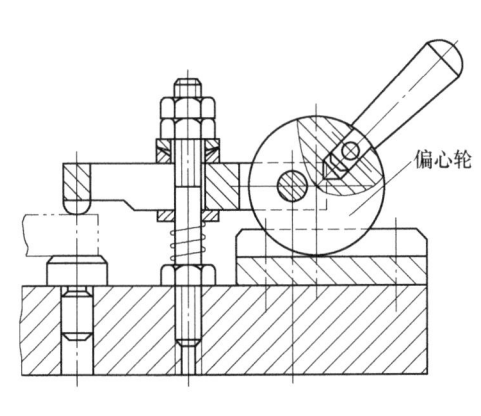

图 8-17 偏心夹紧机构

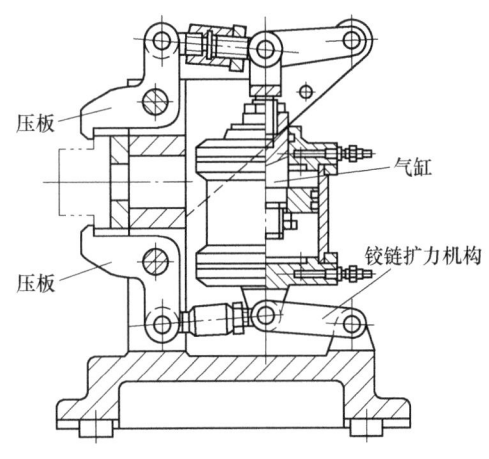

图 8-18 铰链夹紧机构应用实例

④ 联动夹紧机构。联动夹紧机构是一种高效夹紧机构，它可通过一个操作手柄或一个动力装置，对一个工件的多个夹紧点实施夹紧，或同时夹紧若干个工件。图 8-19 所示为多

件联动夹紧机构。图 8-20 所示为联动夹紧机构应用实例。其中图 8-20a 所示为实现相互垂直的两个方向的夹紧力同时作用的联动夹紧机构应用实例；图 8-20b 所示为实现相互平行的两个夹紧力同时作用的联动夹紧机构应用实例。

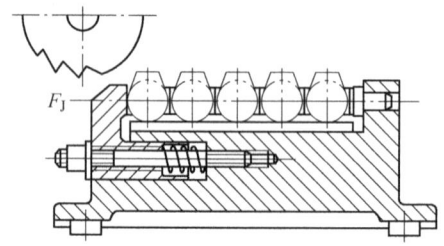

图 8-19　多件联动夹紧机构应用实例

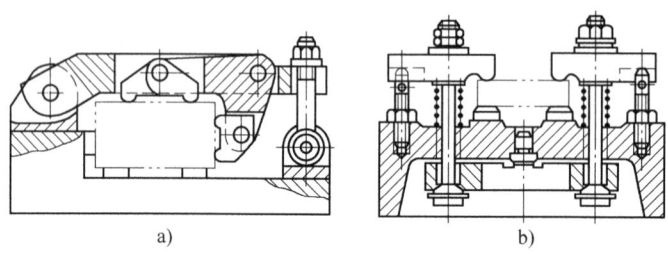

图 8-20　联动夹紧机构应用实例

任务实施

1. 用 X6132 型立式升降台铣床铣削图 8-21 所示零件

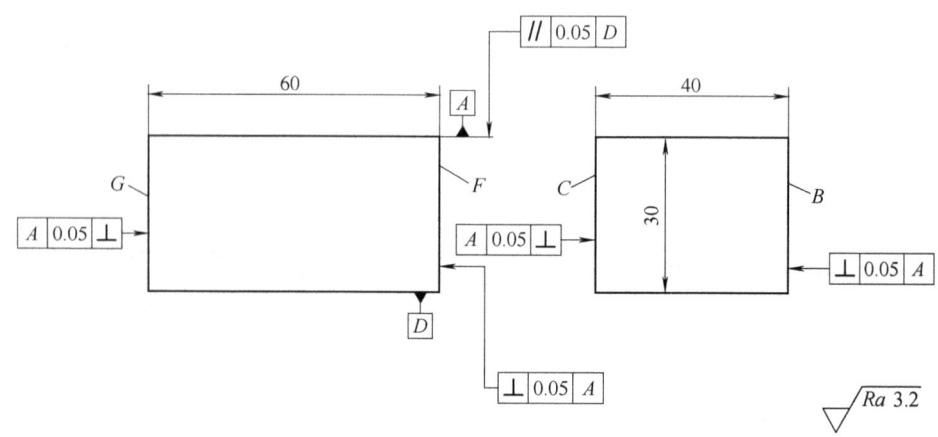

图 8-21　任务实施图例

（1）机械加工工艺卡片　编写零件的机械加工工艺卡片，见表 8-7。

表 8-7 零件的机械加工工艺卡片

机械加工工艺卡片		产品型号		零件图号			共1页	第1页
		产品名称		零件名称				
材料牌号	20钢	毛坯种类	锻件	毛坯外形尺寸	65mm×45mm×35mm	每毛坯件数	每台件数 方块	备注

工序号	装夹	工步	工序内容	同时加工零件数	切削用量				设备名称及编号	工艺装备名称及编号			技术等级	工时定额	
					切削深度/mm	切削速度/(m/min)	每分钟转数或往复次数	进给量/(r/mm)		夹具	刀具	量具		单件	准终
		1	铣削A面		40	20	60	0.25	X6132	机用平口钳	面铣刀	刀口形直尺、塞尺			
		2	以A面为基准,铣削B面,保证两面的垂直度		60	20	60	0.25	X6132	机用平口钳	面铣刀	90°角尺、塞尺			
		3	以A面为基准,B面贴于平行垫铁上,铣削C面,保证40mm尺寸和垂直度		30	20	60	0.25	X6132	机用平口钳	面铣刀	游标卡尺、百分表、磁性表座			
		4	以B面为基准,A面贴于平行垫铁上,铣削D面,保证30mm尺寸和平行度		30	20	60	0.25	X6132	机用平口钳	面铣刀	游标卡尺、百分表、磁性表座			
		5	以A面为基准,找正B面,铣削G面		60	20	60	0.25	X6132	机用平口钳	面铣刀	游标卡尺、百分表			
		6	以A面为基准,G面贴于平行垫铁上,铣削F面,保证60mm尺寸		40	20	60	0.25	X6132	机用平口钳	面铣刀	游标卡尺、百分表、磁性表座			

							编制(日期)	审核(日期)	标准化(日期)	会签(日期)
标记	处数	更改文件号	签字	日期	标记	处数	更改文件号	签字	日期	

（2）铣削加工　参考步骤见表8-8。

表8-8　铣削加工参考步骤

参考步骤	要求及简图
1. 选择铣刀	根据工件宽度，铣削时选用外径 $D=80\text{mm}$、长度为45mm、内径 $d=27\text{mm}$、齿数 $z=10$ 的套式面铣刀
2. 安装铣刀	根据铣刀的规格，用凸缘端面上带有键的刀杆安装铣刀。面铣刀一般中间带有圆孔。通常先将铣刀装在短刀轴上，再将刀轴装入机床的主轴上，并用拉杆螺钉拉紧
3. 装夹工件	根据工件的形状，选用机用平口钳装夹工件，装夹过程如下： （1）安装机用平口钳 ① 将机用平口钳底部与工作台台面擦净。 ② 将机用平口钳安装在工作台上，使定位键与T形槽一侧贴紧。 ③ 用T形螺栓将机用平口钳紧固在工作台上。 （2）装夹工件 ① 将机用平口钳的钳口与导轨面擦净，在工件下面放置平行垫铁，使工件的待加工表面高出钳口5～10mm。 ② 零件的基准面紧贴固定钳口或导轨面；承受铣削力的钳口最好是固定钳口。 ③ 夹紧工件后，用锤子轻轻敲击工件，并拉动垫铁是否贴紧，如图所示。 ④ 装夹的工件为毛坯面时，应选一个大而平整的面做粗基准，将此面靠在固定钳口上，在钳口和毛坯之间垫铜皮，防止损伤钳口
4. 选择铣削用量	（1）铣削宽度 a_e 和铣削深度 a_p　粗铣时，若加工余量不大，则可一次切除；精铣时的铣削深度以0.5～1mm为宜。面铣刀的直径应按铣削宽度来选择，一般铣刀直径 D 应等于铣削层宽度 B 的1.2～1.5倍。 根据毛坯余量，铣削宽度和铣削深度分别取： 粗铣时：$a_e=60\text{mm}$，$a_p=2\text{mm}$ 精铣时：$a_e=60\text{mm}$，$a_p=0.5\text{mm}$ （2）铣削速度　用高速钢铣刀铣削时，铣削速度一般取 $v_c=16\sim35$ m/min。粗铣时应取较小值，精铣时应取较大值。采用硬质合金面铣刀进行高速铣削时，一般取 $v_c=80\sim120\text{m/min}$。根据材料为20钢，取铣削速度 $v_c=15\text{m/min}$，则主轴的转速为 $$n=\frac{1000\times15\text{m/min}}{3.14\times80\text{mm}}=59.7\text{r/min}$$ 实际调整铣床主轴转速为60r/min （3）进给量　每齿进给量一般取 $f_z=0.02\sim0.3\text{mm/z}$。粗铣时可取得大些；精铣时，则应采用较小的进给量。 取每齿进给量 $f_z=0.1\text{mm/z}$，则每分钟进给量为 $$v_f=f_z zn=0.1\times10\times60\text{mm/min}=60\text{mm/min}$$
5. 选择切削液	粗加工时可加注乳化液，精加工时用矿物油进行润滑
6. 对刀	在工件表层贴一张薄纸，摇动纵向、横向手柄，使工件处于铣刀下方的中间位置。开动机床，铣刀旋转后，再缓缓升高工作台，使铣刀正好擦去纸片，如图所示。在垂向高度刻度盘上做好记号，降下工作台，摇动纵向手柄，退出工件

(续)

参考步骤	要求及简图
7. 铣削加工	根据垂向刻度盘记号，工作台上升2mm，调整铣床主轴转速为60r/mim，进给速度为60mm/mim，采用非对称逆铣方式粗铣第一面；铣毕后降下工作台，摇动纵向手柄，退出工件，然后再上升0.5mm，精铣第一面。停机后，取下工件，检查毛坯余量，重新装夹对刀后粗、精铣第二面，使工件尺寸符合图样要求
8. 检测	卸下工件，先用锉刀去除毛刺，然后进行检测。 （1）尺寸的检测　用游标卡尺或千分尺测量工件尺寸。 （2）平面度的检测　用刀口尺检测平面度。 （3）检测加工表面粗糙度值　用粗糙度标准样板比较测定或根据经验目测 （4）几何公差检测　用平板、百分表进行检测。

2. 铣工安全文明生产

1）操作机床时应穿好工作服，袖口要扎紧或戴袖套。戴工作帽，留长发者将头发全部塞入帽内，防止衣角或头发被铣床转动部分卷入，发生安全事故。

2）严禁戴手套操作铣床，以免发生事故。

3）铣床结构比较复杂，操作前必须熟悉铣床性能及其调整方法。

4）操作时，头不能过分靠近铣削部位，防止切屑烫伤眼睛或皮肤。高速铣削时要戴好防护镜，防止高速切削飞出的切屑损伤眼睛。若有切屑飞入眼睛，千万不要用手揉擦，应及时请医生治疗。

5）装拆铣刀时要用揩布衬垫，不要用手直接接触铣刀。

6）使用扳手时，用力方向尽量避开铣刀，以免扳手打滑时造成不必要的损伤。

7）合理使用铣床，合理选用铣削用量、铣削刀具及铣削方法，正确使用各种工夹具。

8）熟悉所操作铣床的性能。不能超负荷工作，工件和夹具的重量不能超过机床的载重量。

9）铣削操作过程中应严格遵守安全操作规程，必须做到以下几点：

① 开机前。必须将导轨、丝杠等部件的表面进行清洁并加上润滑油；工作时不要把工具、夹具、量具放置在导轨面或工作台表面上，以防不测。检查自动手柄是否处在"停止"的位置，其他手柄是否处在所需位置。工件、刀具要夹牢，限位挡铁要锁紧。

② 开机时。不准变速或做其他调整工作，不准用手摸铣刀及其他旋转的部件。不得度量尺寸。不准离开机床做其他工作或看书报，并应站在适当的位置。发现异常现象应立即停机，报告指导老师。在切削过程中，不能用手触摸工件和清理切屑，以免被铣刀损伤手指。铣削完毕，要用毛刷清除切屑，不要用手抓或用嘴吹。

10）工作完毕后，一定要清除切屑和油污，擦干净机床，并在各运动部位适当加油，以防生锈。

11）做好机床交接班工作等。

3. 铣床的维护保养

完成铣床的日常维护保养点检，填写表8-9。

表8-9 铣床日常维护保养点检记录表

设备名称：铣床　　　　设备编号：　　　　　　　　　　　　　　　　　　　　　　　　　　　　　　　　　　　保养日期　　　　　　　　　　　　　年　　月

序号	保养项目	频率	1	2	3	4	5	6	7	8	9	10	11	12	13	14	15	16	17	18	19	20	21	22	23	24	25	26	27	28	29	30	31
1	周围清洁	每日																															
2	机身清洁	每日																															
3	设备各部分运转是否正常，有无异响	每日																															
4	电动机运转是否正常	每日																															
5	检查传动带张紧度，及时调整或更换	每日																															
6	按规定给各润滑点加油	每日																															
7	油窗是否清晰，油路是否畅通	每日																															
8	各变速手柄是否灵活，定位是否准确	每日																															
9	各电器开关、按钮是否灵活、可靠	每日																															
10	各导轨面是否清洁，有无研伤、拉伤、碰伤	每日																															
11	刀架转动是否灵活，定位是否可靠	每日																															
12	进给丝杠螺母，尾座套筒间隙是否正常	每日																															
13	丝杠、光杠、开关打是否灵活，有无跳动和窜动	每日																															
14	冷却系统是否齐全，有无漏液	每日																															
15	各箱体是否漏油	每日																															
16	防护罩、挡屑板、护板是否齐全、牢固、清洁	每月																															
17	机床照明齐全、完好	每月																															
18	检查导轨润滑系统的给油间隔时间，一般是间隔1h，打油1min	每月																															
19	用水平仪查看机床工作台的水平，保证0.02mm/m以内	每月																															
20	用百分表检测主轴跳动是否在0.02mm/300mm以内	每月																															
21	用百分表检测各轴定位精度，保证在0.01mm以内	每月																															
22	用百分表检测各轴反向定位精度，保证在0.02mm以内	每月																															
23	检查电气箱的过滤网有无堵塞并清洗干净	每月																															
24	检查电气箱及外部的电线有无变色或者松动	每月																															
25	用气枪吹净设备各电动机风扇上的污垢	每月																															
26	对设备的死角进行彻底一次清洁	每月																															
	异常情况记录																																
	保养人签字																																
	备注		每天生产前后都要对设备进行保养，保养后，栏予以记录，并联系相关人员处理 "√" 表示，"×" 表示有异常情况，应在"异常情况记录"栏予以记录，并联系相关人员处理																														

**任务小结**

铣床加工范围如图 8-22 所示。

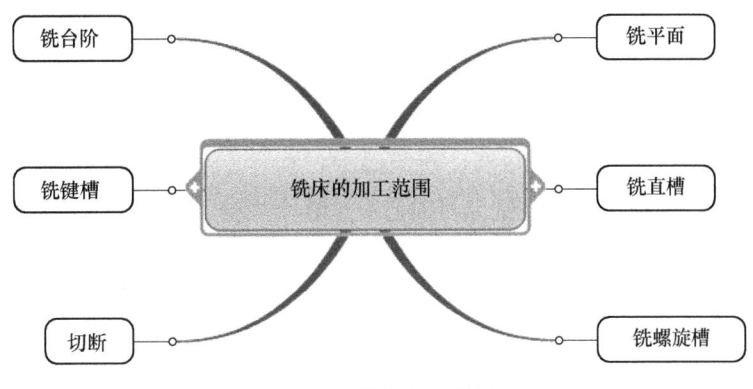

图 8-22　铣床加工范围

**拓展提高**

铣削加工技术适应的发展趋势

铣削加工技术主要有三种发展趋势：①高速铣削。②硬质和难加工材料铣削。③硬质和难加工材料的高速铣削。为适应三种发展趋势，各国著名刀具制造公司最新研发出以下几种先进刀具。

Ceratizit 公司（位于美国南卡罗来纳州的哥伦比亚市）新开发的 HSC-11 铣削系统，具有以下三大特点：①能在 56000r/min 的高主轴转速下加工，切除率达 $3500cm^3$/min。②刀片设计精良，并经微米级的超精加工。③可用于加工各种材料，且可在各种条件下加工。

Kennametal 公司（位于宾夕法尼亚州的拉特罗布）新推出的硬质合金铣刀，在加工黑色金属材料时，能提高刀具使用寿命 30%。KC935M 硬质合金铣刀主要用于钢和球墨铸铁的干式或湿式切削；KC915M 硬质合金铣刀主要用于灰铸铁和球墨铸铁的轻载到中载切削。两种刀具表面都采用了中温化学气相沉积多层复合涂层。另外，还对涂层进行了后处理，极好地提高了涂层的附着力，降低了摩擦因数，提高了涂层质量。

Walter Waukesha 公司（位于威斯康星州的沃喀莎）开发出用于端面和台阶铣削的 Xtra·tec 铣刀系列。其中的 F4033 型面铣刀选用的是具有 8 个有效切削刃的双面正方形刀片，由于刀片结构对称及受力均匀，特别适合于朝左、右两个方向转位交换（切削刃），使用非常方便。F4042 型通用台阶式铣刀，以具有大正前角为主要特点。大正前角铣刀能使切削力降低，减少功率消耗和降低表面粗糙度值，是粗、精加工钢制零件和铸件的最好选择。

Sandvik Coromant 公司的 CoroMill210 型铣刀复合了端铣和插铣两种功能，使进给速度提升为 4mm/z。在端铣时，则可使切除量提升至 $1400cm^3$/min，包括对较深型腔和外型深台阶采用插铣法加工。目前该铣刀提供的规格是直径 $\phi25 \sim \phi82$mm。

Iscar 金属公司（位于得克萨斯州阿灵顿）新开发出的 PLXplungers 插铣刀，具有可以方便地进刀和从较深型腔中退刀的特点，因而加工效率高。为了避免刀片破损和划伤加工好的零件表面，该插铣刀专门设计有45°的退让倒角，取消了有时为使刀具快速缩回（让刀）而专门设计的刀具移位程序。为实现使用一把刀具就能进行插式粗铣、精铣或半精铣，还精心设计了两个特殊结构的刀具切削刃。

Stellram公司（位于田纳西州的拉维恩）新研制的7791VS插铣刀，其轮廓铣削的生产率比传统铣削提高10倍以上，是轮廓铣削黑色金属和有色金属材料粗加工及半精加工的理想刀具。系统使用4个切削刃的刀片，从而可根据加工直径的不同，沿径向切削最大达8mm或11mm。

M. A. Ford公司（位于艾奥瓦州的达文波特市）新开发的TuffCutXR硬质合金立铣刀能用于所有材料的粗、精加工。该立铣刀目前已有240个规格，包括正方形柄部，多种尺寸的刀尖圆弧半径，短型、标准型、长型和超长型的槽长等。排屑槽的几何形状为heli-pitch，可减少加工中产生的谐振荡，允许进行大进给量和高切削速度加工。目前该产品的直径规格有$\phi 3 \sim \phi 25$mm，涂层为AlTiN。

Emuge公司（位于华盛顿州诺斯伯勒）为高效加工低含硅量（质量分数为5%）铝合金研制出整体硬质合金专用立铣刀。其主要特点是：专门设计的刀具几何形状能极好地减小切屑和刀具间的接触面积，同时使切屑容易排出并减少刀具因严重磨损而产生破损的机会；刀具表面涂覆TiB2涂层。公司还为高效加工高硅铝合金研制出整体式硬质合金刀片和铣刀。

模块四

磨削加工技术

项目九 认识磨削加工

 **学习目标**

(1) 熟悉磨床的种类和加工范围。
(2) 知道砂轮的特征及其选择。
(3) 能根据零件的特点及加工要求选择合适的机床。

 **项目描述**

在磨床上利用砂轮作为切削刀具，对工件表面进行切削加工的过程称为磨削（图9-1），它是一种比较精密的金属加工方法，经过磨削的零件尺寸公差等级可达 IT5~IT8，甚至更高，表面粗糙度值可达 $Ra0.16 \sim Ra1.25\mu m$（一般磨削），$Ra0.04 \sim Ra0.16\mu m$（精密磨削），$Ra0.01 \sim Ra0.04\mu m$（超精密磨削），甚至镜面磨削的表面粗糙度值可达 $Ra0.01\mu m$ 以下。磨削可以用于加工各种材料，包括淬硬钢、高强度合金钢、硬质合金、玻璃、陶瓷和大理石等高硬度金属和非金属材料的内外圆柱面、圆锥面和平面，以及螺纹、齿轮和花键等特殊、复杂的成形表面。随着缓进给磨削、高速磨削等高效率磨削的发展，已能从毛坯直接把零件磨削成形。也有用磨削作为荒加工工序的，如磨除铸件的浇冒口、锻件的飞边和钢锭的外皮等。

在现代制造业中，磨削技术占有重要的地位。一个国家的磨削水平，在一定程度上反映了该国的机械制造工艺水平。随着机械产品质量的不断

图9-1 磨削加工

提高，磨削工艺也不断发展和完善。目前，在工业发达国家，磨床在金属切削机床中的占比为 13%~27%。

 **知识链接**

一、磨削加工的范围

磨削加工的范围很广，不同类型的磨床可加工不同的型面。磨削通常可用于精加工各种平面、内外圆柱面、内外圆锥面、沟槽、成形面（螺纹、齿形等），以及刃磨各种刀具和工具。此外，磨削还可用于毛坯的预加工和清理等粗加工，见表9-1。

表 9-1 磨削加工的范围

加工范围		示 意 图	实 物 图
磨削平面			
磨削圆柱面	磨削外圆柱面		
	磨削内圆柱面		
磨削圆锥面	磨削外圆锥面		
	磨削内圆锥面		
磨削沟槽			

（续）

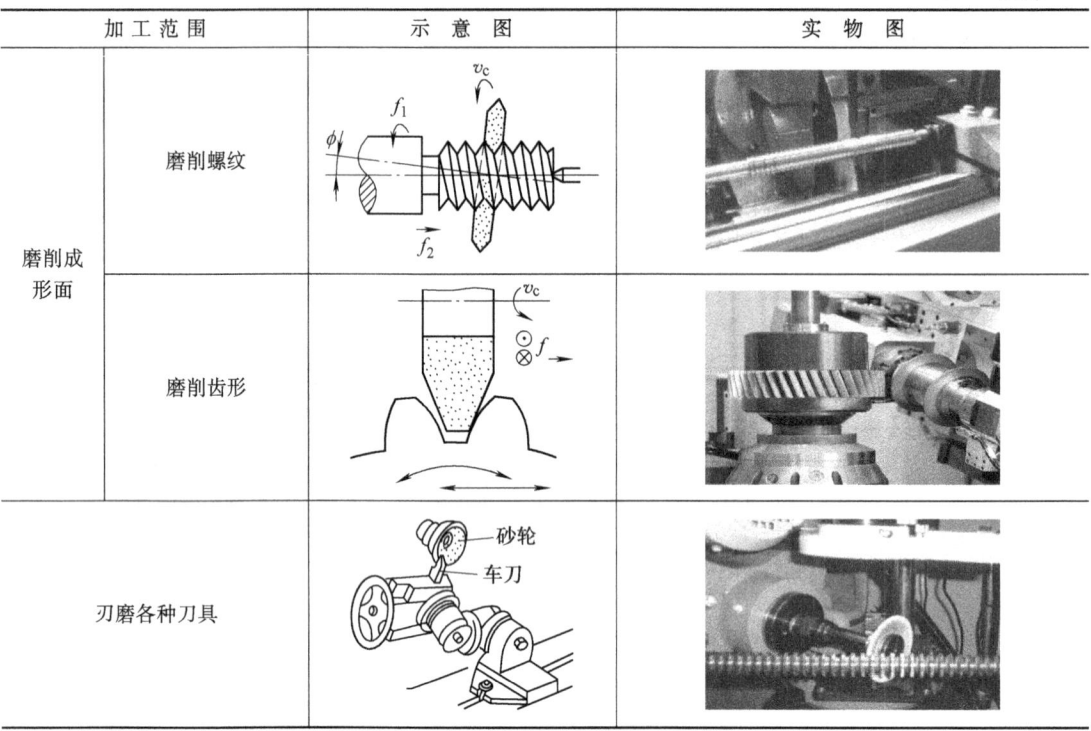

二、磨削运动和磨削用量

磨削时，加工对象不同，其所需运动也不同，归结起来一般有4个运动，如图9-2所示。

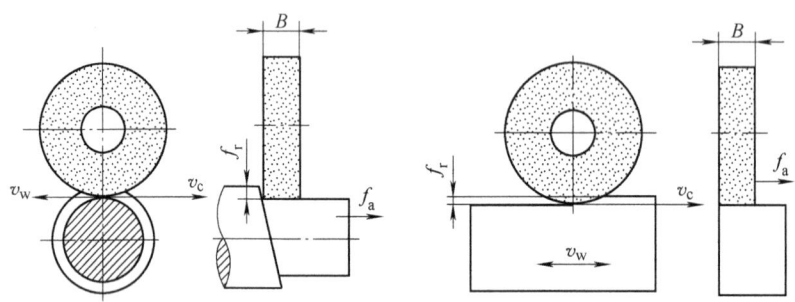

图9-2 磨削运动

1. 主运动速度

主运动是砂轮的旋转运动。主运动速度即磨削速度 v_c 是砂轮外圆的线速度，即

$$v_c = \frac{\pi D n}{1000 \times 60}$$

式中　D——砂轮直径（mm）；

　　　n——砂轮转速（m/s）；

　　　v_c——砂轮的圆周速度（m/s）。

砂轮的圆周速度表示砂轮磨粒的磨削速度，又称磨削速度。

外圆磨削和平面磨削的磨削速度一般为30~35m/s。内圆磨削因其砂轮直径限制故速度较低，一般为 18~30/m/s。

砂轮的圆周速度对磨削质量和生产率有直接的影响。当砂轮直径变小时，会出现磨削质量下降的现象，正是由于砂轮圆周速度下降的缘故。

2. 纵向进给量

工件每转一转，砂轮相对于工件在纵向进给运动方向的移动量，称为纵向进给量，如图9-3所示。

纵向进给量的计算式为

$$f = (0.2 \sim 0.8)B$$

式中　B——砂轮宽度（mm）；
　　　f——纵向进给量（mm）。

纵向进给量与工作台的纵向运动速度有关，其计算公式为

$$v_f = \frac{fn_w}{1000}$$

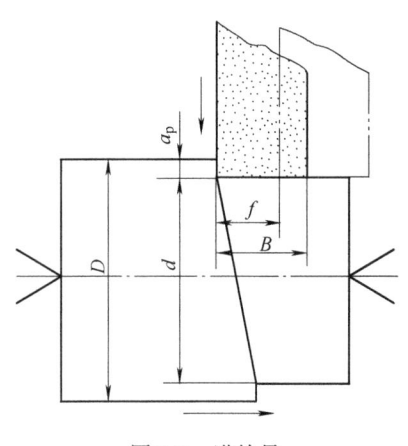

图9-3　进给量

式中　f——纵向进给量（mm）；
　　　n_w——工件转速（r/min）；
　　　v_f——工作台的纵向速度（m/min）。

3. 横向进给量

外圆磨削时，在每次行程结束后，砂轮在横向进给运动方向上的移动量，称为横向进给量，用 a_p 表示。它是衡量磨削深度大小的参数，又称背吃刀量。其尺寸从垂直于进给运动方向测量，计算公式为

$$a_p = \frac{D-d}{2}$$

式中　D——进给前工件的直径（mm）；
　　　d——进给后工件的直径（mm）；
　　　a_p——横向进给量（mm）。

外圆磨削时，横向进给量很小，一般取0.005~0.04mm，精磨时取小值，粗磨时则取大值。

4. 工件圆周速度

工件圆周速度是表示工件被磨削表面上任意一点，在每分钟内所走过的路程，用 v_w 表示，计算式为

$$v_w = \frac{d_w \pi n_w}{1000}$$

式中　d_w——工件外圆直径（mm）；
　　　n_w——工件转速（r/min）；
　　　v_w——工件圆周速度（m/min）。

工件的圆周速度远低于砂轮的圆周速度，一般为5~30m/min。

三、磨削热

磨削热是在磨削过程中，由于被磨削材料层的变形、分离及砂轮与被加工材料间的摩擦而产生的热。磨削热较大，热量传入砂轮、磨屑、工件或被切削液带走。然而砂轮是热的不良导

体，因此几乎 80% 的热量传入工件和磨屑，并使磨屑燃烧。磨削区域的高温会引起工件的热变形，从而影响加工精度。严重的会产生工件表面灼伤、裂纹等缺陷。因此，磨削时应特别注意对工件的冷却和减小磨削热，以减小工件的热变形，防止产生工件表面灼伤和裂纹。

任务实施

一、认识常用磨床

1. 常用磨床种类

磨床是利用磨具对工件表面进行磨削加工的机床。18 世纪 30 年代，为了适应钟表、自行车、缝纫机和枪械等零件淬硬后的加工，英国、德国和美国分别研制出使用天然磨料砂轮的磨床。这些磨床是在当时现成的机床如车床、刨床等上面加装磨头改制而成的，它们结构简单，刚性差，磨削时易产生振动，要求操作工人有很高的技艺才能磨出精密的工件。1876 年在巴黎博览会展出的美国布朗-夏普公司制造的万能外圆磨床，是首次具有现代磨床基本特征的机械。它的工件头架和尾座安装在往复移动的工作台上，箱形床身提高了机床刚性，并带有内圆磨削附件。1883 年，这家公司制成磨头装在立柱上、工作台做往复移动的平面磨床。1900 年前后，人造磨料的发展和液压传动的应用，对磨床的发展有很大的推动作用。随着近代工业特别是汽车工业的发展，各种不同类型的磨床相继问世。例如 20 世纪初，先后研制出加工气缸体的行星内圆磨床、曲轴磨床、凸轮轴磨床和带电磁吸盘的活塞环磨床等。

国家标准中将磨床品种分为三大类。一般磨床为第一类，用大写汉语拼音字母"M"表示，读作"磨"；第二类为超精加工磨床、抛光磨床、砂带抛光机等，用"2M"表示；加工轴承套圈、滚子、钢球、叶片等的磨床为第三类，用"3M"表示。具体可参见 GB/T 15375—2008 磨床的类、组、系划分表。

随着高精度、高硬度机械零件数量的增加，以及精密铸造和精密锻造工艺的发展，磨床的性能、品种和产量都在不断地提高和增长。常用磨床见表 9-2。

表 9-2 常用磨床

磨床类型	工艺范围	磨床图示
外圆磨床	主要用于磨削圆柱形和圆锥形外表面的磨床	
内圆磨床	主要用于磨削圆柱形和圆锥形内表面的磨床。此外，还有兼具内外圆磨的磨床	

(续)

磨床类型	工艺范围	磨床图示
坐标磨床	具有精密坐标定位装置的内圆磨床	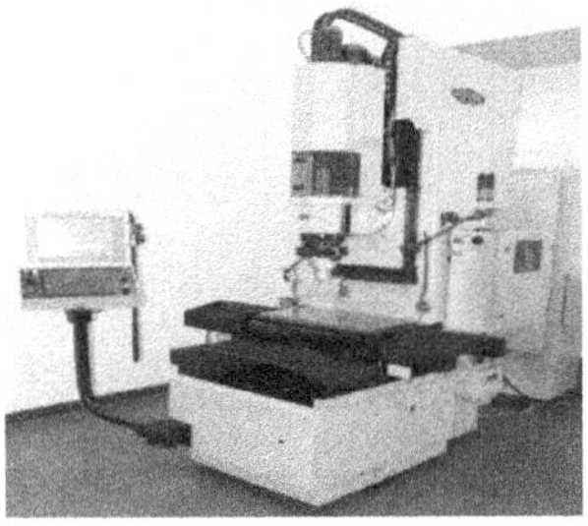
无心磨床	工件采用无心夹持,一般支承在导轮和托架之间,由导轮驱动工件旋转,主要用于磨削圆柱形表面的磨床	
平面磨床	主要用于磨削工件平面的磨床	
砂带磨床	用快速运动的砂带进行磨削的磨床	
珩磨机	用于珩磨工件各种表面的磨床	

(续)

磨床类型	工艺范围	磨床图示
导轨磨床	主要用于磨削机床导轨面的磨床	
工具磨床	用于磨削工具的磨床	
专用磨床	对某类零件进行磨削的专用机床,按其加工对象又可分为花键轴磨床、曲轴磨床、凸轮磨床、齿轮磨床、螺纹磨床、曲线磨床等	
研磨机	用于研磨工件平面或圆柱形内、外表面的磨床	

2. 磨床结构

磨床主要由床身、工作台、砂轮架等部件组成,不同组系的磨床各有其结构特点。

以常见的万能外圆磨床为例,主要部件除上述之外,还有头架、尾座和内圆磨具,如图9-4所示。

（1）床身 床身是机床的基础部件,用以支承安装在其上的各个部件,且要保持各个部件间的相对正确位置和运动精度。该磨床身为箱形铸件,其纵向导轨上装有工作台,垫板的横向导轨上装有砂轮架。床身内还装有液压装置、横向进给机构和纵向进给机构等。

（2）工作台 工作台分上下两层,上工作台可相对下工作台回转一定的角度,以便磨削锥面。下工作台由机械或液压传动,可沿着床身的纵向导轨做纵向进给运动,工作台的行程则由撞块控制。

（3）砂轮架 砂轮架安装在床身垫板的横向导轨上,操纵横向进给手轮可实现砂轮的横向进给运动,以控制背吃刀量。砂轮架还可由液压传动,实现一定行程的快速进退运动。

砂轮装在砂轮主轴端，以锥体定位，由电动机带动。砂轮上方为浇注切削液的喷嘴。

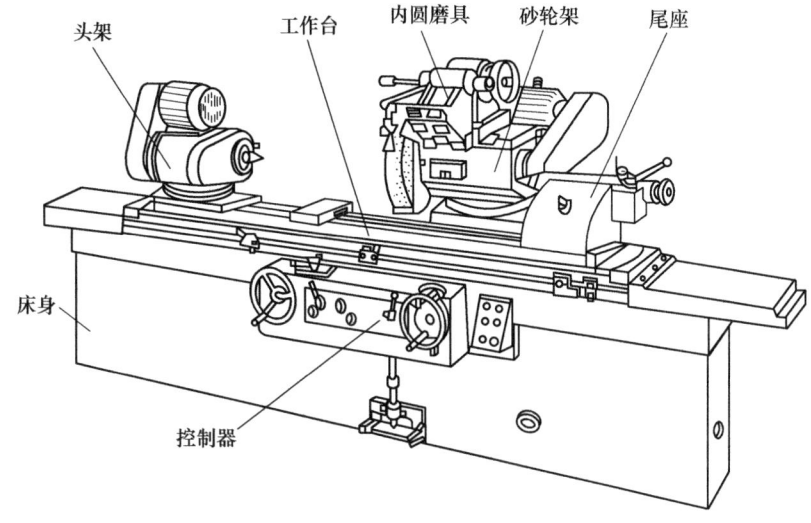

图 9-4 万能外圆磨床

（4）头架 头架由壳体、主轴部件、传动装置等通过底座安装在工作台上。主轴可安装卡盘夹持工件，或用顶尖支持工件，并使工件形成精确的回转中心。调节变速机构，可使主轴上拨盘获得不同转速，工件则由拨杆带动旋转。

（5）尾座 尾座套筒前端可安装顶尖与头架配合支承工件。尾座套筒后端的弹簧可调节顶尖对工件的轴向压力。

（6）内圆磨具 内圆磨具用于磨削工件的内孔，在它的主轴端可安装内圆砂轮，由电动机经传动带传动做磨削运动。内圆磨具装在可绕铰链回转的支架上，使用时可向下翻转至工作位置。

3. 磨床型号识别

根据 GB/T 15375—2008《金属切削机床 型号编制方法》的规定，磨床型号由大写的汉语拼音字母和阿拉伯数字组成。型号分基本部分和辅助部分，中间用"/"隔开（读作"之"）。前者需统一管理，后者纳入型号与否由企业自定。型号构成如下：

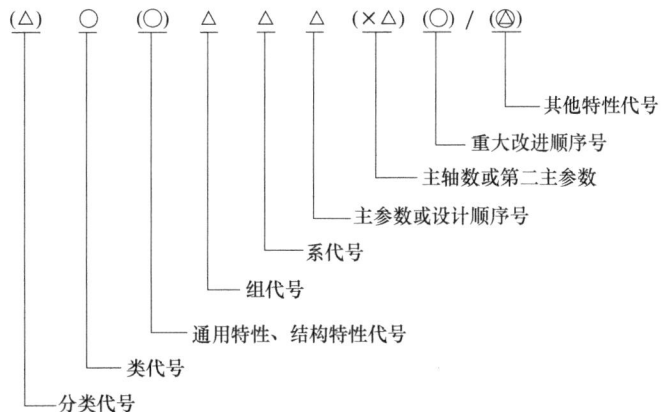

（1）分类代号、类代号 磨床的分类代号、类代号用 M、2M、3M 表示，前已述及，这

里不再赘述。

（2）通用特性、结构特性代号 机床通用特性代号见表9-3。

表9-3 机床的通用特性代号

通用特性	高精度	精密	自动	半自动	数控	加工中心（自动换刀）	仿形	轻型	加重型	柔性加工单元	数显	高速
代号	G	M	Z	B	K	H	F	Q	C	R	X	S
读音	高	密	自	半	控	换	仿	轻	重	柔	显	速

结构特性在型号中没有统一的含义，只有在同类机床中起区分机床结构、性能不同的作用，并排在通用特性的代号之后。结构特性代号用汉语拼音字母（通用特性代号已用的字母和"I""O"两个字母不能采用）表示。

（3）组、系代号 具体可见 GB/T 15375—2008 中磨床的类、组、系划分表。

（4）主参数或设计顺序号 磨床型号中的主参数用折算值表示，一般等于磨削的最大尺寸或机床工作台宽度（或最大回转直径）的数值的1/10，个别机床折算系数为1或1/100。例如无心外圆磨床 M1080 表示最大磨削直径为 ϕ80mm；M7130 型卧轴矩台平面磨床，30 表示其工作台宽度为 300mm；M8240 型曲轴磨床，40 则表示最大回转直径为 ϕ400mm。

设计顺序号是某些通用机床无法用一个主参数表示时采用的型号编号。设计顺序号由1起始，当设计顺序号小于10时，由01开始编号。

（5）主轴数或第二主参数 主轴数只有多轴机床才表示，其主轴的数值置于主参数前，磨床大多为单轴，可省略，不予表示。

第二主参数一般也不予表示，若有特殊情况，折算成 2~3 位数表示。

（6）重大改进顺序号 这类代号按字母本身读音，放在型号基本部分的末尾。其代号按改进的先后顺序用 A、B、C 等字母（但"I""O"两个字母不得选用）。

例1 解释型号 MGB1432D 的含义。

答：该机床为一般类磨床，代号 G 为高精度，B 为半自动，14 表示外圆磨床组的万能系列，32 表示其最大磨削直径为 ϕ320mm，D 表示该磨床为第四次重大改进的产品。所以，该机床的名称为"高精度、半自动万能外圆磨床"。

例2 简述型号 M7120B 的含义。

答：M 表示一般磨床类；71 表示卧轴矩台平面磨床；20 表示工作台最大宽度为 200mm；B 表示第二次结构重大改进。

例3 简述型号 M8612A 的含义。

答：M 表示一般磨床类；86 表示花键轴磨床；12 表示最大磨削直径为 ϕ120mm；A 表示第一次结构重大改进。

二、认识砂轮

1. 砂轮的结构

砂轮是由磨料和结合剂以适当的比例混合，经压制、干燥、烧结而成的。烧结后还需车削成形、静平衡、硬度测定及最高工作速度试验等一系列工序，以保证砂轮的质量。

砂轮的结构如图9-5所示，它由磨粒、结合剂和空隙（气孔）三个要素组成。

磨粒相当于切削刀具的切削刃，起切削作用。结合剂使各磨粒位置固定，起支持磨粒的作用。空隙则有助于排屑和散热。

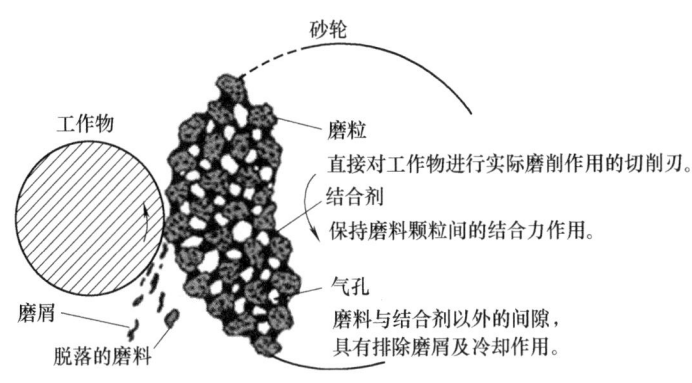

图 9-5 砂轮的结构

2. 砂轮的特性

砂轮的工作特性用以下几个要素衡量：磨料、粒度、结合剂、硬度、组织、强度、形状和尺寸等。各种特性都有其适用的范围。

（1）磨料 磨料是构成砂轮的主体材料。磨料经压碎后即成为各种粗细不等、形状各异的磨粒，在磨削时需经强烈的摩擦、挤压和高温的作用，因此对磨料的性能和成分都有一定的要求。

1）对磨料的要求。磨料应具如下性能：

① 较高的硬度。磨料的硬度要高于工件的硬度，这样才能切掉工件上的金属。

② 磨料的强度。磨料的强度指磨料在磨削力、热应力的作用下，保持其力学性能的程度。显然，磨料的强度要高于工件材料的强度。

③ 较好的韧性。磨料的韧性是指磨料在外力作用下，抵抗破裂的能力。韧性小（脆性大）的磨料，在未充分发挥切削作用之前，很容易被折断，砂轮极易迅速磨耗。

④ 较好的热稳定性（热硬性）。磨料的热稳定性是指磨料在磨削的高温之下，保持其物理性能的能力。热稳定性好，有利于减少切削变形。

⑤ 较好的化学稳定性。磨料的化学稳定性是指磨料不与工件黏附、扩散，不发生化学反应、变化的性能。化学稳定性好的磨料，可延缓砂轮钝化、减轻砂轮堵塞，对提高砂轮的切削能力、延长砂轮使用寿命非常有利。

2）磨料的种类。磨料分普通磨料和超硬磨料两大类。前者主要有刚玉类和碳化物类，后者主要有金刚石类和立方氮化硼类。普通磨料的种类、名称及代号见表 9-4。

表 9-4 普通磨料的种类、名称及代号

磨料种类	代号	主要特点	主要应用范围
棕刚玉	A	棕褐色，抗破碎能力强，抗氧化，抗腐蚀，韧性强	适于磨削抗拉强度大的金属材料，如普通碳素钢等
白刚玉	WA	洁白的刚玉晶体，有微刃结构，硬度比棕刚玉高，但脆性大，韧性低，切削能力强	主要用于淬火钢、合金钢的细磨和精磨，以及螺纹和齿轮的磨削
铬刚玉	PA	玫瑰红色，硬度与白刚玉接近，但韧性高，加工效率高，且加工表面精度高，表面粗糙度值小	适用于加工精密刃具、量具、仪表零件

(续)

磨料种类	代号	主要特点	主要应用范围
微晶刚玉	MA	灰色,呈微刃破碎状态,有较好的自锐性,韧性、强度较高	适于重载荷磨削,可以磨不锈钢、碳素钢、轴承钢等,也用于精密磨削
单晶刚玉	SA	单晶体,浅玫瑰色或白色,硬度和韧性都比刚玉高,抗破碎能力和切削能力强,但造价很高,有污染	适于加工韧性大、硬度高的难磨材料,如工具钢、合金钢及高钒钢等
锆刚玉	ZA	灰白色,韧性大,强度高,耐磨性好	适于高速重载荷磨削,特别适宜加工钛合金及耐热合金
黑刚玉	BA	黑色,自锐性好,磨削发热少,加工表面质量好	用于抛光因含铁高不适宜做陶瓷的磨具
黑碳化硅	C	蓝黑色,硬度高,脆性大,韧性低	适宜磨削抗拉强度低的金属材料及非金属合金,如铸铁黄铜
绿碳化硅	GC	绿色透明,纯度高,硬度高,脆性大	适宜加工硬而脆的材料,如硬质合金、玻璃等
立方碳化硅	SC	黄绿色,等轴晶系,硬度高,颗粒完整性好,切削能力强	微型轴承精密研磨及精密轴承钢和不锈钢磨削
碳化硼	BC	黑色,高温易氧化分解,不宜做磨具,单独使用	研磨或抛光硬材料
金刚石	D	硬度高,磨削能力强,导热性能好,磨削力、磨削热少,但易发生化学磨损,耐热性差	根据不同牌号(主要有 RVD、MBD、SCD、SMD、DMD)加工不同材料
立方氮化硼	CBN	硬度和韧性略低于金刚石,但热稳定性好,化学惰性高,导热性能好,磨削效率高	对各种材料都有十分优良的磨削效果

3) 磨料硬度和韧性比较。磨料的硬度和韧性是选用砂轮的重要依据,必须有所了解。

① 硬度比较。磨料从硬到软的次序为金刚石、立方氮化硼、碳化硼、绿碳化硅、立方碳化硅、黑碳化硅、单晶刚玉、白刚玉、铬刚玉、棕刚玉。

② 韧性比较。磨料从韧到脆的次序为铬刚玉、单晶刚玉、棕刚玉、白刚玉、微晶刚玉、黑碳化硅、绿碳化硅、立方氮化硼、金刚石。

(2) 粒度 粒度号为 F4~F220 的磨粒为粗磨粒,中值粒径不大于 $60\mu m$ 的超硬磨料磨粒为微粉 (F230~F1200),在自由状态直直接进行研磨或抛光的磨粒称自由磨粒。常用粒度号见表9-5。

粒度主要与加工表面粗糙度和生产率有关。

粗磨时,磨削余量大,要求的表面粗糙度值较大,应选用较粗的磨粒。因为磨粒粗、气孔大,磨削深度可较大,砂轮不易堵塞和发热。精磨时,余量较小,要求表面粗糙度值较低,可选取较细磨粒。一般来说,磨粒越细,磨削表面质量越好。

表9-5 常用粒度号

粗磨粒 F4~F220			微粉 F230~F1200
粗 粒 度	中 粒 度	细 粒 度	极 细 粒 度
4	30	70	230
5	36	80	240

(续)

粗磨粒 F4~F220			微粉 F230~F1200
粗粒度	中粒度	细粒度	极细粒度
6	40	90	280
7	46	100	320
8	54	120	360
10	60	150	400
12	—	180	500
14	—	220	600
16	—	—	800
20	—	—	1 000
22	—	—	1 200
24	—	—	—

（3）结合剂

砂轮中用以粘结磨料的物质称结合剂。砂轮的强度、抗冲击性、耐热性及耐蚀性主要取决于结合剂的性能。常用结合剂的种类、性能及用途见表9-6。

表9-6 常用结合剂的种类、性能及用途

种类	代号	性 能	用 途
陶瓷	V	耐热性、耐蚀性好，气孔率大，易保持轮廓，弹性差	应用广泛，适用于 $v_c<35\text{m/s}$ 的各种成形磨削、磨齿轮、磨螺纹等
树脂	B	强度高，弹性大，耐冲击，坚固性和耐热性差，气孔率小	适用于 $v_c>50\text{m/s}$ 的高速磨削，可制成薄片砂轮，用于磨槽、切割等
橡胶	R	强度和弹性更高，气孔率小，耐热性差，磨粒易脱落	适用于无心磨的砂轮和导轮、开槽和切割的薄片砂轮、抛光砂轮等
菱苦土	Mg	以锻烧氧化镁、氧化铁配制而成，在常温下即可硬化，无须焙烧工序。使用时须用水漆保护其非工作面	主要用于细粒度磨料做精细加工

（4）硬度 砂轮的硬度是指砂轮表面上的磨粒在磨削力作用下脱落的难易程度。砂轮的硬度软，表示砂轮的磨粒容易脱落；砂轮的硬度硬，表示磨粒较难脱落。砂轮的硬度和磨料的硬度是两个不同的概念。同一种磨料可以做成不同硬度的砂轮，它主要决定于结合剂的性能、数量以及砂轮制造的工艺。磨削与切削的显著差别是砂轮具有自锐性，选择砂轮的硬度，实际上就是选择砂轮的自锐性，希望还锋利的磨粒不要太早脱落，也不要磨钝了还不脱落。我国磨具硬度等级根据GB/T 2484—2006规定分七大级，见表9-7。

表9-7 磨具硬度等级及代号

等 级	代 号
极软	A、B、C、D
很软	E、F、G
软	H、J、K
中级	L、M、N
硬	P、Q、R、S

(续)

等 级	代 号
很硬	T
极硬	Y

注：硬度对砂轮的使用起至关重要的作用，请参照此表选准硬度。

选择砂轮硬度的一般原则是：加工软金属时，为了使磨料不致过早脱落，则选用硬砂轮。加工硬金属时，为了能及时地使磨钝的磨粒脱落，从而露出具有尖锐棱角的新磨粒（即自锐性），选用软砂轮。前者是因为在磨削软材料时，砂轮的工作磨粒磨损很慢，不需要太早的脱离；后者是因为在磨削硬材料时，砂轮的工作磨粒磨损较快，需要较快地更新。

精磨时，为了保证磨削精度和表面粗糙度值，应选用稍硬的砂轮。工件材料的导热性能差，易产生烧伤和裂纹时（如磨硬质合金等），选用的砂轮应软一些。

（5）组织　砂轮的组织是表示其内部结构松紧程度的参数，用磨料、结合剂、空隙（气孔）三者在砂轮内部的体积比例来衡量。砂轮所含磨料比例越大，组织越紧密；反之，空隙越大，砂轮组织越疏松，如图9-6所示。

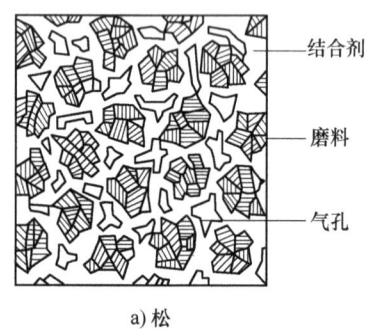
a) 松

b) 中

c) 密

图9-6　砂轮的组织

根据 GB/T 2484—2006 标准，砂轮组织号按磨粒率从大到小的顺序为 0，1，2，3，4，5，6，7，8，9，10，11，12，13，14。其中，磨粒占体积的百分比见表9-8。

表9-8　砂轮组织分类

组 织 号	0	1	2	3	4	5	6	7	8	9	10	11	12	13	14
磨粒率（%）	62	60	58	56	54	52	50	48	46	44	42	40	38	36	34
类别	紧密				中等				疏松				大气孔		
应用	重负载、成形、精密磨削，加工脆硬材料				外圆、内圆、无心磨及工具磨，淬硬工件及刀具刃磨等				粗磨及磨削韧性大、硬度低的工件，适合磨削薄壁、细长工件，或砂轮与工件接触面大以及平面磨削等				有色金属及塑料、橡胶等非金属以及热敏合金		

砂轮的组织紧密，易保持砂轮的几何形状，砂轮的寿命长和磨削精度高；砂轮的组织疏松，砂轮中空隙可容纳磨屑，在湿磨或干磨时能将切削液或空气带入磨削区，以减少磨削热，提高磨削效率。但组织疏松的砂轮磨损快，使用寿命短。

(6) 形状和尺寸 砂轮有不同的形状和尺寸,适用于不同的磨削加工。常用砂轮的形状和特征值标记见表 9-9。

表 9-9 常用砂轮的形状和特征值标记（摘自 GB/T 2484—2006）

砂轮名称	形 状	代 号	用 途
平形砂轮		1 型-圆周型面-$D \times T \times H$	磨削外圆、内圆、平面,并用于无心磨削
双斜边砂轮		4 型-$D \times T \times H$	磨削齿轮的齿形和螺线
粘结或夹紧用筒形砂轮		2 型-$D \times T \times H$	立轴端面平磨
杯形砂轮		6 型-$D \times T \times H$-$W \times E$	磨削平面、内圆及刃磨刀具
碗形砂轮		11 型-$D/J \times T \times H$-$W \times E$	刃磨刀具,并用于导轨磨
碟形砂轮		12a 型-$D/J \times T \times H$	磨削铣刀、铰刀、拉刀及齿轮的齿形
平型切割砂轮		41 型-$D \times T \times H$	切断和切槽

(7) 强度 砂轮强度通常用安全工作速度表示。

砂轮高速旋转时受到很大的离心力的作用,如果没有足够的强度,砂轮就会爆裂而引起严重事故。离心力的大小与砂轮圆周速度的平方成正比,所以当砂轮圆周速度增大到一定数值时,离心力就会超过砂轮强度所允许的范围,使砂轮爆裂。故各种砂轮都规定了安全工作速度,其速度要远低于砂轮爆裂的速度。

砂轮的安全工作速度在砂轮上以最高工作速度标识,其安全系数为1.5。

3. 砂轮的选择

在磨削加工中,磨削硬金属时,应选用较软的砂轮。因为这时砂轮容易磨钝,为了能及时自砺。反之,磨削稍软的材料时,沙粒钝化比较慢,应选择较硬的砂轮,以保持磨削性能。但在磨削很软的材料,如有色金属时,因砂轮易被切屑堵塞,故应选用较软的砂轮。

粗磨时,作用于沙粒的磨削力大,易自砺,故可选中等硬度的砂轮;高速磨削时,砂轮自砺性差,砂轮硬度比普通磨削砂轮硬度1~2小级。

成形磨削时,为保持砂轮正确形状,应选择较硬的砂轮;加工不连续表面时,因有冲击,磨粒易脱落,可选择较硬的砂轮。

导热性能差、易烧伤的工件,如高速钢刀具、轴承等,应用较软的砂轮。空心和薄壁零件,不易散热且易烧伤,应用较软的砂轮。

磨床刚度高时,用较软的砂轮,刚度低且有振动时用较硬的砂轮。磨削区面积大时,应选择较软的砂轮。

三、外圆磨削

外圆磨削可分为中心外圆磨削和无心外圆磨削。

1. 工件的装夹

万能外圆磨床上工件的装夹与卧式车床的装夹基本相同,一般采用前后顶尖、自定心卡盘、单动卡盘、花盘、心轴等。不同之处在于用前后顶尖装夹时,磨削顶尖不随工件一起转动且中心孔在装夹前需要修研,以提高加工精度。中心孔修研后和顶尖一起擦净,并加上适当的润滑脂。

修研的方法一般采用四棱硬质合金顶尖(与研磨孔相配)在车床或钻床上挤研(工件不旋转),研亮即可。

2. 外圆磨削方式

(1) 纵磨法　磨削时,砂轮高速旋转为主运动,工件低速旋转并随工作台做纵向直线往复的进给运动。在工件往复行程的终点,砂轮再做周期性的径向间歇进给,如图9-7所示。

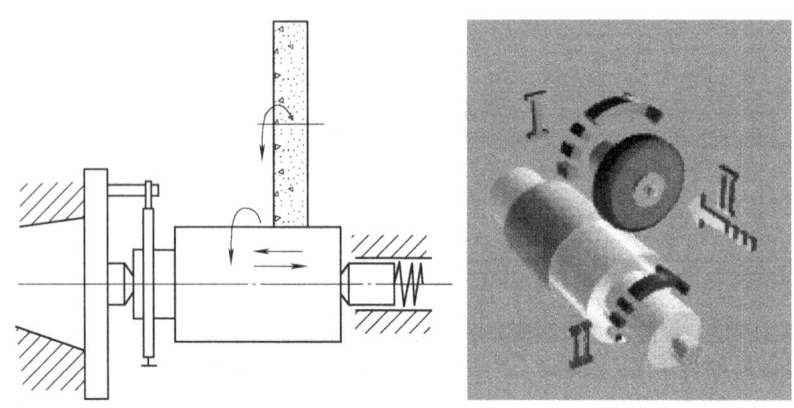

图9-7　纵磨法

纵磨法可以用同一砂轮磨削不同长度的工件,而且由于砂轮前部磨削后部起抛光作用且磨削深度很小(一般为0.005~0.01mm),因此加工质量高,但加工效率较低,且对前道工序要求较高(必须经过半精车或精车)。该法一般用于单件小批生产中磨削长度与直径之比较大的工件(即细长件)及精磨,在目前的实际生产中应用最广。

(2)横磨法 磨削时,工件无往复直线进给运动,砂轮以很慢的速度做连续或断续的径向进给,直至加工余量全部磨去,如图9-8所示。

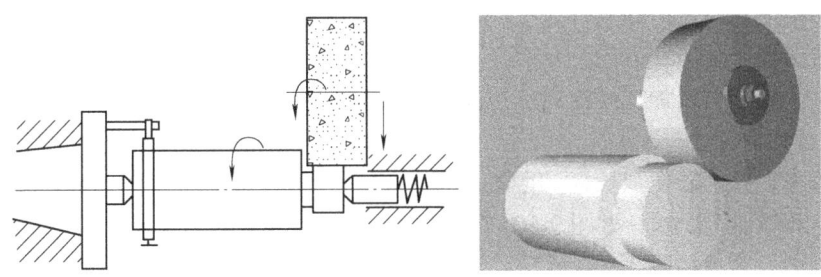

图9-8 横磨法

横磨法充分发挥了砂轮的切削能力,生产率高;但在磨削时,工件与砂轮的接触面积大,工件易变形和烧伤(温度高)。因此,加工时背向力大,加工质量差,一般用于成批或大批生产中刚性好且磨削长度较短的工件、台阶轴及其轴颈、工件的粗磨等。

(3)综合磨法 先用横磨法粗磨(相邻两段的搭接长度为5~10mm),当工件上的加工余量为0.01~0.03mm时,再采用纵磨法精磨。

(4)深磨法 磨削时,用较小的纵向进给量(一般为1~2mm/r)和较大的切削深度(一般为0.03mm左右),在一次行程中去除全部加工余量,如图9-9所示。

深磨法生产率很高,但要求加工表面两端有较大的距离,以便砂轮切入和切出,一般只用于成批或大批生产中刚性好的工件。

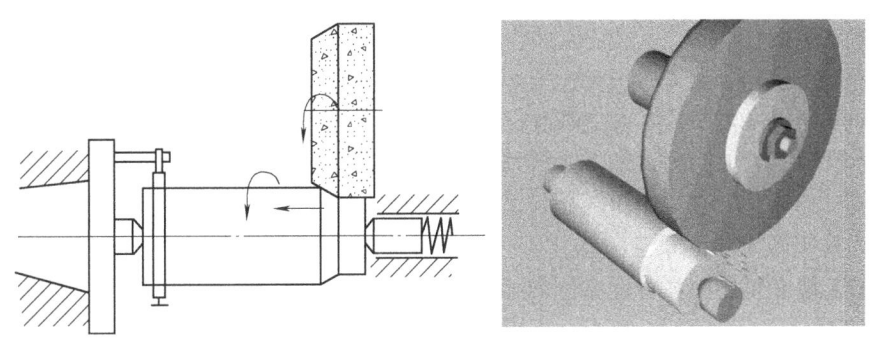

图9-9 深磨法

四、内圆磨削

1. 工件的装夹

内圆磨床上工件的装夹一般采用自定心卡盘、单动卡盘、花盘及压板等。对批量生产的工件可以采用专门设计制造的专用夹具进行装夹。

2. 内圆磨削的特点

内圆磨削与外圆磨削相比有如下特点：

1) 砂轮轴长，刚性差，易变形、振动，加工质量差。
2) 磨削内孔尺寸公差等级可达 IT6～IT8，表面粗糙度值可达 $Ra0.4～Ra0.8\mu m$。
3) 砂轮直径小，线速度低，磨削效率低。
4) 砂轮直径小，磨料切削次数多，磨损快。
5) 切削温度较高，冷却条件差。
6) 排屑困难，易堵塞砂轮。
7) 适应性好，可以加工硬材料，以及不通孔、阶梯孔等。

3. 内圆磨削方法

1) 纵磨法。要求砂轮加长杆的刚性要好，磨削时超越工件口距离为砂轮宽度的1/3～1/2，否则会出现加工误差，如图9-10a所示。
2) 横磨法。原理如图9-10b所示。
3) 无心内圆磨削。无心内圆磨削适用于薄壁大圆孔。
4) 坐标磨削。

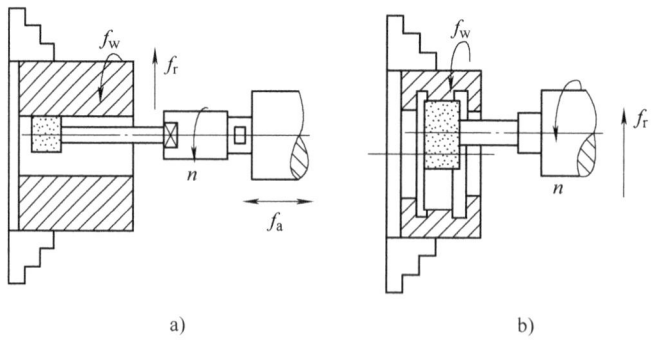

图9-10 内圆磨削方法

五、平面磨削

1. 工件的装夹

(1) 电磁吸盘直接装夹　电磁吸盘用于装夹定位面为平面且与电磁吸盘接触面积足够大的中、小型导磁工件。装夹前，工件应去刺并将电磁吸盘和工件擦净。工件一般装夹在电磁吸盘能吸牢的地方，必要时可在工件的端面增加遮挡，如图9-11所示。

(2) 永磁吸盘装夹　永磁吸盘主要由可移动的永久磁铁块组成，工件热变形小，可获得较高的加工精度且能圆弧分度磨削斜面。其应用与电磁吸盘基本相同，但在磁力减弱时要注意及时充磁。

(3) 夹具装夹　将机用平口钳、方箱、直角弯板、垫铁、角铁、低熔点材料粘固，专用夹具等简易夹具直接吸附在电磁吸盘上装夹工件。这种装夹方式不但用于磨削斜面及装夹面不是平面的工件，还可用于铜、铝、非金属等不导磁工件的装夹，如图9-11所示。

2. 周磨法和端磨法

平面磨削一般在平面磨床上进行，根据磨削时砂轮工作表面的不同，磨削方法有两种：周磨法和端磨法。

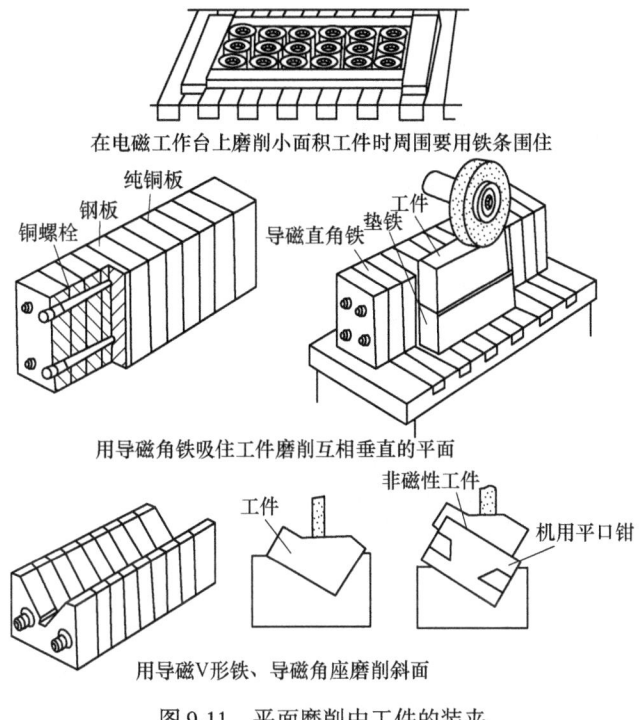

图9-11 平面磨削中工件的装夹

(1) 周磨法 用砂轮的圆周面磨削工件上的平面。其特点是砂轮与工件的接触面积小、排屑及冷却条件好、工件的发热量少、砂轮圆周表面磨损均匀等，所以能得到较高的加工质量，但效率较低。周磨法一般用于精磨及易翘曲变形的工件的磨削。

卧轴矩台磨床加工尺寸公差等级高达IT6～IT7，表面质量可达 $Ra0.4 \sim Ra1.6\mu m$，用于精加工。

(2) 端磨法 用砂轮的端面磨削工件上的平面（图9-12）。其特点是砂轮与工件的接触面积大、排屑及冷却条件比较差、工件的发热量大、砂轮磨损不均匀等，所以加工质量较差，但砂轮刚性好，磨削效率高。端磨法一般用于粗磨及形状简单工件的磨削。为改善磨削条件和提高磨削精度，可以选用大粒度、低硬度的杯形砂轮或碗形砂轮及镶块砂轮等。

立轴圆台磨床加工精度低，加工表面质量差，但效率高，用于粗加工代替铣削、刨削。

图9-12 端磨法

六、平面磨床保养

1. 一级保养

机床运行600h进行一级保养,以操作工人为主,维修工人配合进行。

首先切断电源,然后进行保养工作,见表9-10。

表9-10 平面磨床一级保养

序 号	保养部位	保养内容及要求
1	外保养	清洗机床外表及各防护罩壳,保持内外清洁,无锈蚀,无黄袍 清洗磨头、导轨、丝杠 补齐、紧固螺钉、螺母、手柄、手球等机件,保持机床整齐 清洗附件,做到清洁、整齐、防锈
2	砂轮架 升降机构	清洗砂轮架,修光导轨面毛刺 手轮进给轻便灵活,空转量小于1/40转
3	工作台	清洗工作台面毛刺、伤痕 检查撞块可靠性,必要时修复或更换
4	液压 润滑	检查液压系统,保持正常运行 清洗油泵、过滤器、油孔,做到油路畅通,油管牢固,油标明亮,无泄漏 油质、油量符合要求
5	冷却	清洗过滤器,拆洗冷却管,管路畅通无泄漏 清洗切削液箱,更换切削液
6	电气	清扫电气箱、电动机 电器装置固定整齐,安全可靠 检查闲置挡块、电磁吸盘,灵敏可靠 检查、紧固接零装置

2. 二级保养

机床运行5000h进行二级保养,以维修工人为主,操作工人参加,除执行一级保养内容及要求外,应做好下列工作,并测绘易损件,提出备品配件。

首先切断电源,然后进行保养工作,见表9-11。

表9-11 平面磨床二级保养

序 号	保养部位	保养内容及要求
1	砂轮架 升降机构	检查、调整主轴、轴瓦间隙及各传动轴、丝杠、螺母间隙 检查平衡砂轮 修复或更换磨损零件
2	工作台	拆卸工作台,更换磨损的油封 清除导轨表面毛刺和研伤
3	液压 润滑	检查、调整液压操纵板各阀、管路及液压系统压力,保持正常运行 修复或更换磨损零件
4	电器	清洗电动机,检查电气箱,修整线路 修复或更换损坏零件 电器符合设备完好标准要求
5	精度	找正机床水平,检查、调整、修复精度 精度符合设备完好标准要求

项目九　认识磨削加工

任务小结

磨床加工范围如图 9-13 所示。

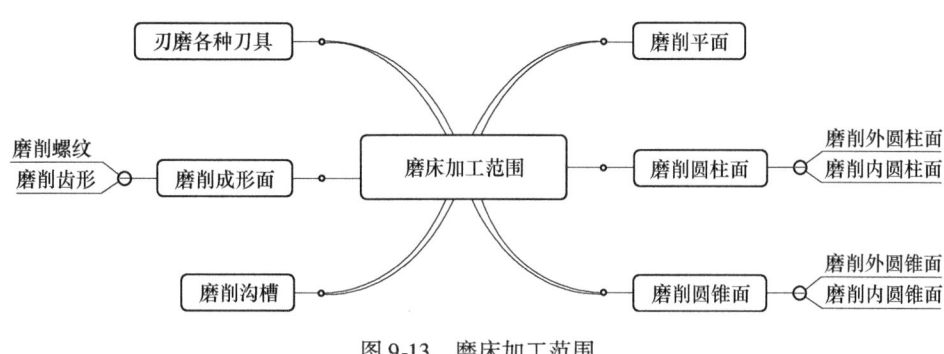

图 9-13　磨床加工范围

拓展提高

高速磨削及超高速磨削技术的发展

磨削加工在机械制造业中应用非常广泛，在汽车、航空航天等领域的应用尤其重要。经过长期的发展，磨削技术正朝高速、高效、表面粗糙度值小、精密、智能等方向发展。

普通磨削的砂轮圆周速度在 45m/s 以下，高速磨削在 45m/s 以上，超高速磨削则在 150m/s 以上（有的研究机构，如德国亚琛工业大学已经实现 500m/s）。高速、超高速磨削可以大幅度提高磨削效率、延长砂轮寿命和减小表面粗糙度值，可以对硬脆材料实现延性域磨削，对高塑性和难磨材料也有良好的磨削表现。在普通磨削速度下，磨削镍基合金的磨削力随着磨除率提高而迅速增加，而在超高速磨削速度下，磨削镍基合金的磨削力随磨除率提高而增加幅度很小，进给速度可以达到 60m/min（而普通磨削进给速度不能超过 1m/min）。

超高速磨削是近年迅猛发展的一项先进制造技术，被誉为"现代磨削技术的最高峰"。日本先端技术研究学会把超高速加工列为五大现代制造技术之一。国际生产工程学会将超高速磨削技术确定为面向 21 世纪的中心研究方向之一。东北大学自 20 世纪 80 年代开始一直跟踪高速、超高速磨削技术发展，并对超高速磨削机理、机床设备及其关键技术等开展了连续性的研究，建造了我国第一台额定功率为 55kW、最高砂轮线速度达 250m/s 的超高速试验磨床，进行了超高速大功率磨床动静压主轴系统研究、电镀 CBN（氮化硼）超高速砂轮设计与制造、超高速磨削成屑机理及分子动力学仿真研究、超高速磨削热传递机制和温度场研究、高速钢等材料的高效深磨研究、超高速单颗磨粒 CBN 磨削试验研究、超高速磨削砂轮表面气流场和磨削摩擦因数的研究等，部分研究成果达到国际先进水平。

超高速磨床的主轴最高转速在 10000r/min 以上，传递的磨削功率常为几十千瓦，故要求其主轴系统刚性好、回转精度高、温升小、空转功耗低。近年来，超高速磨床越来越多地使用电主轴。在第 19 届日本国际机床展览会上，展出的超高速主轴转速基本上在 10000～25000r/min 之间。目前瑞士的 Fisher 公司的电主轴产品，其最高转速为 40000r/min，驱动功率为 40kW，转速高达 200000r/min 和 2500000r/min 的实用高速电主轴也在研究开发中。

超高速主轴单元的核心是超高速精密轴承，目前主要采用陶瓷滚动轴承、磁浮轴承、空气静压轴承和液体动静压轴承等。陶瓷滚动轴承采用性能优越的热压 Si3N4 陶瓷球和钢套圈，润滑多用油气润滑，具有 d_{mn} 值高（$\geq 2.7 \times 10^6$）（轴承 d_{mn} 值＝轴承节圆直径（mm）×旋转速度（r/min））、标准化程度高、便于维护的优点。用其组装的超高速主轴能兼有速度高、刚度和功率大、寿命长等优点。其缺点是制造难度大、成本高，对拉伸应力和缺口应力较敏感。磁浮轴承的最高表面速度可达 200m/s，但磁浮轴承存在的主要问题是刚度与负荷容量低，电磁测控系统复杂且价格昂贵，且有发热、漏磁问题。随着新型磁性材料的出现及超导技术、传感技术和控制技术的发展，磁浮轴承可能成为未来超高速主轴轴承的一种选择。液体动静压轴承具有径向圆跳动和轴向圆跳动误差小、阻尼特性好、功率大、动态特性好、在全转速范围内具有承载能力强和刚度大等优点，但在超高速、高负荷条件下工作时需使用低黏度流体和高供液压力，因此结构设计必须考虑其湍流、流体惯性和压缩性、温度黏度变化以及空穴等复杂现象，而且空载功率损耗大。东北大学研制的超高速磨削实验机床主轴采用动静压轴承，转速达 15000r/min。空气静压轴承具有高速回转精度高、无振动、摩擦阻力小、经久耐用等特点，主要用于高速轻载和超精密的主轴系统中。

超高速磨削是先进制造的前沿技术，在获得高效率、高精度的同时，又能对各种材料和形状进行高表面完整性和低成本加工，因此也正为世界工业发达国家所重视，并已开始进入实用化阶段。随着超硬磨料磨具的应用和发展，高速大功率精密机床及数控技术、新型磨削液和砂轮修整等相关技术，以及磨削自动化和智能化等技术的发展，使超高速磨削和高效率磨削技术在机械制造领域具有更加重要的地位，发展前景广阔。

模块五

现代加工技术

项目十　走近先进制造技术

　学习目标

（1）了解先进制造技术的发展方向。
（2）了解先进制造技术的组成。

　项目描述

制造业是推动人类历史发展和文明进步的主要动力产业，是国家高技术产业的基础和国家安全的重要保障，而先进制造技术则是保障制造业高水平持续快速发展的基础，在国民经济中起着重要的作用。

先进制造技术（Advanced Manufacturing Technology，AMT）是指微电子技术、自动化技术、信息技术等先进技术给传统制造技术带来的种种变化与新型系统。具体地说，先进制造技术就是集机械工程技术、电子技术、自动化技术、信息技术等多种技术为一体所产生的技术、设备和系统的总称。

先进制造技术不仅是衡量一个国家科技发展水平的重要标志，也是国际间科技竞争的重点。经过 30 多年的改革开放，我国正处在经济发展的关键时期，虽然经过几代人的努力中国已经成为又一个"世界工厂"，但是制造技术仍然是我国的薄弱环节，与发达国家相比仍然存在很大的差距，"世界工厂"并不意味着中国就是世界制造强国了，因此大力发展先进制造技术是非常有必要的。我们不仅要发展而且还要有创造性的发展，这样才能在激烈竞争的形势中占得先机。制造业中最主要的是机械制造。改革开放以来，通过技术改造和引进国外先进技术，我国机械制造技术水平不断发展和提高，已经具有了相当的规模和实力，先进制造技术的发展在我国机械行业的振兴中具有举足轻重的地位。

　知识链接

包括计算机技术、自动控制理论、数控技术、机器人技术、CAD/CAM 技术、计算机集成制造技术以及网络通信技术等在内的信息自动化技术的迅猛发展，为先进制造技术的发展和应用提供了日益增多的高效能手段。

一、工业应用技术

工业应用技术包括机械、电子、信息、材料及能源技术成果，综合应用于制造过程。

1. 数控技术

数控技术，是用数字量及字符作为加工的指令，实现自动控制的技术。数控技术的核心是数字控制技术，即用计算机来对输入的指令进行存储、译码、计算、逻辑运算，并将处理的信息转换为相应的控制信号，控制运动精度较高的驱动元件，使之按编程人员设定的运动轨迹来高效加工，从而彻底克服了传统机械加工的缺点。表 10-1 为常用的数控机床。

表 10-1　常用数控机床

机床类型	机床外形	机床加工范围
CAK63/80/100 系列数控卧式车床		该系列机床品种、规格齐全，可以实现轴类、盘类零件的内外表面、锥面、圆弧、螺纹、镗孔、铰孔加工，也可以实现非圆曲线加工。根据用户的需求，可选配不同的数控系统和附件
HTC20/50/63/80Z 系列车削中心		该系列车削中心特别适合于汽车、摩托车、航天、军工、石油等行业对回转体的圆柱面、圆弧面、圆锥面、端面、车槽及各种米制、英制螺纹等进行批量、高效、高精度的自动加工
VTM100100 系列立式车铣中心		该系列机床主要满足军工、航天、医院、机械等行业的具有复杂型面和高精度要求的零件加工，如叶轮、叶片、模具、汽车零部件等的加工。机床通过高转速、小进给量来有效地进行加工，以保证零件的精度和表面质量
HMC40/50/63/80 系列卧式加工中心		该系列机床采用双交换工作台，最适合零件多工作面的铣、钻、镗、铰、攻螺纹，以及维、三维曲面等多种工序加工，具有在一次装夹中完成箱体孔系和平面加工的良好性能，还特别适合箱体孔的调头镗孔加工，广泛应用于通用机械等行业
D218/318/418 高速五轴加工中心		该系列机床是价格合理，功能全面的高速机床，对合金铝、石墨、淬硬钢及超硬合金等材料的加工有独到之处，用于中、小型工件的加工。丰富的选项使得该机床具有加工复杂型面所需的高速和准确的特性，应用广泛
GMB20m5x 系列动龙门式五轴加工中心		本系列机床适用于模具加工、叶轮、"欠加工点"、汽车轮胎模具加工

2. 计算机辅助设计与制造（CAD/CAM）技术

计算机辅助设计与制造是计算机辅助设计（Computer Aided Design，CAD）与计算机辅助制造（Computer Aided Manufacturing，CAM）相结合而组成的系统，它依托强大的软件来完成产品设计中的建模、解算、分析、虚拟模拟、加工模拟、制图、数控编程、编制工艺文件等工作。表 10-2 为常用 CAD/CAM 软件。

表 10-2 常用 CAD/CAM 软件

软件名称	软件介绍
AutoCAD	AutoCAD 软件是国际上著名的二维和三维 CAD 设计软件，是美国 Autodesk 公司首次于 1982 年生产的自动计算机辅助设计软件，用于二维绘图、详细绘制、设计文档和基本三维设计，现已经成为国际上广为流行的绘图工具。.dwg 文件格式成为二维绘图的事实标准格式
浩辰 CAD	浩辰 CAD 软件是著名的国产 CAD 设计软件，由苏州浩辰软件股份有限公司开发。浩辰 CAD 完美兼容 AutoCAD，在界面、功能、操作习惯、命令方式、文件格式、二次开发接口与之基本一致，并根据国内用户需求开发了大量使用工具，具有更高的性价比。此外浩辰 CAD 还可以提供针对勘察设计行业和制造业的全面解决方案。2012 年，该公司推出了集建筑、结构、水暖电、日照、节能等专业软件及协同设计和管理系统于一体的全套解决方案
中望 CAD	中望 CAD 软件由广州中望龙腾软件股份有限公司开发。中望 CAD 软件兼容普遍使用的 AutoCAD，在界面、功能、操作习惯、命令方式、文件格式上与之基本一致，但具有更高的性价比和更贴心的本土化服务，深受用户欢迎，广泛应用于通信、建筑、煤炭、水利水电、电子、机械、模具等勘察设计和制造业领域
UG	UG 是 Siemens PLM Software 公司出品的一个产品工程解决方案，它为用户的产品设计及加工过程提供了数字化造型和验证手段。Unigraphics NX 针对用户的虚拟产品设计和工艺设计的需求，提供了经过实践验证的解决方案。UG 同时也是用户指南（user guide）和普遍语法（Universal Grammar）的缩写。这是一个交互式 CAD/CAM 系统，它功能强大，可以轻松实现各种复杂实体及造型的建构，已经成为模具行业三维设计的一个主流应用
SolidWorks	SolidWorks 为达索系统（Dassault Systemes S. A）下的子公司，专门负责研发与销售机械设计软件的视窗产品。SolidWorks 软件已成为全球装机量最大、最好用的软件。资料显示，目前全球发放的 SolidWorks 软件使用许可约 28 万，涉及航空航天、机车、食品、机械、国防、交通、模具、电子通信、医疗器械、娱乐工业、日用品/消费品、离散制造等分布于全球 100 多个国家的约 31000 家企业
creo	Creo 软件是美国 PTC 公司于 2010 年 10 月推出 CAD 设计软件包。Creo 软件是整合了 PTC 公司的三个软件即 Pro/Engineer 的参数化技术、CoCreate 软件的直接建模技术和 ProductView 的三维可视化技术的新型 CAD 设计软件包，是 PTC 公司闪电计划所推出的第一个产品。它针对不同的任务应用将采用更为简单化子应用的方式，所有子应用采用统一的文件格式。Creo 软件的目的在于解决 CAD 系统难用及多 CAD 系统数据共用等问题
CAXA	北京数码大方科技股份有限公司（CAXA）是中国领先的工业软件和服务公司，是中国最大的 CAD 和 PLM 软件供应商，是中国工业云的倡导者和领跑者，主要提供数字化设计（CAD）、数字化制造（MES）、产品全生命周期管理（PLM）和工业云服务，是"中国工业云服务平台"的发起者和主要运营商

3. 特种加工技术

传统机械切削加工的本质为：刀具材料比工件材料更硬，用机械能把工件上多余的材料切除，零件的形状由机床的成形运动产生。但是，随着生产发展和科学实验的需要，很多工业部门要求尖端科学技术产品向高精度、高速度、耐高温、小型化和结构复杂化等方向发展。尺寸精度、表面质量和某些特殊要求越来越高，工件材料越来越硬，加工表面越来越复杂，传统的加工方法已不能满足生产的需要，人们探索利用电、磁、声、光、化学等能量或将多种能量组合施加在工件的被加工部位，实现材料去除、变形、改变性能或被镀覆等非传统加工方法，这些方法统称为特种加工。表10-3 为常用特种加工方法。

表10-3 常用特种加工方法

加工方法	设备外形	应用场合
激光加工		根据激光束与材料相互作用的机理，大体可将激光加工分为激光热加工和光化学反应加工两类。激光热加工是指利用激光束投射到材料表面产生的热效应来完成加工过程，包括激光焊接、激光雕刻切割、表面改性、激光镭射打标、激光钻孔和微加工等。光化学反应加工是指激光束照射到物体，借助高密度激光高能光子引发或控制光化学反应的加工过程，包括光化学沉积、立体光刻、激光雕刻刻蚀等
电火花加工		电火花加工是利用浸在工作液中的两极间脉冲放电时产生的电蚀作用蚀除导电材料的特种加工方法，又称放电加工或电蚀加工（Electrical Discharge Maching, EDM）。电火花加工主要用于：加工具有复杂形状的型孔和型腔的模具和零件；加工各种硬、脆材料，如硬质合金和淬火钢等；加工深细孔、异形孔、深槽、窄缝和切割薄片等；加工各种成形刀具、样板和螺纹环规等工具和量具
电化学加工		电化学加工（Electrochemical Machining）是利用电化学反应（或称电化学腐蚀）对金属材料进行加工的方法。与机械加工相比，电化学加工不受材料硬度、韧性的限制，已广泛用于工业生产中。常用的电化学加工有电解加工、电磨削、电化学抛光、电镀、电刻蚀和电解冶炼等

二、制造业综合自动化

制造业综合自动化是信息技术、自动化技术和现代企业管理技术的有机结合。

1. 机器人技术

计算机控制的可再编程的多功能操作器，又称工业机器人。它能在三维空间内完成多种操作。机器人技术是综合了计算机、控制论、机构学、信息、传感技术、人工智能和仿生学等多学科而形成的高新技术。

机器人由关节元件、末端执行器、机身和控制装置所组成，具有类似人的动作的功能。还有一种机器人，由于安装有感觉元件和遥感元件，以分析计算机和行走装置，具有感觉、触觉、分析、判断、决策和行走的功能，称为智能机器人。图10-1 所示为机器人在生产中的应用。

图 10-1 机器人在生产中的应用

2. 成组技术

人们用大批量生产的组织形式,以高效的生产设备、高效的工艺技术去制造单件小批的零件,降低生产成本,成组技术(Group Technology,GT)就应运而生。成组技术就是应用相似性原理,在多品种产品的生产中将相似零件组织在一起进行生产,使组内零件近似为原来的单一品种的大批量,或者变单件小批生产为批量生产,按照批量生产的生产组织、管理技术来进行生产。

3. 柔性制造系统

柔性制造系统是以计算机为控制中心实现自动完成工件的加工、装卸、运输、管理的系统。它具有在线编程、在线监测、修复、自动转换加工产品品种的功能。一个柔性制造系统一般由三部分组成，即加工系统、物料储运系统和计算机控制的信息流系统。图10-2 为柔性焊装生产线。

柔性制造系统的特点是：高柔性，通过在线编程控制高自动化设备工作；高效率，合理控制设备的切削用量，实现高效加工，减小辅助时间和准备、终结时间；高度自动化，工件的加工、装配、检验、搬运、仓库存取完全由自动化程度高的设备来完成；柔性化生产大大减少操作人员、机床数目，提高机床利用率，缩短生产周期、降低产品成本、降低库存、减少流动资金、缩短资金流动周期，因此可取得较高的综合经济效益。

图10-2 柔性焊装生产线

三、系统管理技术

通过系统管理技术，使制造业综合自动化、过程工业综合自动化、系统技术等综合应用于制造全过程，实现优质、高效、低耗、清洁、灵活生产，获得理想的技术经济效果。

1. 并行工程

并行工程（Concurrent Engineering，CE）是对产品及其设计过程和制造过程进行并行、集成设计的一种系统化工作模式。这种模式使产品开发人员从一开始就考虑到从概念形成到产品报废的全生产周期中的所有因素，包括加工的质量、成本、进度和产品的技术性能及使用性能需求等，减少加工制造中可能出现的问题，加速产品开发过程，缩短开发周期。并行工程的最大特点是利用计算机的仿真技术，用上、下游共同决策方式，在计算机上进行产品整个生命周期各个阶段的设计。

2. 虚拟制造

虚拟制造（Virtual Manufacturing，VM）是利用计算机技术、建模技术、信息处理技术、仿真技术对现实制造活动中的人、物、信息及制造过程进行全面的仿真模拟，以发现设计或制造中出现的问题，在产品实际生产前就改进完成，省略了产品的开发研制阶段，达到降低设计和生产成本、缩短产品开发周期、增强产品竞争力的目的。

3. 计算机集成制造系统

计算机集成制造系统（Computer Integrated Manufacturing System，CIMS）是在自动化技术、信息技术及制造技术的基础之上，通过计算机网络及数据库，将分散的自动化系统有机的集成起来，完成从原材料采购到产品销售的一系列生产过程的高效益、高柔性的先进制造系统。该系统包含：技术应用系统，如工程设计与制造系统、管理信息系统、制造自动化系统、质量保证系统；支撑系统，如数据库系统、通信网络保障系统。

任务实施

探访凯迪拉克工厂——10 个工人 + 386 台机器人

上汽通用凯迪拉克工厂作为国内首座以太工厂（图10-3），具有高自动化及大数据处理功能，是目前中国智能化程度最高、质量管控等级最高、环保等级最高的工厂。作为通用汽车全球体系内第一家应用全以太网络控制架构的智能工厂，上气通用凯迪拉克工厂通过业界领先的智能物联网系统追溯每一个关键紧固点的扭矩信息。这座拥有众多高新技术专利的占地面积 47.7 万 m^2 的工厂也刷新了中国汽车工业的建造纪录，仅以短短 17 个月的建设周期落成。

图 10-3　上汽通用凯迪拉克工厂

上汽通用凯迪拉克工厂的三大车间拥有众多全球首次应用的高新技术专利。我们按照车身车间—涂装车间—总装车间来目睹凯迪拉克 CT6 的整个制造过程。

一、车身车间

上汽通用凯迪拉克工厂车身车间工艺面积 $45000m^2$，包含钢、铝两条全自动化生产线，最多支持 7 种车型共线生产，是上汽通用汽车规划实施的最大柔性车身车间，同时也是国内首个具备全铝车身制造能力的车身车间，如图10-4所示。车身车间共有机器人 386 台，实现车身连接技术 100% 自动化，通过应用多种连接工艺，得以在工厂首款投产的凯迪拉克 CT6 上打造坚固与轻盈的铝合金复合车身，整体强度相对于传统钢框架车体上升 30%。

项目十　走近先进制造技术

图 10-4　上汽通用凯迪拉克工厂车身车间

1. 车身车间的四大先进连接工艺

车身车间的四大先进连接工艺包括铝激光钎焊、铝电阻点焊、自攻螺接和自冲铆接。

（1）铝激光钎焊　铝激光钎焊是以激光为介质加热熔化钎料并填充铝质母材间隙的一种连接工艺，应用于车顶、后盖外板焊接，接口致密美观，强度高。该技术首次应用于国内汽车行业，获得的结构强度高于普通焊接 20%，焊缝表面平滑致密，且生产率高，约为一般连接工艺的 3 倍。图 10-5 所示为上汽通用凯迪拉克工厂的铝激光钎焊应用。

（2）铝电阻点焊　铝电阻点焊技术依靠电极压力下的电阻热量熔化铝材，并使其相互连接，是目前全球最先进的铝材焊接技术。该技术首次在 CT6 车型上应用，且通用汽车公司拥有相关多项专利。图 10-6 所示为上汽通用凯迪拉克工厂的铝电阻点焊应用。

图 10-5 上汽通用凯迪拉克工厂的铝激光钎焊应用

图 10-6 上汽通用凯迪拉克工厂的铝电阻点焊应用

(3) 自攻螺接 自攻螺接是在工件表面顶压螺钉的同时并使螺钉高速旋转，在双（多）层板料中自攻形成螺纹，从而快速实现板料间螺钉连接的一种"冷"连接工艺。单侧进枪，极大提升了在 CT6 上的 11 种复合材料复杂工况下实现板材连接的可行性，从而赋予车体设计更大的灵活性，气密性和水密性均优于传统连接工艺，相比传统焊接工艺，具备优良的动态承载性、耐久性及抗疲劳强度，大大提升车辆在相关方面的质量表现。图 10-7 所示为上汽通用凯迪拉克工厂的自攻螺接应用。

(4) 自冲铆接 自冲铆接是使用高强度管状铆钉在高压作用下穿透上层板材，同时铆钉末端刺入下层板材后在压力及下模的作用下膨胀形成自锁，从而实现板材间的连接。该技术可实现不同种类材料（铝、钢、塑料）之间的有效连接，连接强度为普通电阻点焊强度的 120%，是一种无烟尘、无发热的绿色工艺，能耗低，生产率极高。图 10-8 所示为上汽通用凯迪拉克工厂的自冲铆接应用。

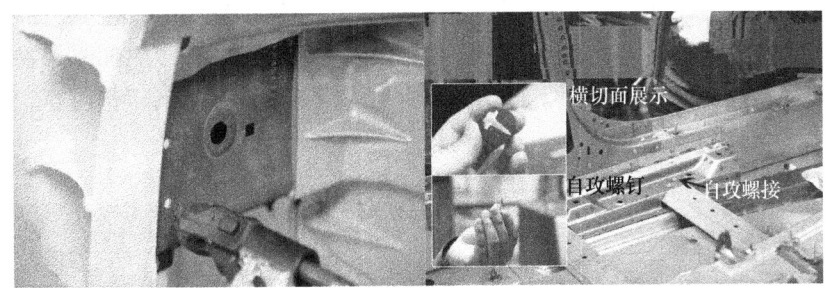

图 10-7　上汽通用凯迪拉克工厂的自攻螺接应用

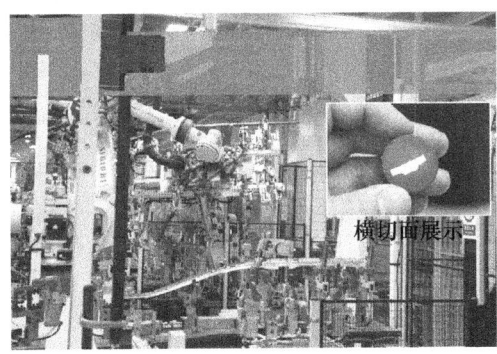

图 10-8　上汽通用凯迪拉克工厂的自冲铆接应用

2. 车身车间三大区域的划分

（1）CT6 分拼区域　CT6 分拼区域包含前舱分拼线、底板主线、侧围内板、外板分拼线共 19 个工位，50 台机器人，4 种连接工艺，焊接自动化率 100%。物料的输送方式则采用了 AGC 送料、机器人上料和下料、机器人搬运、电动单轨系统（Electric Monorail System, EMS）上线、吊具。分拼区域的工作内容如图 10-9 所示。

（2）CT6 主线区域　CT6 主线区域包含内总拼、外总拼、车顶分拼、补焊线，内外总拼均为"3+1"车型 Open Gate（柯马公司的柔性主拼装生产线）；车顶采用机器人包边工艺，共 41 个工位，56 台机器人，5 种连接工艺。该区域采用机器人立面涂胶，焊接自动化率同样为 100%。物料输送方式则为定位随行工装、机器人搬运、EMS、shuttle（无线穿梭车）线、吊具。图 10-10 所示为 CT6 主线区域的工作内容。

（3）门盖表调区域　门盖表调区域包括4门、前后盖、翼子板安装，表面检查和返修，总共48个工位，25台机器人，4种连接工艺，焊接自动化率依然为100%。物料输送方式则用到了机器人搬运、滚床、吊具。图10-11所示为门盖表调区域的工作内容。

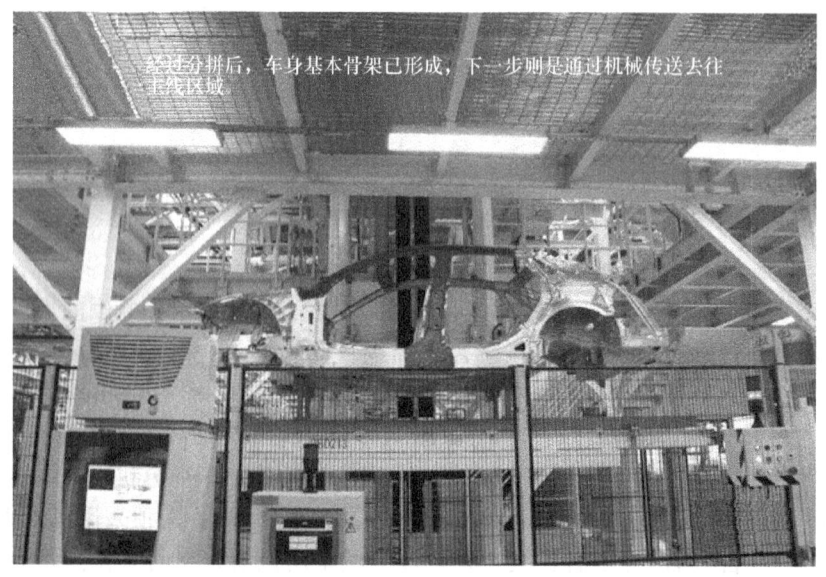

图10-9　CT6分拼区域的工作内容

项目十 走近先进制造技术

图 10-10 CT6 主线区域的工作内容

二、涂装车间

上汽通用凯迪拉克汽车工厂的涂装车间堪称艺术级的绿色生态精涂典范，如图 10-12 所示。

图 10-11 门盖表调区域的工作内容

同样，后盖的铝激光钎焊焊接过程也可以在外部详细地监控。经过了分拼区域和主线区域后，车身骨架基本焊接完成，下一步则来到了门盖表调区域。

图 10-11　门盖表调区域的工作内容（续）

经过了这三大工序，成型的白车身会被滚床运送至涂装车间。

图 10-12　涂装车间

上汽通用凯迪拉克工厂涂装车间建筑面积 45500m²，涂胶、喷漆均采用 100% 机器人自动喷涂，应用了薄膜前处理、高泳透力电泳、二层色漆、有色清漆、液态可喷涂隔音垫等全球最先进技术，代表了国内最先进的车身涂装水平，如图 10-13 所示。

图 10-13　涂装车间内部

图 10-13　涂装车间内部（续）

涂装车间配置有干式文丘里、高效废气处理系统等行业先进环保设备，是目前中国汽车行业内唯一没有混凝土高烟囱的涂装车间，达到世界级环保水平。

三、总装车间

总装车间拥有最高质量等级标准与最具智慧的拼装线。

凯迪拉克工厂总装车间总建筑面积 $33600m^2$，主要由内饰预装线、内饰线、底盘线、终装线、门分装线、发动机分装线、最终检测线组成。其工作内容如图 10-14 所示。

图 10-14　总装车间的工作内容

图 10-14 总装车间的工作内容（续）

车间设备设施使用了大量的行业内领先科技,支持 7 款车型柔性总装,通过业界领先的智能物联网系统可以对关键扭矩追溯和上传,运用智能化、精准、细致的质量控制手段管理整个装配过程。同时,在设计与建设过程中运用了大量绿色环保设计理念和手段,有效提升了车间的节能、降噪效果。

 **拓展提高**

中国制造 2025

经李克强总理签批,国务院日前印发《中国制造 2025》,部署全面推进实施制造强国战略。这是我国实施制造强国战略第一个十年的行动纲领,以推进智能制造为主攻方向,以满足经济社会发展和国防建设对重大技术装备的需求为目标,强化工业基础能力,提高综合集成水平,完善多层次、多类型人才培养体系,促进产业转型升级,培育有中国特色的制造文化,实现制造业由大变强的历史跨越。

我国制造业强国进程可分为三个阶段:2025 年中国制造业可进入世界第二方阵,迈入制造强国行列;2035 年中国制造业将位居第二方阵前列,成为名副其实的制造强国;2045 年中国制造业可望进入第一方阵,成为具有全球引领影响力的制造强国,如图 10-15 所示。

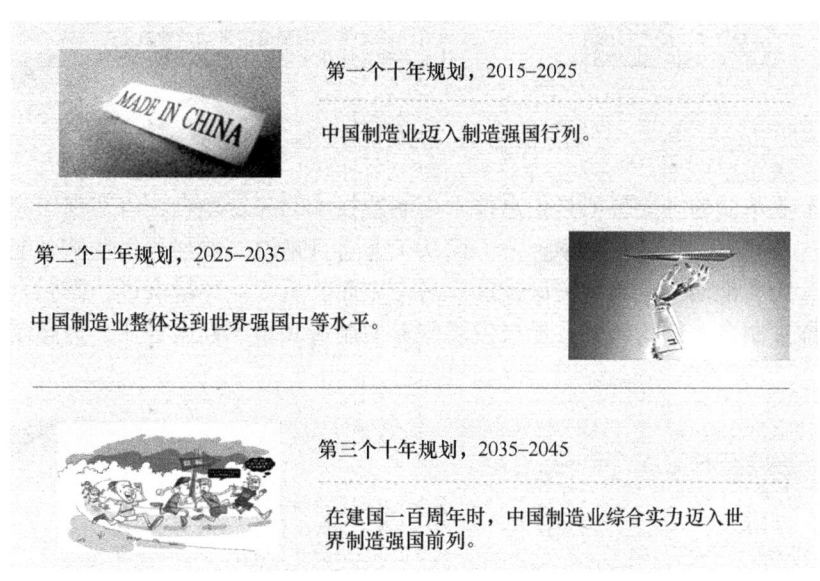

图 10-15 三个阶段

1. 五项重点工程

五项重点工程包括国家制造业创新中心建设工程、工业强基工程、绿色制造工程、高端装备创新工程、智能制造,如图 10-16 所示。其中,核心是实施智能制造工程。

2. 九大任务

九大任务包括提高国家制造业创新能力、强化工业基础能力、全面推行绿色制造、深入推进制造业结构调整、提高制造业国际化发展水平、推进信息化与工业化深度融合、加强质量品牌建设、大力推动重点领域突破发展、积极发展服务型制造和生产性服务业,如图 10-17 所示。

国家制造业创新中心建设工程　面向未来的十大重点领域的基础研究和产业化的工程，建设一批产、学、研、用相结合的制造业创新中心。

工业强基工程　主要解决基础零部件、基础工艺、基础材料落后问题。

绿色制造工程　加快实施工业绿色发展战略，全面推进企业的清洁生产，大力推进节能环保产业发展等。

高端装备制造业创新　在实施互联网、数控机床、大飞机等专项的基础上，推进新的高端装备创新专项。

智能制造　新一轮科技革命的核心，也是制造业数字化、网络化、智能化的主攻方向，通过智能制造，带动产业数字化水平和智能化水平的提高。

图 10-16　五项重点工程

新一轮工业革命的主要特征是信息技术与制造技术的深度融合，以实现国家制造业创新能力的提升。在深度融合的过程中，一方面从工业自身来说，要强化工业基础能力、加强质量品牌建设、大力推动重点领域突破发展；另一方面，从工业环境来说，需要全面推行绿色制造、深入推进制造业结构调整、积极发展服务型制造和生产性服务业、提高制造业国际化发展水平。

提高国家制造业创新能力　我国制造业的巨大规模和低成本的传统优势并不能成为企业发展的不竭动力，只有技术进步的自持和自主创新能力的培育才能给企业带来持久的竞争优势。

强化工业基础能力　2015 年，工信部将继续开展工业强基专项行动，完善政策措施，加大工作力度，持续提升工业基础能力，加快促进工业转型升级。

图 10-17　九大任务

注：图中的工信部全称为中华人民共和国工业和信息化部。

全面推行绿色制造 工信部将全面推进钢铁、有色、化工、建材、造纸、印染等传统制造业绿色化改造，降低重点行业能耗，提高产品制造效率。

深入推进制造业结构调整 产业结构调整是未来十年中国经济"新常态"形成的重要根基。只有顺应全球产业发展趋势，把握关键性行业，形成产业优势，力争有所突破，才能在未来世界政治经济格局中具有竞争力。

提高制造业国际化发展水平 一是重视标准的制订，争取国际话语权；二是努力增加高质量高附加值的产品；三是重视自主创新，发展核心技术；四是重视人力资本，提高劳动者素质。

推进信息化与工业化深度融合 "两化"深度融合是指信息化与工业化在更大的范围、更细的行业、更广的领域、更高的层次、更深的应用、更多的智能方面实现彼此交融。

加强质量品牌建设 加强质量品牌建设，质量品牌战略是提高工业发展质量和效益的重要抓手和有效举措。质量竞争力指数已纳入制造强国指标体系。

图 10-17 九大任务（续）

注：图中的工信部全称为中华人民共和国工业和信息化部。

大力推动重点领域突破发展 发展先进轨道交通装备、节能与新能源汽车、电力装备、新材料、生物医药及高性能医疗器械、农业机械装备等重点领域。

积极发展服务型制造和生产性服务业 通过"制造服务化"和"服务型制造"模式的变革,促进生产环节向高附加值的两端延伸,从而增强制造企业的盈利能力和更好、更丰富地满足消费者偏好。

图 10-17　九大任务(续)

注:图中的工信部全称为中华人民共和国工业和信息化部。

3. 十大重点领域

十大重点领域的内容见表 10-4。

表 10-4　十大重点领域

十大领域		关　键　词
新一代信息技术		4G/5G通信、IPv6、物联网、云计算、大数据、三网融合、平板显示、集成电路、传感器
高档数控机床和机器人		五轴联动机床、数控机床、机器人、智能制造
航空航天装备		大飞机、发动机、无人机、北斗导航、长征运载火箭、航空复合材料、空间探测器

项目十 走近先进制造技术

(续)

十大领域		关　键　词
海洋工程装备及高技术船舶		海洋作业工程船、水下机器人、钻井平台
先进轨道交通装备		高铁、铁道及点车道机车
节能与新能源汽车		新能源汽车、锂电池、充电桩
电力装备		光伏、风能、核电、智能电网
新材料		新型功能材料、先进结构材料、高性能复合材料
生物医药及高性能医疗器械	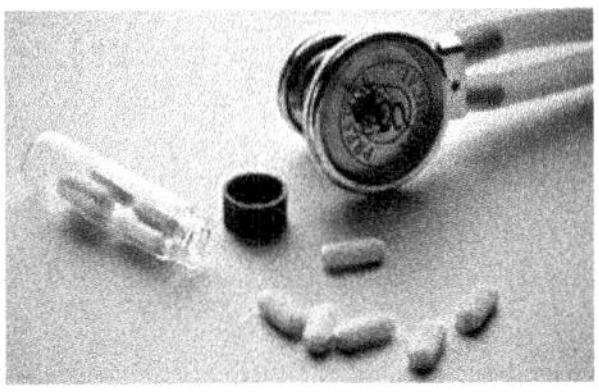	基因工程药物、新型疫苗、抗体药物、化学新药、现代中药；CT、超导磁共振成像、X射线机、加速器、细胞分析仪、基因测序

(续)

十大领域		关 键 词
农业机械装备		拖拉机、联合收割机、收获机、采棉机、喷灌设备、农业航空作业

参 考 文 献

[1] 兰建设. 机械制造工艺与夹具[M]. 北京：机械工业出版社，2006.
[2] 刘守勇. 机械制造工艺与机床夹具[M]. 3版. 北京：机械工业出版社，2013.
[3] 王先逵. 机械制造工艺学[M]. 3版. 北京：机械工业出版社，2013.
[4] 王启平. 机床夹具设计[M]. 2版. 哈尔滨：哈尔滨工业大学出版社，1996.
[5] 肖继德，陈宁平. 机床夹具设计[M]. 2版. 北京：机械工业出版社，2011.
[6] 赵世华. 金属切削机床[M]. 北京：航空工业出版社，1996.
[7] 顾维邦. 金属切削机床概论[M]. 北京：机械工业出版社，2011.
[8] 黄健球. 机械制造技术基础[M]. 北京：机械工业出版社，2006.
[9] 陈明. 机械制造工艺学[M]. 北京：机械工业出版社，2005.
[10] 朱淑萍. 机械加工工艺及装备[M]. 北京：机械工业出版社，2002.
[11] 徐嘉元，曾家驹. 机械制造工艺学[M]. 北京：机械工业出版社，2004.
[12] 傅水根. 机械制造工艺基础[M]. 北京：清华大学出版社，1998.
[13] 朱正心. 机械制造技术[M]. 北京：机械工业出版社，1999.
[14] 高昂. 工欲善其事必先利其器 探访凯迪拉克工厂[EB/OL]. (2016-02-24). http：//auto.sohu.com/20160224/n438275562.shtml.